# Andrzej Wajda
## Autobiografia

# 剩下的世界
## 瓦伊达电影自传

[波兰] 安杰伊·瓦伊达 著 乌兰 李佳 译

上海三联书店

雅众文化出品

# 再版前言

当标志出版社在我的自传出版十三年之后，决定再版此书时，我给自己提出了这样一个问题，在这十三年间，我的生活中都发生了哪些事，什么事值得我为此书续写再版前言呢？我突然想起了一件非同寻常的事，那就是我追回了我父亲的剑。1939 年秋天这把剑被埋在了我们在拉多姆[1]住房的院子里，当时我认为，我们将会永远失去这把剑。不过巧合的是，在我拍摄《卡廷惨案》这部电影的时候，这把剑失而复得了，实现了我对父亲雅库布·瓦伊达的承诺。我父亲是在 1940 年被内务人民委员会[2]的人在哈尔科夫[3]杀害的。

这双重的回忆促使我回到《剩下的世界》这本书。我再次翻看过去的日记，往事又一幕幕重现在我的眼前。我回忆起，除了电影《卡廷惨案》里再现了苏联刽子手杀害波兰军官的血腥场面以外，在十年前拍摄的两部电影《复仇》和《甜蜜的冲动》中，我也曾用历史题材向观众展示过类似的场景，比如在电影《复仇》中，我引用了亚历山大·弗莱德罗[4]的诗句；在《甜蜜的冲动》中我以艺术的形式再现了生活的悲剧，这在我长期的电影导演生涯中是十分罕见的，同时也为我的电影开辟了新的篇章。

后来我发现，在我告别比较程式化导演手法的阶段之后，也就是在不久前，在我的《素描一生》画册出版之后，我意识到，我的艺术生涯算是画上了圆满的句号。当我结束了电影《瓦文萨》的拍摄之后，我认为我应该为自

---

1　波兰中东部的一个城市，1934 年瓦伊达随父母迁居此处。

2　指苏联在斯大林时代的主要政治警察机构，也是 20 世纪 30 年代苏联大清洗的主要执行机关。内务人民委员会所下辖的国家安全总局是克格勃的前身。

3　位于乌克兰东北部，第二次世界大战期间，德军与苏军在这座城市附近发生了四场战役，也是苏军杀害波兰人的地方。

4　波兰浪漫主义时期戏剧作家、传记作家和诗人。

己三十多年的导演生涯做一个总结，我想，这件事情不只是对我个人来说很重要。因此我决定再续写三个章节。我亦回想起在法兰西学院替补费德里科·费里尼[1]的席位时，那种让人感到荣幸的心情和令人激动的场景，我应该为他专门撰写一个章节。

此后，我每天都沉浸在回忆之中。就在这时我收到了一本我的犹太同龄人写的回忆录，他也曾在拉多姆度过了自己的童年，那时他家离我家只隔了几个街区，而他却为我揭开了一个令我感到十分陌生的世界，于是我决定，要在关于童年的那一章节里补充些资料。既然我在文章中会提到我在电影学院导演系的同学沃依切赫·马尔柴夫斯基[2]，那么就应该为罗兹电影学院专门写一个章节。为了实现我的梦想，我专门采访了杨·诺瓦克－耶尤兰斯基[3]，请他评价一下华沙起义[4]，因为我最早的设想是用完全不同的手法再现波兰电影学院的实况。诸如此类的事情很多，后来我又回想起一件事，这与撰写新的章节毫无关系，也就是说，无论如何，我希望能对以前所写的所有章节都根据新的情况加一些新的补充。

过去的事情已经相距我们很遥远，虽然当时我还不过是一个十三岁的孩童，但是父亲的剑被埋在地下这一情景一直印象深刻，仿佛就在眼前，这一切促使我比较早熟。

2013 年 7 月 14 日
写于斯彼得克维兹

---

1 意大利著名艺术电影导演、演员、作家。

2 波兰电影导演、剧作家。

3 波兰政治家、社会活动家、记者、国家军战士。

4 第二次世界大战中波兰地下军反抗德国占领军的战役。起义从 1944 年 8 月 1 日开始到 1944 年 10 月 2 日结束，起义失败。

# 首版前言

　　亲爱的读者，当你读到这本书的时候，我已经不止一次地对我的朋友们讲述过书中所写的故事。不过我只是描述了关于这些故事的简单情节，不管大家的反应如何，我还是尽量避免误导大家去过多地渲染故事的情节。我们这一代人接受的教育告诉我们，既不能撒谎，也不能胡编乱造。为此我当了导演而不是编剧，因此我一生都在努力让我的电影或者戏剧更接近事实。

　　我注视着床上方挂着的——自我幼年起就一直陪伴着我的——守护天使的画像浮想联翩；之后我又看着我在克拉科夫的一个古董店买到的一幅仿制沃依切赫·克萨科[1]画的利沃夫青年保卫战士的油画，其实我曾在学校里见过这幅利沃夫青年保卫战士的油画，尽管半个世纪过去了，但这幅画深深印在我的脑海中。而后我又凝视着阿尔图尔·格罗特格尔[2]的那幅题为《森林》的油画，心中产生了一种莫名的恐惧感，因为我突然想起，我早年在祖父母位于普舍梅希尔[3]的家看到这幅画时的情景，那时这幅画斜挂在墙上，下面放着一本安东尼·波托茨基[4]的书，这幅画在煤油灯的照耀下显得十分阴森。现在在我家收藏的油画中，还有两幅塔戴乌什·科希丘什科[5]和尤瑟夫·毕

---

1　波兰画家。
2　波兰浪漫主义时期的重要画家之一。
3　波兰东南部的一座城市。
4　波兰作家，文艺评论家。
5　波兰军队领导人，波兰、立陶宛、白俄罗斯和美国的民族英雄，担任国家武装部队最高司令，领导了反抗俄罗斯帝国和普鲁士王国的科希丘什科起义。

苏斯基[1]的肖像画。

童年时，我是个非常普通的小孩，父亲教我学骑马，守护天使的画像一直护佑着我前进的每一步，可母亲却一直担心我会因学骑马出事，后来她又得知我在1942年参加了波兰国家军[2]，我发誓要完成自己的神圣职责，也许因为觉得太过神圣，所以我们从来不在家里大声谈论此事。

尽管处在战乱的年代，但我仍旧保持着读书的习惯，其中尤瑟夫·查普斯基[3]的《关于塞尚与绘画意识》一书令我终身难忘，是这本书打开了我通向艺术世界的大门，使我认为自己是当时拉多姆地区最具现代派艺术风格的画家。当时的艺术家们认为我的这些画作没有任何艺术价值，这在我的心灵中留下了深深的烙印。尽管这样，我自己还会时不时拿出这些画作欣赏一下，每看一次我都能赋予它们新的意义。

是谁抚育我长大成人？首先是我的父母，他们都是具有传统荣誉感和责任感的军人，父亲总是军容整齐；其次是我的学校——那是一所具有希腊和罗马文化传统的高中；第三就是天主教教会——让我懂得神圣的教规。我带着这种爱国主义道德观经历了1939年爆发的战争。我看到了什么？我没必要去讲战争的故事，但我可以说战争的结果是——谎言战胜了一切。战争摧毁的不仅是一切政治反对派，而且还要摧毁整个民族。当时唯一的艺术形式就是能看到胜利者们举行的军事游行和为此所做的宣传广告。我明白了罗马法和地中海文化的价值失去了意义。我真的必须屈服于这一切？是否可以通过担任电影导演而规避这所要经历的一切？

生活就像剧院中一出无聊的戏剧，不过不必急于在演出还没结束时就退离剧场。我曾经有过一次难忘的经历，那是在1946年，我无意间闯入了位

---

1　波兰政治家，曾任波兰第二共和国国家元首（1918—1922）、"第一元帅"（1920年起）和独裁者（1926—1935），他还是波兰第二共和国的领袖。自第一次世界大战中期起，他成为了波兰政治中的主要力量和欧洲政局的重要人物。他被认为是让波兰在1918年重返独立的功臣。

2　指在第二次世界大战中与纳粹德国进行抵抗运动的一支波兰军队。1942年2月从反抗组织"武装斗争联盟"中分离成立，并在未来两年中吸收了大多数的波兰抗德势力。成为支持波兰流亡伦敦政府的反抗组织中最大的一支武装力量。

3　波兰画家、作家。

于克拉科夫自由广场安全局所在的地下室，经历了数小时不间断的审讯，我被反复问到的问题就是，我是否参加过国家军。最终审讯我的年轻人累得头靠着桌子睡着了，而在他身边半开着的抽屉里放着一把手枪。尽管审讯我的地方是在五层楼上，但渴望自由的欲望一直在心中燃烧。不过在被审讯数十个小时之后，我仍然静等着天明。盼啊盼，最后自己也不知道在期盼什么。也许是出于好奇心，想知道下面还会发生什么事，也许那时我已经意识到，这个经过内务人民委员会严格训练的年轻审讯官是在装睡。在被审讯的那些天里，在安全局的走廊里，我一直能听到那些企图加害我们的俄国顾问们说俄语的声音。

童年时的我十分胆小怕事。那时我特想进教堂唱诗班，但是我没有勇气说出来，尽管那时我已经会用拉丁语背诵大段大段的歌词，可是我又害怕在神父问我话时会忘词。后来我当上了拉多姆童子军副队长，当轮到我值班，站在所有同学的队列前时，我却不知该怎么下命令喊话。这很奇怪，我是在军营里长大的，每天都能听到军营中军人高声呼喊口令、命令的声音，时常能听到没头没脑大声教训别人的声音。而自四十五年前我从事导演这个职业开始，我也在不停地下着各种命令，其实不管什么都是可以学会的。

在我的青年时期，我一直坚信，世界会变得更好。20世纪的电影艺术就应该为让世界变得更好而不懈努力。我们曾经相信，不同国度、不同种族以及各个大洲的人们都会通过电影彼此相识，增进了解，彼此成为朋友。不过看起来世界病得并不轻，尽管孩子们总是给它提供新的玩具，但也无法治愈它。每天晚上在电影院里都会放映新的电影，但是信念却在消失。随着信念的消失，世界知道自己犯了错，希望自己能找到通往幸福的道路。

如今没有任何一部电影能够完全符合所有人的口味。我属于观看老的传统电影的那一代人，于是我总是尽量想让观众们去理解别人。萨特曾说过，别人就是地狱，我把这句话理解成文学的隐喻，也就是说，别人和我就是力量。我不同意有人提出的电影艺术是要把人引向创作的神秘感当中，而观众只不过是导演艺术手段的添加剂的观点。


电影就像蝴蝶的生命那样短暂。要想了解电影的成功或者失败，就必须先了解它的环境，也就是伴随电影生成和最终搬上银幕的过程。首先电影的生命取决于观众的反应和审片人以及评论家的评价。之所以准备出版瓦伊达电影画册，那是因为在波兰国内外有很多人在评论我，于是我就琢磨，是什么赋予了我力量，让我在拍了一部电影之后还想继续再拍下一部，既然拍了那么多电影，哪部电影更有价值呢？为什么我从来不会因为自己拍了那么多电影而感到欣喜若狂呢？我只能给自己一个答案：因为我从来不看那些影评。在我拍摄电影《地下水道》时，我患了十二指肠溃疡，医生限制我，让我尽量少做剧烈活动，当时我有两种选择，要么不再拍电影，要么不要去关注影评家的评论。诡异的是，我选择了后者……

十几年前，在我拍摄《信用与借贷》这部电视电影的时候，我为自己的一生做了一次盘点，计算了一下自己的得与失。我认为，我的所失就是永远没有自己的时间，也许只有过一次。在我拍摄电影《白桦林》时，曾抽出时间欣赏过拍摄场地附近的自然风光。遗憾的是，我不仅没有时间观花赏叶，甚至也没有时间看看或者关注一下周围的人，看来我对友谊的维护是过分地敷衍了事了。在今天看来，这肯定是无法估量的一大损失。

也许在某个时刻，一个人在某些方面取得成就后便应当激流勇退，也许成功就藏在某一处，也许并不是那些观察我们的人能决定我们的成功，而成功取决于我们自己。今天我还不大可能回答自己提出的问题，因为我还不知道自己是否做得够好，是否还待在应该待的位置上，是否帮助了应该帮助的人。但我是幸运的，因为我的生活一直处于动态中，我一直在行动，不过是否该选择某一时刻问自己："这种想法是否正确？"这种不安的阴影一直伴随于我左右。

现在再来看看，我都"收获"了什么？可以说我对自己拍摄的某几部电影还是比较满意的，这几部我认为比较满意的电影获得了比我的其他电影更高的评价，其实是因为我自己对它们有很好的评价。这些电影是在恰逢天时地利的时刻拍摄完毕的。比如电影《铁人》，我也可以等到获得更多自由的时候拍摄，但我开拍了，可我从来没想过要拍一部杰作，这是我应该给自己点赞之处，也许这就是我该走的路，即在拍完一部电影之后紧跟着继续再拍电影，在几部电影之中总能挑选出一部是有价值的。

1981 年 12 月 13 日，波兰进入战时状态，很难预料这一冲击带来的后果。那时我们只知道，要建设一个良好的共产主义制度，必须走改良道路，这非常符合波兰人的特点，但这在波兰却成了不可能。在这种环境中是否还需要竭尽全力拍摄表现更加自由的电影和撰写追寻真理的书籍呢？不过我仍然认为，我们不能全盘否定那个年代。因为我们曾用我们的笔，我们的电影表现和反映了波兰人的心灵、精神和渴望，我们应该感谢自由，一直在隐蔽地等待着，等待着正确时刻的到来。

在我的一生中，我曾很多次与幸福相遇，如果没有这样的机遇，我会束手无策的。我从来没有丧失过信念，这并不是说我个人有什么雄心大志，只是能证明，我这个人有极强的好奇心，总想知道今后会怎样，自愿要做的事情总是很快就做完了，随之而来的就是随处令人感觉到的沮丧……无论在波兰人民共和国的各个时期我犯过怎样的错误，我遇到过怎样的困难和束缚，我一直在坚持不懈地工作，我从未浪费过我的生命。

在我撰写这本自传时，我一直都在不停地翻阅我坚持多年写下的日记。在我的日记里，记录了许许多多围绕在我身边发生的事情。如果说，我拍摄的某些电影曾打动过观众、曾激起过他们沉睡中的需求和情感的话，那也只是因为，在我们生活的这个世界中，我也有过与他们一样感同身受的经历。

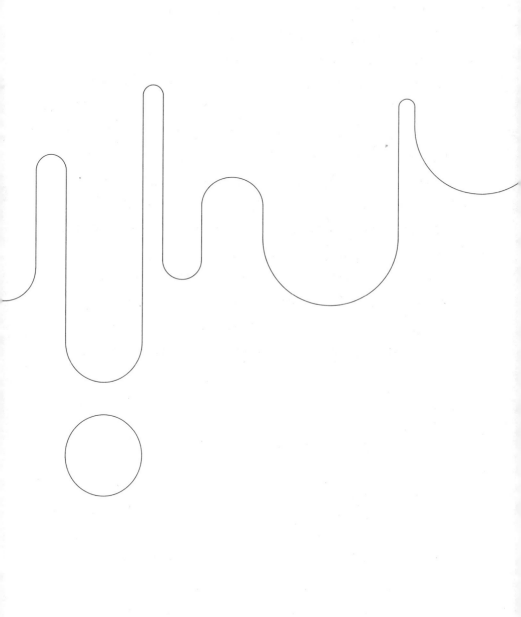

1 波兰骑兵

6 我们知道，他们想要我们干什么

23 战争刚刚结束

37 画吧画吧，你怎么画也成不了马泰伊科

52 回顾罗兹电影学院

64 塔戴乌什·沃姆尼茨基给我上的两次导演课

71 他们能从这里明白什么——回顾罗兹电影学院

101 你会想念我的——关于兹比格涅夫·齐布尔斯基

119 1972—1979 年拍摄的四部电影

148 陀思妥耶夫斯基戏剧中的良知

173 神秘的"X"和"道德焦虑"

184 梦想更动人（未完成的电影）

200 费里尼的座椅

208 自由之花——从京都到克拉科夫

219 走向光明

236 2002—2009 年拍摄的三部电影

256 "演员们来了"——告别戏剧舞台

263 素描一生

270 我再也拍不了的一部电影

# 波兰骑兵

我们不该这样分手，

这是从未有过的沉重告别；

你给我带来尊严，

我答应要为你送终。

我将永远背负着沉重的心情，

每当想起我在你身上骑行时，

享受到的那些自由时光

所想之事都已如愿以偿。

部队驻扎在普通的军营里，

我无法发挥自己的想象力，

因此在想念你时，我的心在颤抖，

不能长吁短叹，不能放声大哭！

——杨·赫雷佐斯托姆·帕塞克[1]


　　无论到什么时候，如果我想拍一部自传电影的话，电影的开头一定会是一个雾气笼罩着的朦胧的静止画面：一轮冉冉升起的红太阳，照耀在苏瓦乌基市[2]的科希丘什科大街上；煤油灯昏暗的光在城市公园里忽闪忽闪地亮着；

---

1　波兰巴洛克时期传记作家。
2　波兰波德拉谢省东北部的一个镇，邻近立陶宛边境。

夏日的一天，人们正在为一位在训练中牺牲的战士举行葬礼；5月3日[1]波兰军队第二骑兵团参加阅兵仪式；我们家里的铁炉在冬日里烧得火热；冬天的夜晚第四十一步兵团正在准备整装待发；一切都像梦中的远景……

遗憾的是，我很快回到了现实：开学的第一天，早上八点。严冬，窗外一片漆黑，第一节——数学课。我被叫到黑板前，下意识地用左手拿起了粉笔，我是左撇子，但是我知道写字必须用右手。我觉得，这是我一生中上过的最重要的一课。我是个墨守成规的人，至今我仍用右手写字，因为必须得这样，不过我画画却是用左手，我也必须得这样，我的整个人生就是在这样的矛盾中度过的。可奇怪的是，这种对自己的强迫并没有丧失我个性的存在。

我曾有过更糟的境遇：在孩童时期，我总是不停地感冒，常常独自坐在窗前，眼睁睁地看着其他孩子在外面欢快地玩耍。我与现实生活比较脱节，但也促使我与生活保持了一定的距离，这造就了我多愁善感的性格，我时常觉得自己是一个艺术家，而不仅仅是一名电影导演。


《三姐妹》的电影拍完了，我时常因被电影中的故事所打动而泪流满面。我不是为影片中主人公的遭遇而流泪，而是为步兵团从一个省的小城市撤军而流泪。也许这是由于我曾经亲眼见过这样的军队和这样的小城市。

我出生在苏瓦乌基市，那里除了有我父亲担任炮兵排长一职的第四十一步兵团，同时波兰军队第二骑兵团以及立陶宛军队第七骑兵团都在那里有驻军。这两个骑兵团被统称为鞑靼骑兵团，因为他们是从立陶宛骑兵旅分离出来的。这两支部队有上千人，正是因为有这些驻军生活在这座城市里，这座城市才充满了活力。战后几十年之后，我再次来到这座城市，这里已经没有任何驻军——因为不需要为维护我们与苏联兄弟的情谊而战斗了——这座城市变得毫无生气。

我小时候曾经看过一张军队在操场上练兵的照片，至今还记得——那是一张人们挥着矛和刀剑练兵的照片。我一直非常佩服军马，它们比战士的

---

1　1791 年：波兰立陶宛议会通过著名的《五三宪法》。

服役期还长。相比骑兵们，它们甚至能更好地理解和区别军号发出的各种命令。遗憾的是，当它们驮着挥舞刀剑的骑兵快速奔跑时，这对马匹来说是一项十分艰巨的任务，因为那些没有经验的骑兵朝着前方挥舞刀剑时，有时险些把马的耳朵割掉。军队年复一年，日复一日不停地训练，1920 年他们还可以战胜布尔什维克的军队，但是到了 1939 年，他们已经没有战胜德军的可能了。

他们过去的训练是为了参加面对面的厮杀，而格斗实力决定着战斗的胜负，那时要么靠人多取胜，要么靠强悍取胜。今天大规模屠杀和种族清洗战争代替了过去那种时不时需要动用冷兵器的战争，而现如今甚至这样的军队也已经不复存在了。


我亲眼见过具有光荣传统的波兰骑兵退出历史舞台的场面。那时我还结识了一名骁勇善战的骑兵，每当我想起他讲的故事的时候，心情总是难以平静下来。他是骑兵上校，叫卡罗尔·罗麦尔。他在位于彼得堡的俄罗斯帝国军校接受过训练，还是彼得堡艺术学院的毕业生。作为参加过 1914—1918 年对德战争的俄罗斯军官，他具备讲故事的特殊口才。他讲的故事总能让我们心惊肉跳。在我们一起拍摄电影《白色战马》时，他是我们的顾问。有一次，上校看见我们办公室门口停着一辆自行车，于是就给我们讲了一个故事。他说："那是在第一次世界大战期间，我们接到命令去追杀十七个德国步兵团的逃兵。"然后他看了看自己的手掌又继续说，"你知道吗，我的手没有受伤，不像我的那些同事，第二天他们的手都快废了。是自行车救了我。"他接着说，"在接到命令前，我用刀从自行车胎上割下来一块胶皮，然后用这块胶皮裹着手用刀去砍杀敌兵，所以我的手没受伤。"

这位上校还说，有一次他在骑马追击敌人时，从后面连续三次砍了逃兵的脑袋，最终把他的脑袋连头盔一起砍了下来，后来发现每次砍到的部位都只差不到一厘米。所以我们在《白色战马》这个电影中，看到扮演神父的演员的一些动作，他在骑马时在马鞍和膝盖之间放了硬币袋，而且一直夹得很紧，没有掉下来，动作难度很大。骑马真是一门高超的技艺。

这些事情已经一去不复返了，如今只剩下一些由国家管理的骑兵队的某些领导还在，因为在波兰人民共和国时期还保留了这些已经撤销了的骑兵团的番号。现在也只是为了拍电影还保留着一些骑兵专家、设计骑兵服装的顾问和几个军马场。

随着骑兵部队的撤销，那些威武雄壮的、骑着高头战马的骑兵也随之消失了。在历史上战功赫赫的、令人充满幻想的骑兵曾经是一道亮丽的风景线。

我每次去纽约，一定要去参观纽约弗利克艺术馆[1]，我会久久地伫立在波兰骑兵的画像前，上面画的是来自查尔涅茨基[2]骑兵部队的战士。这是伦勃朗的画，我们智勇双全的帕塞克为这幅画写下了动人的诗句。画中有一匹立过多次战功的马，它守卫着这个大厅，讲解员每次给我讲解这幅画时，总是让我注意骑在马上的年轻人有六根手指，而我看到的却是这幅画面的另一点：一位年轻骑手，他骑在天生具有野性活力的骏马上，生气勃勃而又快乐的形象。伦勃朗的这幅画好像是站在马鞍的高度来画的。奇怪的是，画家在画骑马人的形象时，通常是从马下面的角度画，这样画出来的形象从正面看非常高大。而伦勃朗这幅画上的马却是四脚坚实地踏在地上，好像在随时准备着迎接一切。

有些人说，这幅画实际上展现的是一个浪子离开祖国的形象。但愿如此，因为我还记得，伦勃朗在圣彼得堡艾尔米塔什博物馆里的其他一些画，那里有一幅画叫《浪子回家》，画面上是一个穿着破衣烂衫，赤着脚的儿子，跪在圣父脚下，完全看不到战马、刀剑、弓箭、权杖和作为骑兵的自豪感。

我亲眼见过骑兵们在冬夏两季训练时骑在马上骄傲地行军的情景。见过他们在国庆节接受检阅的场景，还见过在德军完全占领我们国土之后，他们最后一次在拉多姆列队行走的场面。1939 年 10 月的一天清晨，妈妈接到消息说，德国人要把驻扎在军营里的第七十二步兵团的军官运到德国的战俘营去。

那次看到的场面我至今记忆犹新：走在队伍前排的是将军，他们身后是排成一行行走的八位陆军上校，我记得特别清楚，以前我从未见过这样的阵

---

1　The Frick Collection，位于美国纽约曼哈顿第五大道的一座艺术博物馆。
2　波兰立陶宛联邦的将军和贵族。波兰王国王冠领地陆军指挥官。他被视为波兰民族英雄。

势。骑兵队的军官们穿着拖到脚踝的长大衣行走着，他们都尽量保持军容整齐地往前走，有的人身上还缠着绷带。他们战后回到家乡，万万没想到，等待他们的却是，在上帝把他们收到自己怀抱之前，他们要去战俘营遭受苦难，承受羞辱。就像伦勃朗《浪子回家》画像上画的那样，波兰骑兵骄傲地出征作战，而他们现在又离开了一切都落后于 20 世纪的祖国。

我和母亲跟随着行进的队伍，尽量走在显眼的地方；母亲希望有人能认出她来，告诉我们父亲的下落。她没能等到这一时刻；多年之后，也就是在1989 年 12 月，从一位叫耶日·奥奇敏科夫斯基目击者的记录中，我才得知了我父亲在 1939 年 9 月的遭遇。

1939 年 9 月 18 日雅库布·瓦伊达大尉作为指挥官和莱昂·科茨上校率领的一个行动小组，从波兰南部小城科夫拉出发，在 9 月 20 日凌晨来到了波兰东部卢布林附近的乡村霍罗德莱，越过了布格河，在这之前他们还跟乌克兰的小部队发生了几次冲突。在穿过卢布林市时，还跟德军的一个机械化部队在卢布林附近的小村庄波利赫纳打了一仗；大尉瓦伊达指挥自己的部队从左翼打击了德军，这一仗打得很艰苦，从早上一直到黄昏时分。第二天傍晚，波兰部队又在德日沃拉地方与苏联坦克团发生了交战。10 月 1 日中午坦克团包围了莫莫迪地区，要求波兰人投降。

当科茨上校宣布了苏军要求波兰人投降的命令时，耶日·奥奇敏科夫斯基的记录里写道，"瓦伊达大尉突然像孩子一样失声痛哭起来。""他是一名指挥官，他不是下令让别人冲锋陷阵，而是自己带头冲锋在前。他是一个非常好的人，平易近人，十分关心照顾战士们，他虽性格很温和，但非常勇敢决断，是一位具有爱国主义思想的军官。"

苏联指挥官对科茨上校很不满意，说他指挥了反抗苏联坦克团的战斗，上校回答说，我们是为了保卫波兰的领土，而苏联指挥官却说，现在我们是这里的主人。上校反驳道，命运与机遇不是一成不变的，上帝会创造奇迹。"波兰军士懂俄语，但他说，他翻不出最后一句话（也许他不想翻译出来）。"在这个目击者的记录里还写道，"那是我最后一次站在瓦伊达大尉身旁；之后，我们就被按军衔等级分开了。"

## 我们知道，他们想要我们干什么

安杰伊：我们还活着。

马切克：我们是怎么活过来的呀，安杰伊！

安杰伊：你害怕啦？

马切克：是啊，我们有过多少同事啊！那时候有多少好小伙子和好姑娘？

安杰伊：那又怎么样？不也全都牺牲了吗？

马切克：真希望还能跟他们在一起呀！

安杰伊：我们跟他们不一样，比他们年轻。

马切克：不只是年轻吧。我们知道我们想要什么。

安杰伊：我们知道，他们想要我们干什么。

马切克：就算如此吧。你发现他们想要我们干什么呢？想要我们去死吗？那也好，我们会去死的……

安杰伊：你别犯傻了！

——电影《灰烬与钻石》片段

当我在电视的晚间新闻里看到，在科威特或者贝尔格莱德夜晚的上空，制导导弹发出的光和两座城市遭受防空导弹的袭击时，我就在想，1939年9月，那时我们最大的敌人就是无意识，在无形敌人面前的恐惧占据了一切。我们害怕尚未到来的战争，与今天相反，那时只要看到闪着大灯开过来的汽车，看到很多人朝某个方向行走时，就知道他们是被迫这样做的。我们根据军方的命令藏在一片低洼处——隐蔽好，飞机！不知从哪儿突然冒出了飞机，飞机上的机关枪向人群和军营扫射——有时候还会扔下炸弹——真的能把人吓死。

我真担心电视屏幕会把我们带向新的战争。已经习惯了屏幕的我，不是通过对前线发来的命令的想象，而是通过"目击者"的反应来表现——那就是镜头。

9月初，我们藏在拉多姆家的地下室，我们从1934年起就一直住在那里。所有的军官和家属都拿到了令人恐惧的瓦斯防护面具。当风在街道上卷起一片尘土时——马上就会响起防瓦斯爆炸的警报。那时我们谁也分不清哪种是防空警报，哪种是远处传来的爆炸声。我们脑子里和想象里就只有战争——就像哈姆雷特说过的那样"眼前只有鬼魂"。

在我们随着街上的人群和汽车以及军车往普瓦维<sup>1</sup>方向逃跑时，内心就更加恐惧。我和弟弟还有妈妈无助地跟着人群跑在前边，尽管我们坐在拉多姆军营为军官家属提供的汽车上。我们再次遇到了德国飞机的袭击，我们根本就不明白，我们的头顶上空出现的德国战斗机到底想要完成的是什么任务。我们的步兵从肩上摘下五连发步枪拼命向飞机开枪。这种两军军力不对称的战斗画面永远地印在我的脑海里，挥之不去。

我看到了在敌军入侵一个月之后我们的失败。从卡齐米日<sup>2</sup>到普瓦维的很窄的公路上能看到头戴灰色钢盔的人流和很多重型卡车以及装甲车。这是我从未见到过的画面。从未见到过这么多的军队和军车。我们哥俩跟妈妈随着逃离拉多姆的人们坐着农民的马车——为了能坐上马车我们等了很久——才又回到了家。我觉得，那时德国军队对我来说比美国导演拍摄《星球大战》的军队还要可怕不知多少倍。


1939年，我有过一次令我感到非常羞耻的经历，那是在战争爆发前，我跟父亲来到了利沃夫，我报名参加了一个青少年军事训练学校，在入校前

---

1　位于波兰东部卢布林省的一个城市。

2　波兰东部的一座城市。

要参加考试，在考官问我问题的时候，我感到非常尴尬。因为我什么也不会，什么也回答不上来。父亲没说我什么，只是带我去看了《拉茨瓦维采战役全景画》[1]。这是一幅让我永志难忘的大型油画，多年后，在这幅油画被修复之后，转到弗罗茨瓦夫国家省博物馆展出时，我立即去了那里，再次认认真真看了这幅油画。在与父亲看了这幅大型油画后，我体会到两件事情：首先画上的士兵们比我好很多，我要尽力追赶上他们；其次就是感情世界的活动要比现实变化快得多。于是我忘了刚才考试的失败，觉得自己很幸福，因为看到了这幅巨型油画，尽管不是我自己画的。

多年之后，我从一本书里得知，可惜不记得书名了，跟我一起报名参加青少年军事训练学校的还有兹贝克·齐布尔斯基[2]，但是我不知道，他是否通过考试被录取了；估计也没被录取，因为那些在 1939 年 9 月以前来到被苏联占领的利沃夫的男孩子们，他们的学习条件要比《莫洛托夫－里宾特洛甫条约》[3] 划归给我们这边的条件要差很多。

1940 年春战争开始之初，从我们家窗外望去，我看见一个奇怪的游行队伍。开始听见的只是短笛的声音，紧接着是敲鼓的声音；然后就是在马路间的空地上出现了一帮人[4]，他们举着一面大黑旗，上面印有希特勒青年团菱形标志。在这些年轻小伙子们中间，有我们的朋友；拉多姆这个皮革制造工业城市，有很多德国工匠在这里工作。现在他们都穿着黑色的制服，高傲地跟随吹笛子的人走着，看上去很像是在阴沉的德国童话中描写的那些专业捉老鼠的人[5]。令人奇怪的是，现在我们已经不是朋友了；他们好像看到了自

---

1　这幅油画描绘了科希丘什科起义之一的拉茨瓦维采战役（1794 年），波兰军队在塔戴乌什·科希丘什科将军的指挥下，战胜了俄罗斯亚历山大·托马索夫将军指挥的军队。

2　波兰著名戏剧、电影演员，因瓦伊达的电影《灰烬与钻石》而一举成名，1967 年在弗罗茨瓦夫火车站卧轨自杀。

3　《苏德互不侵犯条约》是 1939 年第二次世界大战爆发前苏联与纳粹德国在莫斯科所秘密签订的互不侵犯条约，目标是初步建立苏德在扩张期间的友谊与共识，并导致波兰被瓜分。条约也称为《苏德条约》、《莫洛托夫－里宾特洛甫条约》或《希特勒－斯大林条约》。

4　是 1922—1945 年间由德国纳粹党设立的青年组织。这是纳粹党在冲锋队成立一年后设立的第二个准军事组织。1933 年后推行至全国，并成为该时期纳粹德国唯一的青年组织，成员人数达八百七十万人，占当时德国青年的 98%。

5　在欧洲，从中世纪开始就有专门捉老鼠的职业人，与老鼠斗争的主要目的是预防已经与这些啮齿动物有关的流行病，尤其是鼠疫。现在这个职业已经消失。

己远大的前途，顺从地朝他们向往的方向走去，其实几个月前他们还属于我们拉多姆童子军的成员，在我们的童子军中，因为他们起不了什么作用，所以总是走在我们队伍的最后一排。

在我前期执导的一些电影上映之后，有些评论员注意到，在我的这些电影里出现过太多跟德国人有关的镜头，他们认为，我甚至有些过分地运用了这些镜头。这是事实，我是多次用了反映上述情况的镜头，因为我想特别强调一下，我自己想要表达的东西。用这种手法对我来说很容易，因为这些镜头都是在我的生活中曾经可以触摸得到的影子。

父亲离开家去参战，他把自己军队的礼服、军功章和剑都留在了家里，幸运的是他的军功章一直保存到了今天，剑如今也让我挖出来了，没有落在德国人手中。但是军礼服不得不被妈妈全部染成了棕色，而且拆下了带有让我们骄傲的波兰鹰标志的扣子。这成了我在整个战争期间唯一一件外出可以穿的礼服，此外我就只能穿工作服，对今天的年轻人来说，这种衣服可以成为一种时尚，但在那时可以明显地看出，这是社会地位低下的标志。我还需要继续寻找什么镜头吗？

步兵军官要穿军队礼服是趁毕苏斯基元帅不在波兰时开始实行的，那时他正好去马德拉[1]治病疗养，我们在家里悄声谈论过这个问题，因为元帅反对在军队里实行特殊化。棕色的裤子两边带黄色竖条（步兵礼服颜色）的设计借用的是华沙公国[2]著名的第四步兵团军服的样子。立领绿色合体夹克式上衣也是以前军服的样子，但是，军服上带有罗马军团标志的银色扣子是全新设计的。同时还配上了漆皮制的长筒马靴。这双马靴因为十分不合脚，让我受了不少罪。作为一个十三四五岁的男孩儿我长得很快，可是那双马靴却是我"出门"时的唯一一双鞋。我想尽了一切办法，想把这双马靴弄坏，可是这双漆皮制的马靴就是不坏。1944 年夏天，我走在克拉科夫大街上，一

---

1 马德拉是非洲西海岸外，北大西洋上一个属于葡萄牙的群岛和该群岛的主岛的名字。位于葡萄牙的西南部。

2 是由拿破仑在 1807 年 6 月 9 日成立的波兰人国家。根据 1807 年 6 月 9 日的《提尔西特和约》，于 1806 年 10 月的耶拿会战战败之后的普鲁士王国要割让一部分土地，而拿破仑就是在它割让的土地成立华沙公国，之后在 1809 年并入加利西亚。

位德国宪兵注意到了我身上穿的类似原装的军队制服；我竭尽所能给他解释说，我上衣上面有这么多扣子纯属偶然。幸亏他只是德意志国防军[1]的一个巡逻兵，他还有别的很多事去做，也就没再追究我。

最让我牵挂的事情，就是埋在我们住在拉多姆马勒柴夫斯基大街二十二号院子里地下的那把剑。我一直以为，我永远也不会再看到那把剑了。不过多年以后，历史又带我回到了那座房子。1939年深秋，德意志国防军军官住到了我们家——我和妈妈还有弟弟都幸存了下来。1940年秋，又来了一批德国军官住在我们家，我们只好搬到了拉多姆郊区去住。

从此以后，我们就没再回到我们过去在拉多姆的住房；德国人撤走后，那里又驻扎了正在往柏林挺进的苏联军人，然后又是波兰军队驻扎在那里。战争结束后，我们想再回那里的一点点希望也破灭了。花园里的凉亭也被拆了——肯定是他们把凉亭的木头拿去当柴火烧了，正因为如此，我也弄不清楚埋剑的准确地方了。差不多过了大半辈子，在2011年，与我们家那座房子邻近的楼被变成了拉多姆理工大学的艺术系，该艺术系的主任亚历山大·奥尔舍夫斯基教授决定，要为在哈尔科夫监狱被内务人民委员会杀害的我父亲举办纪念活动，同时也为庆贺我执导的电影《卡廷惨案》上映。在纪念活动的仪式上我注意到，在活动背板下站着的几十个人当中，有一位妇女手里拿着一把剑——那把剑已经锈蚀得发黑。纪念活动结束后，那位妇女走到我跟前问我，这是您埋在自家花园里的剑吗？——是的——我毫不犹豫地回答道。

在我们长时间的交谈中，我才了解了整个事情的经过。在我们住过的那座房子里一直住着一些军官，尽管那时已经撤销了在拉多姆的驻军。而在我们以前的花园里，大约在1970年左右，那里开始为当时的凯尔采-拉多姆高等工程学院建一座学生宿舍楼房。发现我父亲这把剑的是一位空军中校斯坦尼斯瓦夫·克罗克，这位妇女对我说，这位中校还是气象学专家，那时他已经上了年纪，但每天都去这个花园散步。有一次他看到在宿舍楼建筑

---

工地的地基旁有一块隆起的地方——那就是埋那把剑的地方。剑是用油浸过的布包裹着，人们当时说"太阳高高照，斯科尔斯基[1]离我们就近了"——那时是 1939 年深秋，我们一直觉得，到了第二年春天战争就会结束。我一直认为，这把剑我谁也不能给，甚至我都没问过我的母亲。中校找到这把剑的时候，剑的护手已经不在了，贴着皮革的木柄也不见了，只剩下金属剑身和铸铜的剑鞘。等到为我父亲纪念牌揭牌的时候，与我交谈的那位女士（那位中校——她的父亲也去世了）觉得我会去参加这个揭牌仪式，于是就把剑带到了现场。在人群中我一眼就注意到了她，首先主要是因为她手中拿着的剑是一字形的，这是步兵军官的佩剑（骑兵的佩剑是半圆形的），其次就从 1939 年起，从未有别的男孩子住过我家，所以也不可能发现我家有过剑。父亲的这把剑又重新回到我的手里，至今一直挂在我家的墙上。

家庭对我们这些军官的孩子影响很深，所以我们与住在地方上的孩子们没有什么交往。由于父亲的原因我们也经常变换住处。因此我对苏瓦乌基没有什么眷恋，在拉多姆我们也没有亲戚朋友。我们曾在克拉科夫住过，然后搬到罗兹，又从那里搬到华沙；安杰伊·基尤夫斯基[2]作为出生在克拉科夫的孩子注意到了这一点，他说军人家庭出生的孩子比非军人家庭出生的孩子操心的事要少很多，尽管非军人家庭出生的孩子看似有个固定的居所，但他们非常担心，一旦父母去世他们就会失去自己的房子。

在二战期间，拉多姆的一条主要大街被更名为希特勒大街（以前叫热罗姆斯基[3]大街），这条街很宽，每栋楼都很长，但是有好几个大门，在楼中间还有一个大院子，很容易让那些尾随追踪的人迷失方向。我觉得，也正是因为这个原因，有一位被德国盖世太保抓住的波兰年轻俘虏，戴着手铐，准备去审讯，结果他趁德国人不备，跳下汽车，逃跑了。至今我还觉得似乎能听得见他踩着鹅卵石急速逃跑的脚步声……盖世太保在他身后开枪追击，有一个德意志国防军士兵——他好像是刚休假回来，此时正好与这位正在逃跑的波兰人相撞，突然听见德国人在后面抓住波兰人的喊声，他立即从肩

---

1 波兰军事与政治领导人。
2 波兰文学评论家、小说家和剧作家。
3 波兰批判现实主义小说家。

上取下冲锋枪，转过身向这位波兰人开枪扫射，俘虏倒下了，街上的人被吓得四处逃散。这一切就像过眼云烟一样转瞬即逝，发生的一切离我这么近，就好像伸手可触……但这并不是最重要的。我那时看见的这个兵，看上去善良诚实，也许他是德国人，没有经过思考就成为了第三帝国军队的一兵，他做的一切就是完成任务。他不经意地看了一眼被他击中倒在地上的尸体，又扛起枪继续往希特勒大街深处走去。

前不久我看了本－江·古尔德[1]写的回忆录，题为《暴风雨前的寂静：记大屠杀前波兰犹太人的生活》，我简直不敢相信，他写的事情就发生在我曾居住过的城市拉多姆。尽管作者只比我大三岁，但是他所处的环境与我在学校、教堂和童子军中生活的环境竟然是那样的截然不同。就连他在书中提到的街名我也只是听说过。更有甚者，他作为一个十几岁的男孩所处的环境与我完全不一样，他完全受他父亲的支配，没有自己的选择。他父亲决定把他这样一个十几岁的男孩送到拉多姆郊区的一个神学院去学习，在那个年龄段的孩子看来，这是一件完全不能理解的事情，因为那时我参加了童子军，每天都在玩当兵打仗的游戏。

我还记得那条马勒柴夫斯基大街上用花岗岩石铺的路，那时我父亲服役的七十二步兵团的军营正好就驻扎在那条街上，而我们家就安在那个军营里，那条路通往华沙。当然在那条马路的对面就是一片密密的楼群，我在那个与我生活截然不同的世界需要寻找什么吗？

在那片楼群里生活着与我同龄的犹太男孩子们，但我只有在上学的路上能遇到他们。他们用我听不懂的语言和仪式祈祷，他们都在犹太教学校上学，他们的学校跟我所在的以尼古拉·莱伊命名的国立小学完全不同。有时候，通过我们的窗户还能看见他们给我描述过的送葬队伍，随着送葬队伍还伴有号啕大哭的声音。这对我来说是十分陌生的现象，特别是我曾多次见过为牺牲的军人送葬的情形，军乐队通过演奏肖邦的进行曲对逝去的人们表示哀悼，这两种葬礼简直不能同日而语。当然，在1939年9月以后，我的世界

---

1　江·古尔德生于波兰拉多姆，1947年移民美国。

也发生了翻天覆地的变化，自从德国人侵占了波兰，我就失去了父亲，因为战争开始后他再也没有回到家中，我必须面对新的环境。那时我只有十三岁，但是我并没有对宗教和圣经特别感兴趣并成为虔诚的信徒。

有一件十分荒谬的事情是，有一位年轻的哈西迪 [1] 跨过了马勒柴夫斯基大街隐形的边界，他是作为翻译随着一位德意志国防军军官一起来到我们家来跟我妈妈谈事的。那是 1939 年 10 月末，那时我父亲已经被派往前线。他们来谈话后不久，我们就和妈妈收拾了全部家当搬到了城边上的一间带厨房的小房子里住下。于是我诚惶诚恐地继续往下读着本 - 江·古尔德的书并得出结论，作者写这本书时，应该已经移民到了美国，他是在成年以后才完成这本书的写作的。

"在失去了自己所有亲人和整个民族的同时，我也失去了能保证我心理平衡和安全的两样东西：信仰上帝的天意和人之初性本善的本质。在当代历史上，对犹太人进行如此大规模屠杀的事实让我失去了上帝是公平的信念，在我经历了集中营的苦难之后，我相信，人是世界上最不安全的动物。"

在战后我对那个时代的评价与他迥然不同。我很快意识到，我们不能把上帝与这些政治问题相提并论。本来不应该发生这样的事情，是我们的英国和美国朋友决定了我们的命运。在西方与德国人作战的军队中，波兰参战的军人占了四分之一的人数，那又怎样？作为一个十五岁的孩子在德国占领下的拉多姆冒着生命危险传递波兰国家军的命令和指令，那又怎样了呢？所有的人都高估了雅尔塔会议——斯大林、丘吉尔和罗斯福。波兰人也以极大的热情向上帝祈祷，我还记得，我在拉多姆圣三一教堂祈祷的情景，那又怎样，波兰在战争中还是牺牲了几乎六百万自己的同胞。但我从来没有想过把这两件事联系在一起。我们失败了，正如以前多次谈论过的这个问题，其失败的原因超乎我们对现实的影响。

我没有选择宗教，而是选择了回到我的生活。事实是，我们走的完全是

---

1　现代犹太极端正统派的一部分。

两条道路，尽管在战争年代，我曾有过许多犹太朋友。他们当中有的是从苏联军队退役回来加入波兰电影界的创作者，有的是与我们有着共同理想、在战后年代才毕业的大学生。但他们当中没有谁去写回忆录，而是竭尽全力隐藏自己的经历，这也是多年后，我才了解到我一些朋友的惨痛经历：例如电影运营商耶日·李普曼[1]和导演亚努什·摩尔根斯泰尔[2]，我主要是通过阅读别人写的回忆录了解了他们的经历。

我甚至非常惊恐地意识到，如果我能在那时遇到本-江·古尔德的话，那我们相遇的地方一定是在奥斯维辛集中营——不过在那里，是用高压铁丝网来分开关押波兰人和犹太人的。

战后拉宾金在美国为自己找到了继续读大学的地方，那也正是我全身心投入罗兹电影学院学习的时候。我们两个来自拉多姆的男孩子将来见面的地方应该是能让我们生活更美好的地方。是否有这样的地方存在呢？

我的童年又是怎样度过的呢？说实话，我记不起来什么了。我非常憎恨我的童年时代，所以也就把一切都尽力从大脑中抹掉了。那时，我特别想快快长大，事实也是这样。战争开始时我十三岁，我很快变得成熟了，为了避免自己被带到第三帝国去，我十五岁时就开始工作，所以童年就这样过去了。老实说，这也有点让我感到羞耻。此外，我们童年的时候有过什么玩具？父亲给我们留下了一个很重的木制的滑雪板——那还是在苏瓦乌基市住的时候就有的，还有一辆自行车，在整个战争年代，我努力反复把自行车修好，然后一直在院子里转圈骑，因为在马路上骑会被德国人盯上。当然那时我也没有把握，如果我骑得远一点的话，是不是会害自己走路回家。

说来也很奇怪，这场战争并没有打破我家生活的规范。敌人有自己的统治法规，而我家有自己生活的原则。在战争爆发的第二年，我在拉多姆的一个农村当制桶人的助手。有一天我们被叫到一个很大的仓库里劳动，那里储存的是大桶装的黄油，这是要运送给东部前线军队的供给。有些大桶可能以

---

1　波兰犹太籍电影运营商。

2　波兰电影导演、制片人。

前被装得太满，现在需要修复，必须在大桶外层加固上一层铁皮箍紧弄好。我的师傅在生活上真算是个大笨蛋，他穿的鞋有点小（那可是一双结实的战前的军靴），于是他就在靴子上扎了很多眼儿，后来又号啕大哭，因为外面的水都灌到了靴子里——不过他指导我们工作可一点也不含糊。要修好大桶，首先得打开桶子，然后还要数好需要多少根铁皮条箍紧大桶。这些铁皮条的重量告诉我们，我们可以往里面少放多少黄油，以便仓库负责过秤的工人知道，在加了铁皮固定以后，桶子的重量和以前是完全一样的。然后，我拿着自己的获利品回到家骄傲地交给了母亲。结果她大哭起来。是啊，算是我偷了黄油。不过母亲在战争年代，为了养活我们这两个十几岁的半大小伙子真是费尽了心思。归根结底，应该说是德国人拿走了我们的黄油。母亲大哭是因为担心今后可能会发生的一切。在这种可怕的事实面前，我们违背了我们的道德原则，我们把敌人使用的方法，当成了自己的行动准则，上帝饶恕我们吧。

1942 年中，在宵禁时间，我在空旷的集市广场上见到了一位来自七十二步兵团的军官，他名叫斯坦尼斯瓦夫·波莱德。我知道，他为了躲避被抓，藏在了拉多姆附近的一个地方。那时我已经十六岁了，到了服兵役的年龄。所以当他对我说，我应该去一个指定的地方宣誓并去当一名部队的联络员时，我毫不犹豫地就去了。我觉得，这是我与这位陆军中尉波莱德最后的一次见面，他后来升为波兰国家军第三步兵团总指挥，再后来是一个叫安东尼·海德，代号"灰色"的人接替了他的职务。

宣誓词的内容是："在全能之神和波兰的皇冠圣母玛利亚像面前，把手放在英勇和救赎的标志——圣十字架上，我宣誓，我将忠于并坚决捍卫波兰的荣誉，我将竭尽自己的一切力量直至牺牲自己的生命，为把波兰从奴役中解放出来而奋斗。无论遇到什么情况，我都将服从命令听指挥，保守秘密。"等我宣誓完毕之后，部队领导又说了下列话："我接受你成为为自由而战的战士，你的职责是拿起枪为祖国的解放而斗争，胜利将成为对你的奖励，背叛的话你将被处以死刑。"如今当我再读这些句子的时候，我感到毛骨悚然，我怎么可能在这么可怕的条件下承担这样的责任。幸运的是，命运没让我去做这样的尝试——我可能经受这一考验，但精神可能就被彻底毁了。

我执行的任务并不难。就是到市中心的某扇大门那里，在一个固定的地方放一张有特殊标志的小纸条，除了我之外，不许任何人知道这件事。根据命令我得把这种纸条放在三个，最多四个不同的地方，也就是把这些所谓的资料放到指定的地点。我并不清楚纸条上写的内容，地址也只能靠眼睛看了以后记住，不能写下来；到今天我都不知道那些街道的名字和房子的牌号。这说起来很可笑，这么多年来，这种秘密的记忆方式已经成了我的习惯，我认为用眼去记忆看到的地址是最有效的方式——如果被抓到或者被问到我会怎么样……

1943年，我已经跑遍了很多作坊和仓库，后来不知怎么跑到了一个铁路建设办公室当上了绘图员。我们的德国老板命令我，要花数小时把每个数字都认真抄写下来。对一个当时十八岁的年轻人来说，我简直就是在做一件无聊至极的事情。过了一段时间，我被调到图书馆的办公室工作，于是我把书放在半开着的抽屉里阅读（这些书包括莫泊桑或者巴尔扎克的小说，都是我那时十分钟情的书籍）。我看得是那么专心，结果放松了警惕，有一天我突然看见老板的靴子踏在了我的桌子上，一切都晚了。

他关上了我的抽屉，让我站起来，就像学校的老师那样，手里拿着尺子抽打我的手掌。奇怪的是，其实他可以打一个电话，就可以把我当坏人送去劳动营或者集中营。我一直没有琢磨透他的思维方式，不过我觉得，这位德国老板，他可能觉得，他来到德国的东部波兰，需要完成的使命是要掌控"波兰经济"，让波兰人学会工作。他坚守了自己的想法，并完全按照这个样子做了，但做得有点可笑。

1944年春，我刚走出办公室，有一个看上去十分悲伤的妇女拦住了我。她用黑纱遮着整个脸，哭着对我说，他是我上级的妻子，他的丈夫被拉多姆地区的盖世太保在夜里抓走了，跟他一起被抓走的还有几位波兰国家军的军官。他告诉我，我应马上离开这座城市。

我让弟弟转告母亲发生了什么事，还嘱咐他不要跟任何人讲，我自己爬上了熟悉的博纳迪恩教堂的楼梯，跑到了教堂顶尖上，想在那里过夜，等到清晨我再乘火车去克拉科夫，我希望没有人再能找到我。

就在此事发生前十几天我曾收到过命令，让我把一台打字机从郊区的一所房子里拿出来运到我上级的家里，我一直等着具体的指令，等着给我详细的地址。结果命运再一次让我错过了一次完成任务的机会。

1943 年 4 月 13 日，德国人公布了在卡廷森林，就在离斯摩棱斯克不远的地方发现了波兰军官的万人冢。第二天，华沙的《新信使报》和其他在德国占领区的波兰文报纸都公布了发现万人冢的消息。4 月 15 日又公布了进一步详细的消息，这之后每天都非常系统地公布了在尸体辨认后被害人的姓氏名单。所公布的事实震惊了全世界。

> 在这些关于卡廷万人冢的消息公布之前，很多当地人都知道，在这些地区，内务人民委员会在 20 世纪 30 年代就关押了很多人，并有很多人早就被判处了死刑，早就有这样的消息在私下传播着，在几年前，在第聂伯河[1]附近的科所古尔丘陵地带，在斯摩棱斯克以西大约十五公里的地方有很多波兰战俘被杀害。1942 年根据这些口头传播的消息，被迫参加修筑斯摩棱斯克铁路的波兰人，就曾在卡廷森林里挖出过几具穿军服的尸体。他们重新掩埋了这些尸体，并用白桦树为他们立了十字架。

——《拉多姆日报》，第一百零四期

1998 年 2 月我收到了这样一封信：

> 尊敬的瓦伊达先生：
> 我尽力完成您希望我能给您复印的《拉多姆日报》1943年公布的、上面写有瓦伊达姓氏的卡廷名单。可在拉多姆档案馆没有标注的卡廷名单，很可能已经被销毁。

---

1　全长两千两百九十公里，欧洲第四长的河流，它发源于俄罗斯首都莫斯科以西的瓦尔代南部沼泽，流经白俄罗斯和乌克兰。

此致

敬礼!

米耶其斯瓦夫·舍伏楚克

拉多姆现代艺术博物馆馆长

雅库布·瓦伊达上尉的尸体是从哈尔科夫附近的万人冢挖出来的,因为那里埋的是早前在旧别利斯克集中营中关押的被残杀的狱犯。在拉多姆住的时候,我母亲除了收到一位曾被关押,后来被释放出来的苏联战士发自科泽利斯克[1]的两封信以外,就再也无从得知关于我父亲的任何消息了。后来我们在报纸上看到,在被杀害人的名单上写着卡罗尔·瓦伊达,所以我母亲就觉得这可能是一个跟我们一样的重姓。

"卡罗尔·瓦伊达,上尉,波兰军团军官,信,疫苗接种卡,指南针,烟斗,军功章",在1943年4月下旬的《拉多姆日报》某一天的报纸上,刊载了德国人公布的一条消息,上面有这样的一段描述。我从不记得我父亲会把军功章戴在脖子上,也从未见过父亲抽过烟斗;我眼前浮现出这样的场景,在我父亲即将奔赴前线时,我母亲拿出一个琴斯托霍瓦[2]带有国徽的纹章[3],放在了他制服左边紧贴着心脏那边的口袋里。直至她在1950年去世前,她还一直坚信我父亲早晚会回来的。

关于卡廷事件的事实真相,我是从德国的报纸上得知的,但是关于苏联就这一问题的谎言我是从在伦敦出版的《文件披露卡廷罪行》一书中得知的,作者是斯坦尼斯瓦夫·思维亚涅维奇[4]。1989年之后,当时波兰新任的驻莫斯科使馆的文化参赞拉法尔·马尔沙维克,他是波兰著名的电影评论家,邀请我去莫斯科,举办了我与俄国观众的见面会,并观看了我早期执导的一些电影。在电影放映期间,有一些老人,他们非常激动,说还有人记得他们,竟然能被邀请到波兰使馆观影。在与大使进行了简短的礼节性会谈后,我在

---

1 俄罗斯卡卢加州东南部的一个城市。

2 波兰南部城市,位于瓦尔塔河流域。

3 一种通常以宗教题材的盾牌形状的大奖章。

4 波兰学者、经济学教授、法律学家和苏联问题专家。

长长的走廊里正往回走，被一个那里工作的官员截住，请我去他的办公室，至今我也不知道他姓甚名谁。在那里我们没有更多的寒暄就进入了谈话正题，从他那里我得知，在卡廷森林他们是用怎样的方法处决波兰军官的。

从德国人最初公布的消息中就已经得知，波兰的军官们是从脑后一枪打死的，从头骨的检测可以看出，开枪人距离死者非常近。这一细节总能让人提出这样的问题，杀手怎么能这么残忍，以这种方式对那些为自己的生存战斗到最后的人下此毒手。与此同时，在我准备拍摄卡廷电影的时候，我反复考虑过要怎样拍摄这一场景。结果整个秘密告诉你，不需要什么解释，简直就像魔鬼般那样的简单可信。我一边听着讲述人在说，一边想象着我的父亲雅库布·瓦伊达上尉，步兵第七十二团军官是怎样被残害的。

根据这一故事，卡廷森林里有一个地方用泥土堆积了一个两米多高的高墙，然后用木板封闭了这个地方，为的是让人们从外边看不见里面隐蔽着什么。波兰的军官们背对着人工堆积的高墙，他们心里已经做了最坏的打算，警觉地看着那些站在森林深处的刽子手，在高墙的另一边站着默不作声的准备行刑的人，他们的人数正好与沿着高墙站成一排的波兰军官人数相符。一般来说，他们每次枪杀的人数约二十人。沿着高墙还放着一排长凳；站在长凳上的人的前面都对应地站着一个受害人，也就是说，他们的目标是要一枪打中前面人的头骨，国际红十字委员会第一次参加挖掘卡廷尸体的人员这样描述说。

对我来说最可信的事实是，我从未想到我会听到这样的描述，任何人做梦都不会想到会发生这样事情。想象不到真会有这么残暴的事情发生。我当时想，我应该对谁去讲述这一切呢。这并不是件难事，我选择了古斯塔夫·赫尔灵－格鲁津斯基[1]，他应该能判断一下我所听到的消息的真实性。他认真地听我讲完，思索了一会儿，对我说："是的，这可能是真的，您知道，为什么吗?"我没说什么，因为我对他提出的答案感到惊讶。我们这位俄罗斯问题专家这样回答说，这是他们最便宜最快捷的杀人方式。

---

1 波兰作家、散文家、文学评论家、记者，在苏联入侵波兰后，被苏联内务人民委员会抓去关在古拉格集中营。

19

我突然想起来尼古拉·布尔登科调查委员会 [1] 在卡廷万人冢被再次打开以后，苏联反驳的理由是，枪杀波兰军官用的是德国子弹。众所周知，在第三帝国和苏联友好期间，他们签署了《莫洛托夫－里宾特洛甫条约》，那时从德国往苏联运送了整车皮的德国弹药和武器。我们这位伟大的作家所说的苏联节约弹药的事情，在他自己撰写的《另一个世界》一书中，不仅向我们揭示了苏联在那个年代的行径，更重要的是揭示了在这种制度下苏联的精神。

多年以来，我一直觉得我要拍一部关于卡廷的影片。当我成功地拍完这部影片时，我做到了这一点，就是不能允许在我的影片中有任何表现民族主义的情绪。我不希望我的影片是为了发泄情绪和责难谁。是当时的制度，导致了这种情况的发生。应该学会将非人的残暴罪行与健康理智的人们区别开来。我非常希望我的电影不仅能为波兰观众所接受，同时也能为俄罗斯的观众所接受。

"我们有权利讲述我们自己的历史，"2007 年在华沙电影首映式后我对《莫斯科消息报》记者这样说道，"从哪儿开始讲起呢，我们的历史和你们的历史经常这样错综复杂地交织在一起？我的电影讲述的是历史的悲剧，反对的是目前已经不复存在的无人性的制度。之所以这一制度崩溃了，那也就是说，其中有非常深刻的原因。社会自己承认，这一制度不应该存在。如果说我的电影'卡廷'是受到了某种政治操纵的话，那我将会感到非常痛心。"

当然与很多舆论的评价相反，在我的电影里，波波夫少校并不是一个"俄罗斯好人"的形象。但我还是在电影中展现了他的另外一面，这完全是历史事实。我在阅读回忆录时，还遇到了两个人。一个是内务人民委员会的军官，他建议波兰军官的妻子跟他假结婚，为的是方便带她离开波兰。另外一位苏联军官在大搜查中还救了一位波兰女子，他用大衣蒙住了她。那是 1943 年 4 月 13 日，在卡廷已经开始枪决波兰军官了，与此同时也已经开始抓捕被

---

1　1944 年 1 月 13 日中共中央政治局（布尔什维克）成立的苏联特别调查委员会，证明 1940 年春季在卡廷发现的波兰军官集体被害是德国人干的。

关在苏联监狱中波兰军官的妻子和孩子了。

开始时我不敢确定，谢尔盖伊·噶尔玛什[1]是否会接受扮演这个角色。因为这个角色会引起俄罗斯观众下意识的反应，朋友还是敌人……当然我也知道，对一个有着很高声望的著名演员来说，这是一个非常严肃的决定。结果当我听到他干脆地答应"是"的时候，我心中的一线希望犹然升起，俄罗斯人不会排斥我的电影，因为那里没有任何一点反对俄罗斯的潜台词。因为在卡廷森林，不仅仅是一个死去了很多波兰人的地方，同样也是成千上万的俄罗斯人、乌克兰人和伏尔加德意志人[2]失去生命的地方。

《卡廷惨案》在俄罗斯上映之前，先在乌克兰播映，利用这个机会我也学到了很多。2008年4月，当我和克里斯蒂娜[3]一起来到哈尔科夫参加我的电影首映式，我们有机会进到以前内务人民委员会的大楼，也就是杀害我父亲的地方。当我们看到捷尔任斯基的纪念牌时，我们每个人都感到脊背发凉。吃午饭时，克里斯蒂娜对乌克兰总统尤先科说了她的感受。结果过了十天以后，那块纪念牌就被摘走了。我们建议在这个地方挂上一个波兰纪念战斗和殉难保卫委员会的牌子，由安杰伊·普舍沃西尼克[4]提供资金，为那些遭受内务人民委员会迫害的人竖一块纪念牌。半年多以后，我们受邀参加了这个揭牌仪式。我们根据乌克兰总统尤先科的要求，在牌子最下面写有"波兰家人"敬上，后面又加上了"乌克兰人民"的字样。

《卡廷惨案》在俄罗斯上演的时间比较长。2008年3月，该片第一次在电影之家艺术节上公映，当时有一千五百名观众观看了这部影片。第二天，在俄罗斯作家中心的一个纪念馆放映了第二场。我对在这个地方展映我的电影记忆最深刻，因为那时有一位年轻的女子发了言，她先介绍了自己的姓名之后，然后请全体观众起立，为牺牲的波兰军官默哀一分钟。那时我想，即使"卡廷"电影什么也没表达出来的话，那么为这位姑娘的行动也值得拍

---

1  前苏联和俄罗斯的著名电影和话剧演员。

2  生活在俄罗斯南部，伏尔加河流域的萨拉托夫以及伏尔加河下游港口周边及其以南的德意志族人。

3  瓦伊达夫人，波兰演员、导演、剧作家。

4  波兰历史学家，纪念战斗和殉难保卫委员会秘书长，在2010年斯摩棱斯克飞机失事中丧生。

摄这部电影。

2010 年 4 月 2 日，那天正逢圣周五[1]，也是纪念卡廷事件七十周年之际，俄罗斯国家电视台文化栏目播映了电影《卡廷惨案》，在电影播映后，举办了关于电影的讨论会，有很多专家参加了讨论，其中有尼基塔·米亥科夫[2]。在波兰总统专机失事后不久，在俄罗斯公共电视台第一次放映了电影《卡廷惨案》，有上千万的俄罗斯观众收看了这部电影。后来我才知道，因为这部电影多次在俄罗斯放映，受到观众的好评，为此在几个月之后，俄罗斯总统德米特里·阿纳托利耶维奇·梅德韦杰夫授予我俄罗斯友好勋章，表彰我"对俄波文化关系中的发展做出的贡献"。

正如马切克在电影《灰烬与钻石》中说的那样，这已经成为战争失败后那一代人的普遍说法："我们知道他们想要我们干什么"，这是教会、学校、家长和童子军教会我们的。我敢肯定并不是所有人都这样认为，但军人家庭出身的人能理解这一点是显而易见的。我们的家长、老师们和上级希望为了原则和目标让我们绝对顺从，对这一点我们是清楚的，也正是因为这一认知使国家军反抗组织紧密地结合在一起，这也使战后的很多年轻人产生了深深绝望的同时，自信也成比例地增长，就像在战争期间那样。

---

1 基督教的宗教节日，基督徒用以纪念主耶稣基督被钉死受难的那天。
2 俄罗斯导演、演员。

# 战争刚刚结束

粉红色的理想被分成几份

挂在便宜店里

在商店里出售着

弄臣的面具

混杂着各种死人

脸部的照片

那些活着的人

那些活下来的人

眼睁睁地看着

战争的深渊

——塔戴乌什·鲁热维奇，《便宜店》

1945 年人们都厌恶透了战争，因此关于和平的宣传拥有了肥沃的土壤，"放一颗原子弹，我们就再重回利沃夫！"这歌词听上去像是一个阴郁的玩笑，只是那些从东部遣返回来的人们，听到后却觉得很顺耳。波兰计算了一下自己的损失，结果事实远远超出了预想。

德国人毁坏了波兰，重建就意味着我们要战胜他们。高中、大学、博物馆和出版社的恢复证明了我们的存在。人们创建了它们，战争中止了人们在科学和艺术方面的活动，由于地方政权和政府官员的支持，人们重新回到了战前的工作岗位。所有人似乎都是自愿地，在没有上面的强行命令下主动工作。

人们摆脱了被占领时期的束缚，能自由行动了。我也不停地到处走动。我看见了废墟中的华沙，去过鹿山[1]和瓦乌布热赫[2]，还去过格但斯克[3]，甚至到过什切青[4]。无论走到哪里，人们都在布置自己新的处所，大家坚信，命运终于可以掌握在自己手中了。

人们满腔热情地要修复五年来被破坏、被糟蹋和蹂躏的国土。波兰正在复兴，希望从遭受战争的历史教训中总结出经验。我不记得自身发生过什么变化，唯一感觉到的是，这段时间的变化就像是赶走了一个占领者，却又来了一个新占领者。一切都会跟以前不同，这一课刚刚开始。于是在未来的年代里，也就是在战争刚刚结束后所有自发的倡议都受到了遏制。

在一篇介绍波兰人民共和国的文章里，我看到了一句发自肺腑的话："对老百姓来说，人民波兰就是他们的天堂。"这是一个颠扑不破的真理：普通老百姓期待着得到他们应该得到的一切。普通人对当局给予的一切从来没有提出过任何要求。因此在有人看到商店前排着长长的队伍时，他会问：他们在给我们什么？数百万人就是这样生活着。但是这数百万人能代表历史吗？而对那些波兰人民共和国少数积极活动分子来说，这是一条行不通的荆棘之路。因为无论做什么事情都要等着决定。

我本来就是一个普通人，因此我也尽力不想知道这些存在的问题，否则的话，我既不可能有勇气，也不可能有任何愿望去做什么事。我相信波兰社会是积极的，需要变革，不希望自己活在苏联制度的羽翼之下。否则作为艺术家，我担当他们的代言人还有什么意义？


战后初期的年代里，我们并没有感到恐慌。因为在德国占领我们的五年期间，我作为一个工人不需要看所谓的"宣传稿"，不需要知道是谁剥夺了我在整个战争期间每天工作十小时的剩余价值。对我们这些经历过残酷战争

---

1 波兰城镇，位于波兰西南部。

2 波兰西南部城镇。

3 波兰滨海省省会，也是波兰北部沿海地区最大的城市和最重要的海港。

4 波兰第七大城市和第二大海港，西滨海省省会。

的年轻人来说，用"马克思科学理论"回答每个涉及政治经济或者艺术问题是一件很简单的事情。我从来没感觉到黑格尔的"诱惑"，因为我从来没读过黑格尔的书，不过我觉得，我们这代人需要的是，给我们一种合理的解释，我们参加了二战的斗争，那我们为什么会是失败者？

每个年轻人都会去寻找与世界沟通的方式，那时喊出的实证主义口号就好像是来自热罗姆斯基的一个普遍教育的口号，我们每个人就是在这种情形下长大的。这并不奇怪，我们作为艺术家，不就是希望能表达现实吗？这就是写入波兰历史的传统的艺术家的职责……当然社会公平的制度也让我们感到欣慰。也正是因为获得了奖学金，我才完成了在艺术学院三年和在电影学院四年的学业。

没有人觉得要对战争的结果负责。相反，我们曾相信，波兰人做到了他们应做的一切：在反抗德国人的斗争中，波兰派出的兵力占所有出兵国的第四位，为了保住华沙我们还组织了国家和军队的地下反抗组织参加战斗。我们还能再做什么呢？像我这样的年轻人都提出过这样的问题，但是没有找到任何答案。

因此对波兰战前年代的评价是如此残酷而又缺乏公正。战前的波兰无力保护我们，波兰在雅尔塔会议上也不可能为争取自己脱离苏联的魔爪有任何发言权。有意思的是，我们那时也没想过，像法国和其他国家那样轻易地，或者说很容易地向希特勒投降。战前的一切都遭到了否定，特别是当（以我为例）我们的父辈因为战争再也没能回来，面对儿辈们提出的异议他们也没有可能再做出解释。


战后初期最大的不幸是肺结核的蔓延。雅罗斯瓦夫·伊瓦什凯维奇[1]在《来自布热伊纳的小伙子斯塔西》一书中这样写道：非常遗憾死在春天，更遗憾的是当经历了战争的洗礼，经历了集中营牢狱，经历了森林里的游击战争和被德国人抓劳工后死去。

那个时候，很少有人会谈论自己的遭遇。我们那时还年轻，只是上了年

---

1　波兰小说家、诗人、文学翻译家、外交家。1959—1980担任波兰作家协会主席。

纪后才想写回忆录。我们很幸运，因为我们还活着。可与自己的朋友告别却是一件非常令人伤心的事。如今我们可以在冬天去扎克帕内滑雪或者夏天去那里爬山，可是在那个时候，一说去扎克帕内[1]就等于说是去送死。因为很少有人能再回来，即使回来后也活不长。

有一个叫尤瑟夫·沃拉克的人就是这样，他在汉娜·鲁兹卡–茨比索娃[2]的工作室待了很短的一段时间，我在克拉科夫艺术学院学习时也去过那里。他早就被克拉科夫艺术学院录取了，但我在艺术学院学习时一直就没有见过他。后来他在第二年春天来过，很快就画完了几幅非常漂亮的画，主要是静物画，那幅画上是一支朱砂色的小提琴放在一个黑色的箱子上，我们所有人都非常喜欢他的画风，佩服他高超的技艺，后来他还去了我们的画室，他想看看亨利·马蒂斯[3]的画。但他在那里没呆多久，几周以后，我们这位艺术家就像鬼魂一样消失了，再也没回来。据说，那时他还服用了非常好的药叫盘尼西林，可是在克拉科夫没有人再见到过他。

那时候当局想掩盖事实，但是消除肺结核的进程非常慢。我在电影学院上二年级的时候，有一位高年级的同学叫安哲·伊蒙克注意到了我，约我在他的电影里扮演一个角色，电影想讲述的是两个学生的爱情故事，他们在扎克帕内的疗养院一起度过了生命的最后两个星期。扮演我伴侣的同学叫尤安娜·库尔莫娃，如今已经是波兰诗坛的知名诗人，那时她还是戏剧学校的学生。当时他选我是选对了，因为我非常瘦，而尤安娜用一双黑黑的大眼睛看着我，看上去很像一对马上就要和这个世界告别的情侣。可那又怎样呢？学校的审查认为，这个题目太悲观。尽管安哲用尽浑身解数，向学校向当局解释自己的想法，但还是无法改变任何事，而我，丢掉了唯一一个在电影里扮演角色的机会。我说唯一并不是因为后来没有相应的机会，而是因为根本看不到导演能做什么，那时我就想完全放弃这一职业了。

尽管战争年代物质条件艰苦，生活处处受到束缚，我也非常拮据。可我

---

1 波兰南部的城镇，始建于17世纪。
2 波兰艺术家、画家。
3 法国画家，野兽派创始人及主要代表人物，也是一位雕塑家及版画家。

想自己决定自己的命运！我想当画家！当我终于得到一盒颜料的时候，我知道，这一刻到来了。

如今当我再回头看 1942 年我写的日记时，我感到非常自豪，因为在日记里我清楚地记述了当时的环境，好像我并没有处于希特勒入侵的现实中一样。后来过了几年我得知了一件事，于是我就把这件事与自己进行了一下对比。有人问塞尚："大师啊，1870 年当普鲁士人入侵法国时，你在做什么？"这位艺术家回答说："我画了几幅风景画草图。"

1944 年有位叫瓦次瓦夫·多布罗沃尔斯基的画家来到了拉多姆，他在那里开办了自己的艺术学校。这个学校开办不久，就被德国当局给关闭了。尽管这段时间很短，但还是为我打下了继续独立作画的基础。那时我结交了两位在拉多姆工作的画家，一个叫艾乌盖纽什·比萨莱克，一个叫维克多尔·兰格奈尔，他们当时是在亚当·斯塔罗纳·多布然斯基的指导下修复贝尔纳蒂尼教堂，是我当时许多艺术画作的顾问。

1945 年我的生活发生了很多变化：首先我举办了自己的画展，有十几个人来看了我的画展，我的画《安提戈涅》挂在了杨·科哈诺夫斯基高中的小礼堂里，还举办了我的童子军连环画《快乐工作的故事》的展览，使我名扬整个城市。现在到了该走的时候了！

1946 年春我来到了克拉科夫，报名上美术学院。在这里，除了维克多尔·兰格奈尔我谁也不认识。尽管兰格奈尔在 1939 年战争刚开始时失去了一条腿，但他还是积极地参加地下组织的活动。

有天当我按下了他在光明大街住宅的门铃时，门被快速地打开，有一只手把我一下子拽进了门里。当时那里已经聚集了几十个人，被波兰秘密警察关在这间"密不透风"的房间了。几天以后我的叔叔古斯塔夫·瓦伊达也被他们抓住，我妈妈曾给他写过信说，我没回拉多姆，她很担心。在这个房间里被抓住的有十几个人，秘密警察决定把那些可疑的人送到监狱去，放走其余的人。我的叔叔也属于被放走之列，他回家了，而我被扣住，要我做出解释。

我跟着两名年轻的秘密警察坐车离开了光明大街。我们走过了瓦维尔宫

瓦维尔山 [1]，来到了维斯瓦河，停在了维斯瓦河旁边的一座教堂前，然后他们命令我下车。

在整个战争期间我只知道一件事：我不想干什么事，我只是想在克拉科夫美术学院上学。我一直生活在这种奇怪的根本说不出理由的自信中。就在这个时候，我的战友们假装要谈论什么秘密事，命令我离开他们远点。我后退了几步，但是根本没有逃跑之意。司机示意我该走了。我顺从地上了车，可我一直很好奇，下面会发生什么事。直到今天我也不知道，这些地下组织的人当时想干什么：也许就是想给我逃跑的机会，或者只是想击中移动的目标？


月光明媚
街道空寂
月光明媚
人去楼空


月光明媚
人倒下
死了
月光依然明媚


月光明媚
街道空寂
死人的脸
积水的坑


——塔戴乌什·鲁热维奇，《月光明媚》


---

1　位于波兰克拉科夫维斯瓦河左岸的一座王宫。

我从秘密警察的地下室里被解救出来的过程，是不久前我住在布鲁塞尔的堂弟告诉我的。叔叔古斯塔夫·瓦伊达在战前是一个叫"兹维耶日涅茨基"体育俱乐部的积极活动分子，他认识住在兹维耶日乃茨大街上的所有人。他找到了一个在克拉科夫秘密警察局里有同学的流氓，给他塞了一点钱，就这样我被放了出来。因此走在自由广场上，我很自信，没有什么事情可以阻碍我，我只要能在美术学院学习就好了。

事情就是这样。1946年春，我通过了所谓的高中毕业小考。我让当教师的母亲非常失望，她一直坚信，波兰的知识分子不能没有参加高中毕业考试，我来到了克拉科夫考上了美术学院。我被录取为美术学院的旁听生。


1946年到1949年，在克拉科夫想通过画画挣钱养活自己实属不易，因为那时在美术学院有三百多名学生，画家、雕塑家和图画家要比学生还多三倍。不过在我上二年级的时候，我们遇到了千载难逢的好机会。1948年，在弗罗茨瓦夫举办的《夺回失地》的展览提供了一个很大的展出空间，需要很多画手。我还记得，我和我的同学在一个书籍和报亭的大厅里画的一幅很不成功的壁画，我们还在一个叫"四个圆顶之下"的饭馆门口做的浮雕。

总而言之，我挣到了钱，决定给自己添置一些必需品。我在弗罗茨瓦夫集市大厅买了一件黑皮夹克，售货员告诉我这是用德国潜水艇军官的皮衣改制的。我欣然接受了这件带着战争故事的皮夹克，我把挣到的所有钱都给了售货员。我作为拥有皮衣的人被人羡慕了很多年，而这件皮衣一直跟着我拍了很多年的电影！

1954年我开始拍电影《一代人》，我让演员齐布尔斯基穿上我的皮夹克。遗憾的是，在审片时，在被删剪裁掉的那场决斗戏中，演员沃姆尼茨基在向齐布尔斯基后背刺刀时，把皮夹克划出了一个小口子。我为这么一场好戏被剪掉而感到遗憾，也为我自己唯一一件适合在各个季节穿的衣服被划破而感到遗憾。直到1968年，丹尼尔·奥尔布雷赫斯基在电影《一切可售》中还穿过这件夹克，因为他在电影中成功塑造了角色，于是我把这件皮夹克作为礼物送给了他。

我十五岁的时候，德国占领了波兰全国的领土，我和我的同胞被他们当成了廉价的劳力。图书馆、学校和书店都被关闭了，图书馆遭到毁坏，无书可读。战争结束后，无书可读成了全国性的问题。杨·科特成了我的救世主，他是华沙大学的教授，1946年，他正好出版了自己撰写的书，其中第一章题为"百部最佳图书"，这本书引我走上了正确的方向。但作为波兰知识分子，没有读完他推荐的全部图书，直至今天我还一直感到内疚。他写道：

德国占领者的主要罪行之一是炸毁了华沙，他们犯下的第二个罪行是毁了波兰的图书，我们在近五年中需要至少一千万本图书，还有很多书没算在内。我们需要出版商做一个规划。在文学类书籍方面必须留有更大的选择余地。在文学书籍的再版方面必须遵循严格和客观的标准，以便出版商的计划不仅仅局限为出版计划，同时还要彰显文学价值，以便为今后继续出版文学书籍提供必要的条件……在出版每一部书籍时，都应附上非学术的前言，也就是具有文学史内容的前言，以便作为古典作品与现代作品的桥梁，前言要不断更新，赋予文学作品新的、具有魅力的生命，'新'指的是具有革命性的思想。多年的经验告诉我们，任何图书加工、摘要、改写和阉割对普通民众来说就是人为制造的文学，是不可能培养出文学创作人才的。我先推荐一百本图书，这一百本图书应该是首先能在图书馆可以借阅到的经典图书，这些必须是最能打动人心的书，是作家、文学评论家和社会政治活动家首先应该阅读的书。

杨·科特推荐的这一百本书，对我来说，应该是首先最需要阅读的书。1945年战争结束后，这些书应该是在一片荒漠中的指路明灯。不难猜想，在杨·科特推荐的书中，第一本就是荷马史诗《伊利亚特》和《奥德赛》。他继续写道：

有两本书图书馆必存，否则就不能称其为图书馆，其中一本是《圣经》，第二本就应该是《一千零一夜》。还应该有《特里斯丹》和《伊索尔德》以及圣奥古斯丁的《忏悔录》，帕斯克的《回忆录》，笛卡尔的《方法论》，帕斯卡的《思想录》，莎士比亚全集，莫里哀全集，未经删节的新译版《堂吉诃德》，卢梭的《忏悔录》，来自科旺泰圈的波兰雅各宾派的书籍，同时还应该有浮士德的《唐璜》，德国剧作家席勒的《强盗》，普希金的《叶莆盖尼·奥涅金》，还有密茨凯维奇的《先人祭》和《塔杜施先生》。

齐格蒙特·克拉辛斯基[1]的《非神曲》[2]也必须列入书单中，我缩略了杨·科特喜欢的法国古典文学作品书单，目的是让大家把注意力放在他所选择的波兰古典文学作品上。当然杨·波托茨基[3]的《在萨拉戈萨[4]找到的手稿》也在他的书单之中。由于杨·科特的这个倡议，沃依切赫·哈斯还把这部作品改编成电影，成了波兰战后最重要的电影之一。他的书单中有莫赫纳茨基[5]的《十一月起义史》，还有伏莱德罗的喜剧和他的《三分之三》。此外我还看到了我在十五岁时阅读过的达尔文的《人类的起源》，这本书也在他的书单中。马克思主义著作中他只选了三本马克思关于历史研究的书。但不包括《共产党宣言》，不过今天应该加上这本书。

我还是删去了杨·科特选择的十几本法国和俄罗斯现代文学书，希望大家注意到他选的波兰现代文学作品，其中包括普鲁斯的《玩偶》和他的《每周编年史》《煤的草图》，还有《十字军骑士》，正如杨·科特所说，当然我

---

1　波兰贵族，伟大的浪漫主义诗人。

2　写于 1833 年的浪漫主义悲剧，1835 年在巴黎出版，后多次再版。

3　波兰小说家兼剧作家、政治家、历史学家、专栏作家及人类学家，波兰第一批考古学家之一。

4　西班牙第五大城市。

5　波兰政治活动家和专栏作家，波兰浪漫主义理论家之一，钢琴家。是"十一月起义"的参与者和编年史家。

还选了亨利克·显克维支[1]的三部曲、斯坦尼斯瓦夫·维斯皮安斯基[2]的《婚礼》、斯泰凡·热罗姆斯基的《早春》、玛利亚·东布罗夫斯卡[3]的《白昼与黑夜》，还有就是希维彦托夫斯基[4]的《农民起义史》。在他推荐的百本最佳书单上，布里茨克奈尔[5]的《波兰文化史》被放在了书单的最后。最令人感到可喜的是，在波兰五十年代的社会主义现实主义时期，尽管那时遇到了种种政治和组织上的阻力，但到了1960年，这百本书单上的书籍大多数都得以出版发行。而这些作为导演应该阅读的名著，也有不少第一次在波兰历史上被搬上了影幕。我细数了一下，大约有五十部作品被改编成了电影，当然包括我们欧洲其他国家的同行执导的电影。所以可以看出，在杨·科特挑选的一百本书中，应该说有一半被搬上了电影屏幕，其中大约有二十部电影是直接从波兰文学作品改编的。更重要的是，在那个年代，这些被搬上银幕的电影都引起了极大的反响和激烈的讨论，这让我们意识到，这些文学作品对我们来说，至今仍具有鲜活的和现实的意义。我从来不认为阅读文学作品和观看由文学作品改编的电影之间有什么矛盾。在阅读小说的同时，你自己也能感受到，在某种程度上，我们的想象力被唤醒了，眼睛能看到心灵，哈姆雷特曾这样说过。这就是文学绝对高于电影的价值所在，你用眼睛看着导演搬上银幕的作品，同时还能看到导演的诠释。

名句摘抄：

　　1. 任何关于女人的言论都是真实的。

——巴尔扎克

---

1　波兰作家，他的三部曲主要反映17世纪波兰人民反抗外国入侵的故事。由于"他史诗一般的作品成就卓越"而获得1905年诺贝尔文学奖，是第一位以创作长篇小说而获得诺贝尔文学奖的人。20世纪初时，鲁迅、周作人等人就开始将显克维支的作品翻译成中文，如今他的大部分长篇小说和部分中、短篇小说都有中文版本。

2　波兰剧作家、画家和诗人，同时还是室内装饰和家具设计师。他将现代主义和波兰民间传统及浪漫主义成功地结合在一起。

3　波兰女作家。

4　波兰作家、哲学家、历史学家和社会活动家。

5　波兰斯拉夫于学者、文学史文化史专家。

2. 为了让男女之间的关系令人真的感兴趣，那这种关系中就应有喜悦、记忆或者欲望。

——尼古拉·沙佛尔[1]

3. 那些从不说女人坏话的人，其实根本不会爱她们，遭受痛苦才是感受最深刻的情感。

——福楼拜

4. 女人的不忠并不会损毁她们的形象，喜欢她们的特质，就不会在乎她们犯的错。

——阿纳托尔·法郎士[2]

5. 男人用什么创造了女人？是用自己神的肋骨——也就是自己的理想。

——尼采

6. 女人特殊的美貌在第二天才能打动我。

——司汤达

7. 如果你想要女人回归你的怀抱，就必须先把她赶出家门。

——扎波尔斯卡[3]

从这些笔记本中已经泛黄了的纸来看，我估摸着，这些关于女人的名言摘录可能出自我在1948年左右的课堂记录。我自己就是从那些著名作家的作品开始阅读的，并没有得到父亲的指教，因为那时他已长眠于墓地之中。我是怎样看待妇女问题的呢？

纷乱的想象力一会儿让我接近神圣的天使，一会儿又把我的思绪带进了黑色的魔窟。那时我就能背诵很多浪漫的诗句并摘抄了很多文学著作中的名句，但我并不知道，我对这一切是否真谈出自己的想法。也正是在那个时候，有一位妇女注意到了我，后来她成了我的太太。不过我们也并不是在认识之

---

1 法国作家。

2 作家雅克·阿纳托尔·弗朗索瓦·蒂博的笔名。法郎士是法国小说家，1921年诺贝尔文学奖获得者。

3 波兰演员、作家、文艺评论家。

后马上步入婚姻殿堂的,而是在认识三年之后,我们在卡托维兹[1]举办了婚礼,当然是在市政府登记结婚。为什么强调"当然"?今天很难说清楚,不过在那个时候我没有想到有别的可能。

嘎布列拉·奥布蓝芭是一位非常漂亮的女性,直至今天我也不明白,她为什么会看上我。她非常大胆地在我们克拉科夫艺术学院画室里作画,同时还学习声乐,甚至嘎布列拉的老师,歌剧团中的首席女歌唱家斯泰尼亚·扎瓦茨卡都十分佩服她的嗓音。我很爱她,但会娶她吗?这可不是我们艺术学院人的风格。此外我们大家都担心会发生第三次世界大战。尽管谁也不相信会发生第三次世界大战,但是我们对过往战争的记忆仍然挥之不去,时间教会我们,独自生活可能更容易一些。生孩子?在我们勉强活着走出战争时,还有谁敢为别的生命负责?

如今这样说话听上去会令人觉得很奇怪,但是在那个年代,我真的对妇女没有什么认知。因为我是在家庭、学校和教堂严格的教育中长大的,突然有了自由,生活在克拉科夫艺术学院的艺术家中间,我才开始明白《群魔》中列比亚德金上尉说的关于斯塔夫罗金的那句话"讽刺的生活"。其实这也没什么很特别的东西,但准确地说,作为一个天真的男孩,在二十岁时,才发现了新的世界。俗话说,战争总是会带来最大程度的道德破坏,但是我们这一代知识分子,在战争年代,由于家长和指挥官的保护我们没有经历太多的苦难。当然有着跟塔戴乌什·鲁热维奇一样经历的人,的确经历了战争最严酷的现实,在遭受了永远的重创之后,还得去舔舐受伤的心灵,当男人已经不再成为人的时候,需要在女人身上寻找第二个人。


　　她把脸转向墙的那一边
　　她是爱我的呀
　　可为什么又离我而去
　　因此用头部的变动

---

1　位于波兰南部西里西亚省,是一座历史悠久的城市。当地主要煤炭资源丰富,产煤占全
　　国的 98% 以上,因此有"波兰煤都"之称。

试图去改变

有麻雀鸣叫着的世界

年轻人走在

尖叫的领带之中

现在她独自一人

面对着静静的墙面

一动不动


她站在巨大的

扭曲的

墙边

紧握着双拳


而我一动不动地

坐着

不会把她从这里带走

我的情感

比我的杂念更轻柔


——塔戴乌什·鲁热维奇,《墙》


　　我时常思考这样一个问题,是什么促使我成为一名成功的导演,起了决定性作用的是没有关注家庭。差不多到了五十岁左右的时候,我才开始有规律地在家吃午饭。因此我获得了足够的时间,把全部精力都放在了艺术上。

　　父母给我留下的遗产包括几张照片,此外还有父亲在第四十一步兵团获得的勋章,还有母亲留下的两个胸针——一个是花状的,一个是在 1939 年过最后一个暑假的时候，我在格丁尼亚[1]给她买的。后来我又得到了战后为父亲颁发的波兰军人最高荣誉铜制十字勋章，以表彰他在1939年为祖国英勇作战的精神，后来我还从茹姆拉将军手中获得了一枚华沙捍卫者十字勋章，这是一枚有人已经不需要，放在古董店出售的勋章。我把这些都存放在一个地方。这些由父母亲在不经意间给我留下的纪念品，让我对这些物件和我们曾经居住过的地方有一种错综复杂的感觉，正如斯塔夫[2]所描写的那样：

> 我在沙子上建造的东西
> 都散掉了
> 我在岩石上建造的东西
> 也散掉了
> 我现在开始在
> 烟囱里冒出的烟上建造。

摘自笔记：

世界上没有人对先生您所描述的关于波兰困境的问题感兴趣。更糟糕的是，您还涉及了斯大林，这就更不允许这样做了。

这是巴黎的出版商在尤瑟夫·查普斯基[3]在战后向他们提交自己所著的《在非人类的大地上》这本书的书稿时说的一番话。

---

1 波兰滨海省的一座重要的港口城市，位于波罗的海格但斯克湾畔。与格但斯克、索波特两座城市组成了三连城。
2 波兰诗人，欧洲现代主义的代表人物之一。
3 波兰画家、作家。

# 画吧画吧，你怎么画也成不了马泰伊科[1]

父母亲总对我说，孩子，画吧画吧，你将会成为马泰伊科。而在艺术学院他们却说，画吧画吧，你怎么画也成不了马泰伊科。

——艾乌格纽什·姆哈[2]

在前一章节里我提到过的绘画用的油彩，是我在一种特定情景下得到的。战争期间，我母亲在我们拉多姆的家中保护了一位被逮捕后逃出来的年轻人。他和我母亲一道试图接近在监狱里工作的波兰人，以便获得一些情况。不知他们的行动是否成功，不过在我走前，我得到了一个盒子，里面装有二十四只卡尔曼斯基牌子的油画颜料。

我一生中得到过许多非常漂亮且又珍贵的礼物，但是这份礼物对我来说却是价值连城，因为在我最需要颜料的时候得到了它。从十五岁那年开始，我非常喜欢画画，我也必须画画。在我生命中最重要的时刻，我用卡尔曼斯基牌子的油画颜料不停地作画。颜料特别的气味给我留下了永不磨灭的记忆。直到今天，我每次去艺术学院的画室时，油画颜料的气味都能引起我最

---

1 波兰画家，以描绘波兰史上著名政治与军事事件的画作而著称。他最著名的画作包括《格伦瓦德之战》一类的帆布油画，关于很多其他战役以及贵族庭院景色的画作，还包括波兰历代国王的肖像画集。他被列为波兰最著名的画家之一。

2 波兰画家、艺术家。

强烈的回忆，如果不是我性格中的弱点所致，我可能会不停地画，让自己漫长的一生在油画颜料的气味中度过。

我总会被问到这样的问题，为什么会离开克拉科夫美术学院，转到罗兹电影学院去呢？既然我已经开始做电影了，那我还有必要回到绘画创作吗？为什么我在罗兹电影学院做的第一项工作，是为拍摄关于马泰伊科的电影做图示剧本呢？为什么我结交的画家朋友比电影界的朋友多呢？关于这些问题，我从来都没能找到很好的答案。

我在克拉科夫美术学院学习很刻苦，最初在学习公共课期间，我跟齐格蒙特·拉德尼茨基教授学习绘图，之后跟汉娜·卢茨卡 - 茨比奥索瓦教授学习绘画。我还十分有幸聆听过卡罗尔·弗雷契教授的课，尽管时间很短，他当时在我们美术学院主要讲授关于剧院布景的讲座课。可我后来为什么要离开美术学院呢？也许是我自身出了什么问题，失去了自信，感到迷茫。或许是因为结交了安杰伊·伏卢布莱夫斯基，他是一位奇才，也许是他身上那种敏锐的智慧感染了我？当然课外小组激烈疯狂的讨论对我的影响也很大，为此我们还成立了社会主义独立青年联盟。

很久以前，在电影《灰烬》放映后，我们在讨论这部影片的时候，我就多次听到这样的警告："先生您的电影让我蒙受耻辱，我是用热罗姆斯基描写的方法来想象主人公的，可是在电影中我不得不以您的眼光来看待主人公的所作所为……"

那时我年轻气盛，对自己充满了自信，因此我毫不犹豫地回复说："如果我的想象力更强的话，那我有什么办法？"……那时我根本就没有想过，我使用这种粗暴的说法，最终会影响到自己，因为我脱离了艺术家应具备的想象力，从此又被剥夺了我那可怜的还没有形成的画家的想象力，而变成了电影制作人。

我是在听完了安杰伊·伏卢布莱夫斯基[1]在克拉科夫美术学院的演讲后

---

1　波兰画家、艺术史学家、艺术评论家、克拉科夫美术学院教师。

跟他见面的。有一天我在兄弟互助组织[1]举办的一个展览上看到了一幅画，上面画的是一个装有几只通红的樱桃的透明玻璃碗，玻璃碗反射的光和蓝色的影子交织在一起，一句话，这是一幅非常漂亮的仿皮尔·波纳尔[2]的静物画。这幅画的作者叫安杰伊·伏卢布莱夫斯基。我用羡慕的眼光看着同学的作品。我得知，他在攻读艺术史，他还认识塔戴乌什·康托尔[3]和其他一些现代派艺术家，他的这些优势对我们这些在艺术学院学习的学生来说是难以企及的。1948年安杰伊·伏卢布莱夫斯基与"现代派画家"共同举办了画展，他的画作《太阳与其他星系》悬挂于克拉科夫什切潘斯基广场艺术宫的入口处。

一年后，我再次见到了安杰伊·伏卢布莱夫斯基。那时学生的生活环境和艺术学院都与以前大不一样。我们年轻人希望表达自我的欲望与现实的困惑交织在一起。彩色绘画不能代表我们的世界。塞尚画作中的三个苹果、葱头和盘子包含着某种存在的秘密，日复一日地与我们拉开距离，使我们感到陌生和无动于衷。我们亲历了战争，我们知道，飞机、人们希望长出翅膀的古老梦想都是用于服务人类的残杀，卡宾枪、男孩子童年时代的玩具留下的都是可怕的伤痕。我们是大变革时期的参与者。我们知道什么是非正义与傲慢。碗里装着樱桃的静物画能表达我们的思想吗？这是在那时我们提出的问题。

我们所有人都有一种危机感，我们处在一种可怕的两难的抉择之中。我们已经吞下了真实艺术的和真切需求的挂钩——这就是我们的调色教授们教给我们的东西。在这种困难的时刻，我们开始寻找共同点，试图理解我们所处的环境。因此也就是在这种情况下我们成立了自学小组。

安杰伊·伏卢布莱夫斯基大病了一场，休息了数月，等他病愈回来后，在众多同学中挑选了我，向我展示了他在这一年当中的各种绘画作品。那时，我看到了一些令我十分震惊的作品，至今难以忘怀。在一幅没有任何颜色的白色画布后面（像是电影屏幕上的剪影）映着纳粹拿着手枪射击的身影，而

---

1　19世纪波兰大学成立的大学生互助组织。

2　法国画家和版画家，也是后印象派与那比派创始成员之一。

3　波兰画家、编剧、犹太籍戏剧导演。

在他的前面是一具令人毛骨悚然的被肢解的画面——裤子、一件上衣被悲哀而又羞耻地悬挂在半空中。看到这幅残杀的画面，我回想起了曾经见过的场面：在战争刚刚结束时，我看到过被坦克碾压的人们。衣服留下了，但是那些不愿意被屠杀的人去哪儿了呢。

我看了一眼安杰伊·伏卢布莱夫斯基，发现画上画的是他自己的衣服。

也许是因为我看了安杰伊·伏卢布莱夫斯基题为"枪杀"系列画作，那一刻成为了我一生中最重要的一刻。也许就是在那个时候，我决定要放弃绘画，以便为自己寻找另一条出路。也许就是在那个时候我悟到了，我属于那些已经失去父辈的这一代人，因为他们已经不再能发声，需要我们把他们悲惨命运的故事讲给别人听。安杰伊·伏卢布莱夫斯基走了一条波兰浪漫主义艺术家——他们是逝者派到我们面前的使者——的伟大路线。


安杰伊·伏卢布莱夫斯基肖像画最早的构图背景来自 1946 年，那年克拉科夫美术学院招收了来自各地的有着不同经历的学生，每个人都带来了自己在战争期间、在被占领时期学到的东西。有些人还曾经是战前时期的学生。我们的教授们也都是上了年纪的人，但是精力还比较充沛。他们反对战争，他们要用各种色彩作画来反抗战争的荒谬和给世界带来的羞辱。他们坚持用情感画画，要求保持绘画的自由和美感，保持欧洲绘画艺术的风格。这不仅仅是要坚持美学的态度。他们鄙视服务于希特勒思想的自然主义的市井艺术。值得一提的是，在这一时期，整个欧洲的新绘画艺术——例如毕加索、克莱[1]、夏加尔[2]和康定斯基的绘画——都从欧洲博物馆中消失了，当然不是一天内消失的，取而代之的是坦克和飞机带来的所谓的"健康的"希特勒民族主义意识形态的艺术，这种意识形态惧怕面对多元的自由的世界艺术。

在战争结束后的最初时期，活跃着一批自由的艺术家（其中包括我），那时我们大多数人都穿着军便服，这不是因为时髦，而是因为那时缺少衣服，我们这些渴望艺术的人，在整个占领期间一直盼望着美院能搬进位于马泰伊

---

1　德国裔瑞士籍画家。画风受超现实主义、立体主义和表现主义的影响。

2　巴黎派画家之一。"超现实主义派"一词据说是阿波利奈尔为形容夏卡尔的作品而创造出来的。

科广场的大楼里去。1946年我正式进入了令人骄傲的美术学院学习。三年后我离开美术学院的时候，这个学院更名为应用美术学院，其实这两个名字之间有着巨大的区别。这不仅仅只是因为，看到应用美术这个词，会使我们联想到应用美术是人为的艺术，采用的都是廉价的材料，可以自由组合各种造型的缘故。而在20世纪50年代这个学院的结构完全被改变了。

安杰伊·伏卢布莱夫斯基曾在某个时期特别希望自己的作品能表明他的思想，因为他意识到，我们国家的变革是必要的。他希望自己能成为忠于社会的艺术家，但是与此同时也要忠于艺术思想。他知道，他自己该说什么，他必须通过一定的学术来表达自己的思想，他自己对近一个世纪以来绘画形式的进化不甚了解。他是一个真正意义上的受过良好教育的艺术家。他放弃了应用美术学院教授们所教授的绘画手法，同时宣布脱离1948年他曾参加过展览的"现代派艺术"，他选择了一条当时并不被人们看好的描绘战争题材的绘画道路，也就是说他选择了孤独。

1996年，我在报纸上看到一篇报道，评论说，安杰伊·伏卢布莱夫斯基曾在克拉科夫举办过画展，他最终脱离了年轻时期所受的折磨，通过自己最后几年的努力，成了真正的艺术家。请允许我发表一点与此不同的看法。我认为，安杰伊·伏卢布莱夫斯基早已在自己1948—1949年间的几十部画作中就证明了他的艺术价值。我认为，他的那些画作，一定是他在内心经历了无数次痛苦之后才画出来的。

多年前，我在巴西的马康巴教堂里参加了一次特别的宗教仪式，就是活着的人为完成自己死去的亲人的遗愿，帮助他们以祈福的方式离开世俗的世界。那时安杰伊就担任了这种司仪的任务，他根据死者遗愿，用自己的手把着死者的手画画。在他担负这一职责的时候，他仍然试图让自己成为画家，甚至艺术家。他创作的作品非常有意思，非常有独创性，有时候甚至还非常美，但是他作为灵媒的使命结束了，真正的原因是创作的缘由不复存在了。如果在别的更好的条件下，换句话说，如果在一个更幸运的国家里，他还可能创作出更多的好作品，遗憾的是，已经没有人再愿意看到此类作品了，因为死亡的画面在人们的眼中太过现实，活着的人并不喜欢这类作品。

说实话，安杰伊·伏卢布莱夫斯基从来就没当过学生，从来就不是我们当中的一员。我把他当成波兰最后一位浪漫主义派画家，因为他从来没有把绘画作为自己的终极目标。他代表了这样一派的观点，即绘画只是为了达到某种目的的手段。因此他非常希望与围绕在他周围的观众成为一个共同体。他希望这样的人越多越好，他渴望走近他们。他的这些想法和做法对我来说并不陌生。我放弃了绘画，因此获得了更多的观众，因为人们来观看我的电影，但是我从未认为这是我真正的胜利。

很久以前，也就是在我拍摄完《白色战马》之后，有一位意大利记者问我，为什么我拍摄的第一部影片是一部关于战争题材的电影。我回答说：1939 年，那时我才十三岁，没能参加九月波兰保卫战[1]。因此万幸的是，我在整个占领时期既没有被关进集中营也没被关进监狱。1945 年我既没参加总动员也没参加最后阶段的斗争。因此我成了一个没有参与过这些事件的人，但我需要通过电影来表述我的经历。在波兰需要时不时地做出解释，为什么在那个时候你没被关进监狱，或者你为什么没有被枪杀。没别的办法，我必须为自己正名，所以我就拍摄了这样的电影。

安杰伊·伏卢布莱夫斯基继续走他的浪漫主义艺术家的道路，他们就是逝者派到我们这里的使者。这里蕴含着某种创作者的自我毁灭：死去的人不再能发声，而我们有责任成为他们的代言人，就是这样。

我常常听到对安杰伊·伏卢布莱夫斯基的一些评价：他是一位悲情艺术家，大多数人这样评价他，而这样的评价多是源于他的突然离世。因此一切围绕他的事情都带有悲剧的色彩。他孤独地忠守着自己的艺术思想，并不在乎周围人对他的画作表示沉默，他也并不在乎人们对他的作品给予的否定评价，他自己说："这些人仇视他的作品，是因为他曾批评过他们。"1948 年，他尽管与同事们共同举办了画展，但他与那些"现代派"同事们的绘画风格迥然不同，因此这些人认为，他的画风属于沉闷的自然主义。为此美术学院的教授们也都十分排斥他。

---

1　德国称其为"波兰战役"，这是德国、斯洛伐克与苏联军队于 1939 年 9 月入侵波兰的行动，该战役一般被认为是战争的开始。在《德苏互不侵犯条约》签署了一星期后，德国于 1939 年 9 月 1 日展开进攻，而苏联亦于 9 月 17 日入侵波兰，10 月 6 日德苏两国占领波兰全部领土，波兰战役结束。

社会主义现实主义派本应把他当成自己的盟友，当成志同道合的同路人，结果他们也不十分支持他。可以从两个方面来说明这个问题：首先，如果支持他，他们就会落入僧多粥少的尴尬境地；第二，他们无法接受他的审美观。这也不足为怪，因为安杰伊·伏卢布莱夫斯基喜欢写各种各样的宣言，然后四处寄，之后带着儿童般的天真，期待着得到某种回应。

安杰伊·伏卢布莱夫斯基希望自学成才小组举办一个展览，成为我们为和平而战的宣言。他认为，在这样的展览上大家应该使用一个共同的标准：所有的画都应该是一个规格，所有的人物应该用一种尺寸画在一个明显的指定的背景上。这当然不行，因为没有人愿意服从安杰伊的统一领导，那时每个人都在寻找一种走自己艺术特色路线的可能性。我们不掌握任何万能钥匙，来按照他的建议画画，我们也不具备可以遵循的、具有说服力的、明确的形式来创作我们的作品，因为我们都不想模仿他的作品。因此这个自学成才小组的活动就只能是纯粹理论上的组织，大家也只能做些设计工作。我们每周开一次会，不是为了讨论绘画，只是为了讨论一些在美术学院没能涉及的话题。

安杰伊·伏卢布莱夫斯基最终还是带着自己的展览计划去了华沙，并与耶日·波莱伊沙[1]见了面，这是一个对波兰文化政策有着巨大影响的人物。安杰伊向他介绍了自己的设想，而波莱伊沙是有能力落实各种不同人的设想的——就是他曾在伏罗茨瓦夫组织并举办了波兰文化界大会——可他这次甚至对安杰伊的建议没做任何反应。安杰伊回到克拉科夫，这个曾计划举办以"青年人为和平而战"主题展览的组织者已经清楚地意识到，他的设想将永远不会得到实现。

> 亲爱的安杰伊，
> 我现在有一个想法，这个想法可能有些冒险，但是不是有
> 这样的可能性：
> 确定一个举办多元应用艺术展览的日期。这是一个原创的

---

1　波兰犹太籍政论家、教育家和出版商。

专有名词，内容不仅包含应用艺术，而且还包括多样现实的内容……应该与多元应用艺术小组一起合作（这里的成员有瓦伊达、波罗夫契克[1]、莱尼察[2]、塔拉欣[3]、嘎巴、沙波奇尼克夫[4]和我），并且在文化理事会名下成立一个多元应用艺术展览委员会。展览主题为多元应用艺术展。艺术家——多元应用艺术家。副标题：多元儿童。简称WP展览"多元艺术走近群众"。

这是第一次运用阿拉格纳"我能听见你们，被残杀的人们的声音"诗歌中的格言举办的展览，以便展示我们对所有牺牲的人所负有的责任。

所有的设计都不承担任何责任。

总的来说我们对一切都无所谓，因为世界就是这样很残酷。

安杰伊

当局一直都十分惧怕由年轻画家举办的每一次展览，因为他们与其余画家之间的麻烦已经够多了。当局利用我们的不满，与我们的教授周旋，并且试图在我们克拉科夫美术学院推行社会主义现实主义。其余学校由党的机关和政府官员去推行。

这里不仅仅需要政治当局同意我们举办展览。我们当中的大多数人生活都很拮据，在没有资金支持的情况下，我们是没有能力独立举办展览的。说白了就是既没有钱买画布，也没有钱买颜料。

也正是在这段时间里，安杰伊·伏卢布莱夫斯基试图申请加入党的组织，他认为自己不仅作为画家要参与公众生活，同时还应该作为社会活动家参与公众生活。为此他根据自己的设想绘制了一系列画，例如《西部大地上的车站》《枪杀》等系列。结果他作为一个驾驶着公共汽车奔向红色天空的司机，并没有被党内同志接受，因为他不符合上面强力推行的社会主义现实主义的

---

1 波兰艺术家、编剧、动画电影导演、摄影家和作家。

2 波兰艺术家、编剧、艺术评论家、动画电影导演。

3 波兰画家、摄影家、华沙美术学院教授。

4 波兰雕塑家和艺术家。

审美观。于是他就成了坚持不懈地、毫不妥协地寻求独立生活和艺术道路的探寻者。为此成了一个被孤立的人。

我忘不了著名的画家杨·希维戴尔斯基作为一个过来人给我讲述的关于那个年代的故事，他在战后曾多年担任波兰艺术家协会克拉科夫分会的主席。他早在战前就加入了共产党，而在斯大林时期，党内产生了新的力量，对党员提出了一些新的要求，而他却成了一个不符合新的政党标准的人，党组织命令他交出党员证。克拉科夫省或者克拉科夫市的一位党组织书记给他打电话，通知他，要他交出党员证。他说，好啊，我会交出党员证的。于是他请书记来他家见面，约在了吃午饭的时间。杨·希维戴尔斯基为自己的同志准备了美味的酱汁腰花，一见面杨·希维戴尔斯基首先建议先吃饭，然后再谈，他的客人意识到这将会是一次困难的谈话，于是同意先吃饭再聊。等他们吃完饭后，党的书记说："哎，你快把党员证交出来吧。"画家说："我的党员证被你吃了。因为杨·希维戴尔斯基在做饭的时候，把党员证切碎了放在腰花酱汁里了。"

听完他讲的这个故事，我才明白，所有的事情都没有那么简单。也就是说，之所以让那些在战后摆脱了灾难，曾经跟着红军一起战斗过的党员、党的领导或者普通人担负新政府的重要职务，是因为当局需要他们把波兰建设成社会主义国家。还有一些像画家杨·希维戴尔斯基这样的人，他们坐过牢，面对过死亡的威胁，冒着生命危险保存下来的党员证，在不知原因的情况下，还得交给那些根本没有做出任何贡献的人。

像杨·希维戴尔斯基这样的画家有很多。那时尽管法国后印象派风格的画廊都不见了，但也没开辟出任何别的艺术画廊，以展示某种其他派别的艺术。于是我和同学们试图成立一个克拉科夫左派艺术家小组，以便艺术家们能创作出一些能令人接受的画作……也就是另一类社会主义现实主义的画作，而不是模仿苏联的绘画作品。我参加了一次就这个议题召开的会议。那时通过了一个决议决定，参加这个小组的成员都应该由年轻的党员画家组成，同时要公开表明，他们要与我们美术学院教师教授的艺术形式划清界限，严格遵照由华沙推行的社会主义现实主义绘画样板画画，也就是克拉耶夫斯基的风格。每个人都要经过严格审查才能加入党组织，这样才能成立这样一个小组。

不久后我就决定放弃在美术学院的学习，转到罗兹电影学院学习。1949年5月，我在自己的简历中加上了这样一句话："1948年6月10日我加入了波兰工人党"，我认为，既然我参加了那次克拉科夫会议，我还是会议决议的共同撰稿人，自然就是党员了。这是因为，为了能让电影学院接受我，我才采取了这种玩世不恭的态度吗？今天已经很难说清楚了，也许就是出于这种目的吧。事实是，我出身于波兰军官的家庭，在那个时代，有这样一条理由就足够拒绝接受我入学。不过，那个时候电影学院招收了很多像我这样出身的学员，当时学校希望，培养学员的目的，是让学生学会拍电影，而不至于让学生一切都从零基础开始学。于是我就直接被分配到二年级（考虑到我已经在美术学院学了三年），几个月后，我试图了解一下关于我的党员身份的问题，结果得到的答复是，克拉科夫方面没有提供任何有关资料，我被告知，对这个问题我不必太在意。从那以后，不管是在当时还是后来，我从未加入过任何党派。

其实安杰伊·伏卢布莱夫斯基也曾有过自己的朋友圈，他们能接受他的所作所为和他的尖酸刻薄，这成了他生活方式中的一个真正的秘密。他特别不愿意让人知道他自己遇到的实际困难，也特别不喜欢表白和流露自己的真实想法，总是以说笑话的方式表达。有一次我问他："你为什么用这种蓝色去画所有被杀害的人物？"他回答说："我有很多普鲁士蓝色颜料，你知道，这是一种高效的颜料。"

结果我们无法继续就这个话题谈下去，他的确有很多普鲁士蓝色颜料，当然也不需要我告诉他怎样使用。我不想先入为主，但是我认为，他完全不需要与我们讨论这些问题。他有为自己安排好的绘画世界，不想与我们这些人就这一问题进行交流。也就是说，他知道怎样创作，一步一步实现自己的计划。安杰伊·伏卢布莱夫斯基早在多年前就对美国人讲过自己关于现实主义摄影的理论认识。我是自己决定来到电影学院的，我在那里也搞摄影，而他绘制了一幅摄影规则的美好蓝图，他超乎寻常的理论，让我永志难忘。

亲爱的安杰伊:

十分抱歉,在你来我这里时,我没能及时把脚本还给你,因为是在你走之后,我才想起这件事。

告诉你几点来自克拉科夫的最新消息:

1. 预计要隆重举办 R 教授夫人被接纳入党的仪式,可教授入不了党,他的下巴很大,不会进行深刻的自我批评。

2. 克拉科夫抽象画派正在筹备主题为"脱离人,社会主义现实主义万岁"的展览。

3. 预计省委将会出台一个有关颁发勋章的新规定,用以表彰"美术学院最佳学生"和"创意评论家九周年"(颁给安杰伊·伏卢布莱夫斯基的奖章)。

我的展览一事进展如何?

安杰伊

如果安杰伊·伏卢布莱夫斯基坚信自己的艺术作品可以流传十年、十五年甚至二十年的话,他所做的一切我们都不会反对,可是他却急于想让人们立即承认他的成功,而且他还十分大胆地在不同的地方为自己争一席之地。他渴望人们在他的作品墨迹未干时,就能在展览会上或者在市场上欣赏到他的作品,而不仅仅是在克拉科夫。这能不遭到人们的怨恨吗?所以不管他的手伸到哪里,都会遭到抵制。所有的事情都被他弄得乱七八糟。于是他在自己周围修建了一堵冷漠之墙,并遭到了同仁们的敌视。同事们认为,他就是想在政治上捞资本的人。

那个时候,在波兰占主导地位的是模仿苏联的社会主义现实主义,他们靠的是自己具有的党员身份和社交关系。举办以"年轻人为和平而战"为主题的展览的这一想法,对他们来说,纯粹就是极端形式主义的宣言,而安杰伊·伏卢布莱夫斯基获得了奖章之后,被一个不知名的肇事者在他走入克拉科夫的一条昏暗的街道时，用砖头砸了他的头。巴黎委员会[1]的人们与打着"进步"幌子的华沙社会主义现实主义派的同仁们相比要进步多了……

战后我们这些进入美术学院的学生们都非常渴望学到各种知识。不管我们的调色教授们给我们讲什么，都能让我们大开眼界，他们用自己的艺术知识和个人魅力引导我们走进了欧洲传统的生活源流。唯一能在日常生活中继承这些传统的人就是我们这些艺术界的人。我们看见了画家作为艺术家的形象——但是安杰伊却是戴着礼帽而不是贝雷帽，打着领带身着灰色的衣服出现在我们中间。

安杰伊·伏卢布莱夫斯基是个孤独但十分具有个性的人。面对十几年前兴起的新画风，他并不羞于画人体画。他画人的各种动作和姿态。他画得很丑，但非常执着地画。如今，过了许多年以后，他画像中的丑陋变得很有活力，成为一种美的泛化。他并不惧怕在以"社会的不平等"为主题的系列中刻画睁着大眼睛的人物形象，因为他知道，这些人里有穷人也有富人。

他只活了三十年。十岁时他就能独立绘画。他只是要求自己，在战后的波兰，让自己成为一名最有创意和最独立的画家。他从一开始就非常清楚自己和自己所要走的路，之后他从未荒废时光。

我觉得，应该在我们的美院里建一个自己的但不需要太大的博物馆，里面放上安杰伊·伏卢布莱夫斯基曾经坐过的、一把普通的带帆布靠背的木制椅子，椅子右边摆上一个纸盒和一个带把的水杯，左边摆一个颜料盒子。安杰伊·伏卢布莱夫斯基曾在这把椅子上一坐就是几个小时，在这里他创作了一千四百三十七幅水彩画和素描。之所以能这样，是因为他能很快确定，他喜欢谁，厌恶谁，他知道自己该以谁的名义说话。

当我在思考有关过去的一些事情时，我向自己提出一个问题，在这些通过安杰伊创作的枪击场面、情侣散步和失去方向感的司机的那些画面中，最触动我们心灵的是哪一点。如今我敢肯定地回答说，就是这些人以及他们的衣物十分缺少个性。那时候我们还不太懂怎样更好地表现人。对另外一个人

---

1　1923年由克拉科夫美术学院的尤瑟夫·潘凯维奇为帮助美院的波兰学生去法国留学而建立的一个组织。

来说，我们当中的每个人都是在创作自己的生活和自己。那时候安杰伊·伏卢布莱夫斯基画面上的人就像今天的仿真机器人那样，类似通过影视电脑创作出的作品，看上去令人感到恐惧。大家排斥他作品的主要原因是，人们普遍认为安杰伊·伏卢布莱夫斯基给我们绘出的是令人感到陌生的某种未来的形式，而不是我们比较熟悉并亲身经历过的战争历史。

我时常会就我们克拉科夫美术学院绘画作品思索一些问题。杨·马泰伊科具有伟大的精神力量，他实现了自己民族宏伟的需求。他在这个贫穷的小城克拉科夫，展现了这座城市曾经辉煌的过往，他用自己的作品向那些空虚的人们展示了国王的梦想，通过《普鲁士称臣》《格伦瓦尔德之战》[1]，展示了波兰文化的辉煌和历史的胜利，由于他和他的精神以及他的作品，激励了斯沃瓦茨基[2]写出了瓦维尔皇家城堡光辉的过去，并让毕苏斯基的棺木安葬在城堡之中，使我们的民族得以延续。难道这还不够吗？他真的做了很多，但是艺术不会就此止步不前。

而马泰伊科没有为他的爱国主义而奋斗，因此他没能使自己的艺术获得某种万能的艺术形式。因为他的画面就像小城市一样不够宽阔，为此他也就只能留在克拉科夫。他没能跻身于世界画家的行列，因为他不了解世界。没能进入世界画家的行列，因此他的画作也就不具备真正的价值。为什么世界会与马泰伊科擦肩而过，因为他只不过是一个波兰的爱国主义者，就像一些民族主义者们所断定的那样，他与肖邦不同，没能把他自己想表现的东西融进通用的世界话语之中。我们清楚地知道，这是我们波兰永恒不变的问题，是我们的一大失败。思想总是走在现实的前面，而艺术还要顾及到社会的责任。正如波兰战前一位克拉科夫小组[3]成员亨利·维钦斯基所写的那样："艺

---

1　格伦瓦尔德战役发生在 1410 年 7 月 15 日，交战双方分别为由雅盖沃领导的波兰立陶宛联军和由大团长乌尔里希·冯·容金根领导的条顿骑士团。波兰立陶宛联军战胜了条顿骑团，大获全胜。

2　波兰浪漫主义诗人，波兰现代戏剧之父。他的作品往往具有斯拉夫神话、波兰历史、神秘主义的特色。

3　克拉科夫小组是克拉科夫美术学院 1930—1937 期间的学生会，第二次世界大战结束后继续活动，主要代表左派艺术思想。

术的社会只能是艺术创作的结果，而不能作为艺术创作的原因。"

安杰伊·伏卢布莱夫斯基就是这样做的。他是一位内心深处具有现代意识的画家，同时也是一位具有非凡洞察力的、兢兢业业的、专心致志的职业画家。1956年，他在自己画展的宣传小册子前言中这样写道："在我的绘画作品中，我尽力回避展示任何自己的风格并避免在每次构思时融进自己的审美观。当然用此种方法会失去展示作家真实面目的机会……不过这种过早的专业化会使很多人在还没有足够了解世界的同时，失去放眼世界的机会。"

无论是安杰伊·伏卢布莱夫斯基还是我都不可避免地面对这样残酷的问题：学习画画，是为了成为马泰伊科这样的画家，或者根本不去学习画画，因为反正也不可能成为马泰伊科这样的画家。我们的调色教授们没有向我们传授波兰绘画传统，他们认为无论是马泰伊科、马勒柴夫斯基[1]、维斯皮安斯基[2]，还是格罗特盖尔[3]都不属于艺术家，都不属于好画家。他们根本就没有思考过，在这些人的作品中——除去绘画手法的好坏——还深藏着伟大的文化意义价值。战后关于这一点的争论从来就没有停止过，我还记得，有一次在克拉科夫就我们需要什么样的艺术，我们在过去的艺术中需要继承什么样的传统为题进行过一次辩论。在罗兹电影学院里没有人会跟你讨论这样的问题。

不管怎么说，我没有再回到我的那些老朋友中间。我没能实现童年时代和被占领年代的梦想。我没当成画家，成了逃兵，没能坚持自己的梦想。因为我担心自己会沦落为克拉科夫美术学院众多毕业生中的普通一员。


1949年，我在美院学习了三年之后去索波特度假，如果不是因为在某一个夏季的晚上，大家喋喋不休的争论让我感到疲惫不堪的话，我可能不会做出这样一个不可逆转的决定，那状况可能与现在完全不同。那天晚上我说，如果明天下雨，我就去考罗兹电影学院！结果第二天早上果真下雨了，于是

---

1 波兰19—20世纪之交的著名象征主义派画家。

2 波兰剧作家、画家和诗人，同时他还是室内装饰和家具设计师。他将现代主义和波兰民间传统及浪漫主义成功地结合在一起。

3 波兰浪漫主义时期著名画家。

我就坐上了去罗兹的火车。火车刚过特柴夫 [1] 小城，天就放晴了，太阳露出了笑脸，可我这辈子的生活就跟我那个晚上的决定不可分割了。我就是这样走上导演生涯之路的……

---

1　离波兰北部维斯瓦河岸不远的小城市，距索波特约 80 公里左右。

# 回顾罗兹电影学院

从电影学院毕业几年后，我跟耶日·托艾普利兹教授在哥本哈根聆听了我们校长向当地电影界人士介绍罗兹电影学院的讲座课。我坐在那里入迷地听着。我想，我应该成为这所伟大学校的学生。

遗憾的是，听到最后我才明白，我不仅是这所学校的学生，而且还是它的毕业生。

很久以前，我对我曾经就读过的罗兹国家高等电影学院[1]的评价与现实完全不一样。多年后的今天我对它的看法完全改变了。

波兰是个不幸的国家，正如诺尔维德[2]说的那样："每一个行动都会过早显露，而每一本书……都太晚。"罗兹电影学院的历史却罕见地有悖于诺尔维德悲观的思想。1945年，一群业余电影人与战前的斯塔尔特电影制片厂的人一起合作从事电影工作，他们不仅重建了战后波兰的电影产业，同时还在罗兹、伏罗茨瓦夫和华沙创建了电影制片厂，不过更重要的是创办了电影学院，如果没有这所电影学院，就不可能有波兰电影的未来。

那么这所学校是否完美，在今天看来已经不重要了，因为正如耶日·托艾普利兹教授在课上说的那样，这所学校在那个年代开创了某种可能性。波

---

1　全称是国家高等电影电视戏剧学院。作者多简称"国家电影学院""罗兹电影学院"等。
2　波兰诗人、剧作家、画家、雕塑家。

兰的电影就是与这所学校一起成长起来的。耶日·托艾普利兹、安东尼·博贺杰维奇、万达·雅库博夫斯卡、亚历山大·福尔德、耶日·米业热耶夫斯基和其他一些人都是创立这所学校的有功之臣。电影学院创立者的名字将会永久地载入波兰文化的史册之中，将会永远地刻在学校的大理石上，他们没有荒废历史赋予他们的机遇，坚韧不拔持之以恒地为我们国家的艺术做出了贡献。

从电影学院建立之初就存在两种完全不同的观点。当局希望把这所学校办成培养具有意识形态思想的干部的大熔炉，希望按照列宁提出的"电影对我们来说是最重要的"口号，不惜任何成本像培养驾驶战斗机的飞行员那样培养每一位学生。无论当时的中央政治当局还是罗兹省委当局都是这样看待这所学校的，而且省委对学校的各种活动行使监督权。学校的教师们都根据自己战前的计划，希望通过开办这所学校，培养出更多、更优秀的波兰电影制片人。他们不希望我们与世隔绝，相反，对他们来说，电影必须属于世界艺术范畴。

他们选择创立电影学院的时机也非常好。如果晚一点创办这所电影学院的话，那么这所电影学院就会成为为莫斯科国立电影学院长期输送毕业生的学校，并且只能培养出思想统一的波兰电影导演，确切地说，就是培养政治上经过考验的专家。如果是这样，我们还能等到成立波兰电影学院的机会吗？不过那时已经有波兰人在莫斯科电影大学学习了，例如：霍夫曼[1]、斯库热夫斯基和加尔尼克[2]，他们建立了波兰的载体——我们国家黑色的和极端悲观的社会主义现实的画面。这肯定不是苏维埃社会主义共和国联盟教会他们这样做的。而耶日·加尔尼克因为组织苏联学生观看电影《灰烬与钻石》还曾一度被学校开除。我觉得，我们充分利用了战后赐予我们的大好时光，凭着我们的坚韧不拔的精神做成了事，并不是因为在哪里学习的缘故。

今天，波兰电影在国内外获得成功多年之后，我们去深思一下这样的问

---

1 波兰电影导演、电影编剧。

2 波兰电影故事片和纪录片。

题，为什么会有这样的结果，即在罗兹电影学院的毕业生中只有极少部分人在"斯大林时代"起过摇旗呐喊的作用。

这首先归功于耶日·托艾普利兹校长。他钟爱电影就像钟爱艺术那样。这位校长的开放性表现在，他没有死板地按照当时要大力招收工农家庭出生的学生的相关规定办事，而是招收了一些出身于知识分子家庭的学生。就像我这样，出身于战前军官家庭的学生要归在哪一类学生中呢？其实哪类也归不进去。我之所以能进入这所学校学习，是因为很多教师，在校长的监督下，不敢把那些有才能的，但是对政治没有表现出热情的学生淘汰下去。因此，我感觉到，我对政治的冷漠没有引起教师们的讨厌。在学校有一个青年组织（那时所有学生都是这个组织的成员）和一个少数人参与的党的精英小组。尽管这个小组主导着学校的生活，但是对那些才华横溢的学生没能产生丝毫影响。

幸运的我们拥有一个非常好的校长。电影历史对他来说不是应该被尘封在仓库的资料和档案，况且他个人还认识很多电影制片人，能把活生生的电影历史传授给我们。他从来没有把罗兹电影学院当成为苏联帝国服务的机构。他给我们放映并讲解法国、德国先锋派的电影，并告诉我们，我们是欧洲传统的一部分。

耶日·托艾普利兹校长不仅把他到世界各地旅行的所见所闻讲给我们听，同时他还是我们获取好消息的源头。在我们电影学院刚一开办，但还没拍摄电影之前，世界就通过他得知，波兰的电影即将诞生。


我从未跟电影学院长期打交道，但是每次拍摄电影，我会启用很多电影学院的毕业生。有时还会请一些策划主任，这些人后来还成了著名的制片主任。当我担任了"X"电影制片厂的艺术总监后，我跟年轻人的接触就更多了，因为那些著名的导演，也就是我的好朋友们，谁也不愿意跟我或者我的摄制组挂钩。很难向年轻的制片人们解释清楚，让他们相信，除了知名导演们的评价，我们还有观众的评价，观众也是有很多话语权的。电影学院与世界的隔阂带来了很不好的效果。

不管我对国家电影学院的教学如何评价，应该说，那些从那毕业的人，他们非常清楚要做什么，就是拍出波兰电影。同时我认为，电影学院最好的一点是，在一个学校里，同时设有导演专业、摄影专业和制片专业。也正是因为这样形成了我们电影摄制人员团结一致的精神。无论在怎样艰苦的条件下，我都能相信得到摄影师、制片主任以及他们的助理和来自罗兹电影学院人员的全力支持。同时我也觉得，我对这些人的命运负有责任，他们觉得他们是我的电影的共同创作人。每当电影拍摄成功了，我就会说，这是我们的电影；如果电影拍摄效果不好或者不成功，我就会说，这是我的电影……

1949 年夏天，我放弃了在克拉科夫美术学院的学习，尽管在那里我们只学了艺术，但我还是非常感激这所学校。尽管人们对这所学校的艺术审美的评价充满矛盾冲突，但是这所学校还是有自己的艺术审美标准。可是电影学院只不过就是一所技术学校，在那里你可以学习怎样拍电影，并且在国内政治压倒一切的环境中找到自己的一席之地。当然总能找到搬上银幕的这样或者那样的题材，但是这一切都意味着什么，为什么电影应当是一门艺术，我早在克拉科夫美术学院与艺术家朋友们画画或者讨论的时候就已经很清楚地知道这一点了。

我究竟在电影学院学到了什么？这个问题提得好。如果单从教师和上课的角度来说，没学到什么东西。无论从电影的分期制作还是如何指导演员的导演艺术，在这些实际操作的能力方面都没有学到什么。听了很多关于电影艺术的理论问题，但都非常笼统。我是在亚历山大·福尔德导演那里实习时，才第一次见过导演工作室，那时我在他拍摄的《肖邦青年时代》的电影中做助理导演，同时我还连续三次在学校拍了不成功的短片作业。无论什么时候我去电影学院讲课，学生们都十分得意地拿出我这三部十分不成功的短片让我看。当然我在罗兹电影学院学习到的最有价值的东西就是，让我从这些不成功的短片中吸取了教训。多年后，等我再回头看这些片子的时候，我要给自己曾提出过的问题一个准确的和真正的答案，就是我在拍片的时候犯了怎样的错误。

从克拉科夫美术学校转到罗兹电影学院学习，对我来说这是一个全新的体验。我没有遇到任何生活上的困难——因为我们住在学校里面，每天能很规律地在学校食堂吃上三顿饭。但是能在学生和教师中间感受到很强的党的力量在起作用。晚上在开会前要集体唱歌，我们这些青年组织的活动家们千方百计地想通过自己的活动引起学校基层党组织书记的注意。在克拉科夫美院的自学小组从来没发生过任何意识形态方面的争论。在那里如果有什么争论的话，都是因为绘画引起的个人之间的争吵，而在这里的年轻学生都十分幼稚，很难会为他们的思想内容与他们进行争辩。

在我长期的导演生涯中，很少遇到像在罗兹电影学院刚开始学习时遇到过的那种审查规则。我们的老师们本质上并不是审查官，他们中的大多数人都知道，在波兰和世界上都在发生着什么事，他们还希望了解得更多。于是，他们就尽力保护学校免受外面的干扰，超出必要地严格检查我们的作业。

上学期间我看了很多片子，特别是那些法国先锋派和德国印象派的电影给我留下了深刻的记忆。我意识到，真正形式上的实验早已成为了过去，无论是色彩还是银幕的宽度都已经不重要了。

我们当中唯一一个想从理论上解决这个问题的知识分子就是安杰伊·蒙克[1]。他在放映室里讲了一节课，内容是谈彩色电影作为艺术电影的唯一途径所取得的胜利；我们只有黑白胶片，在波兰全国也没有一家色彩实验室……为了征服听众同意他的观点，安杰伊来了个大转弯，撕碎了自己先前做出的那些数据，坚定地说，艺术电影有可能通过黑白胶片拍摄成功。多少年之后我听说，兹比格涅夫·布热津斯基教授通过同样的方法，向美国大学生讲授了马克思主义的原则，那时我就马上想起了安杰伊。如果不是他过早地离世，他会在所有的电影学院里讲授他关于艺术电影的观点，他是一个天才的教育家，是我们罗兹电影学院最有独到见解的毕业生。


不管怎么说，我在罗兹电影学院学到了很多东西，不仅是从教师那里学到了很多，而且不仅仅只学到了关于电影的知识。有一次我在学校拍摄题为《三部小说》的短片时，我请我们的老师安东尼·博贺杰维奇给我放两天假，结果教授一听大怒，当着大家的面奚落了我一顿。没办法我还是出去了，当

---

1　波兰电影导演，波兰学院派电影代表人物之一。

然我也必须出去。等我按照请假时间按时回校上课后，教授当众向我说了对不起。也许这样的教训比听一堂导演讲座课还值得……不过我得强调一下，安东尼·博贺杰维奇在讲电影艺术方面具备特殊的口才。我们也非常喜欢听耶日·托艾普利兹讲授的关于电影历史的课程，特别喜欢他讲授的美国电影历史课。这位教授是一位真正的君子，他在讲课时会观察学生们的表情，对我们来说，我从他身上也学到了这一点。

我在学校期间制作的三部短片中只有一部叫《义乌热茨科[1]的陶瓷》可能还有点意思，尽管那时摄制小组必须在片中运用社会主义现实主义的手法，但我还是尽量在里面加入了一些观众喜欢的内容。安东尼·博贺杰维奇为此写了评论并录了音，他希望这个短片能在学校以外放映，作为电影院放映电影之前的短片播出。不过教授那时已经遇到了很大的麻烦，在维斯瓦[2]城召开的全国电影家代表大会结束后，有人为了打击政治反对派，把他定为党的主要敌人，于是他不可能参加国内任何电影制片工作。所以他只能留在学校，只能对我们拍摄的短片做些指导，这也就成了他能实际参加指导工作的唯一领域。

我再重复一遍，学生在自己导演专业的实践课上最大的收获，就是能找出并分析自己片中的错误。所以我作为导演专业的老师不会试图改变我认为不太好的剧本，也不会在拍片的过程和选地点等方面过多地进行干预。当然我会指出弱点所在，但是不会要求按照我的想法去做。对学生来说，最重要的是让他们在自己的错误中学习。


电影家协会曾经多次提议把国家高等电影学院搬到华沙，我那时担任过电影家协会的主席，也支持这项工作的开展，但这个提议最终没能付诸实施。罗兹省委坚决反对电影学院搬家，他们不希望这所著名的学校搬离这座城市。那些居住在华沙的职业导演中有很多人都从事教学工作，华沙具备良好的学习氛围，因此把给未来的导演们讲授理论的专业搬到华沙去，应该是比

---

1　自 15 世纪以来，波兰的义乌热茨科以生产装饰陶瓷闻名。

2　位于波兰南部西里西亚省的城市，紧邻捷克。维斯瓦位于维斯瓦河的源头附近。以跳台滑雪著称。

较好的选择。当时的设想是，把导演专业搬到华沙，把摄影专业留在罗兹，这会促进国家高等电影学院的继续发展，但是这个设在罗兹的有着良好名声的学校一直不愿意搬迁，这无异于促成自己的慢性自杀。

因此，1990年我不再继续担任电影学院的校长，尽管刚被任命为文化部长的伊莎贝拉·茨文斯卡女士一再希望我继续担任校长职务。今天想起来我很怀疑自己的决定，我那时是否做出了正确的决定，不过在那里工作我也的确有过十分不愉快的经历。多年来，每个学校都有自己固定的教师队伍和不变的行政工作人员。在那个年代，罗兹电影学院安排的各种通识课很多，那些讲授各种通识课的教师们过多地对艺术问题发表不同的意见，在这种情况下，学生们从中获得了优势，因为缺少权威，学生们便成了不合时宜的艺术家。也正因为缺少讲授艺术的教员，学生们便成了艺术家。


我多次尝试在罗兹电影学院和卡托维兹广播电视大学的导演专业教授导演专业的课程。每次都发生了一些问题，结果弄得不欢而散。要想看到自己的教育成果，就必须长时间从事教书的工作，那时候你才能看到自己付出后获得的成果。我在X电影制片厂讲了十年多的课，我对自己的工作成果很满意。因为那里不是学校，都是一些从事共同工作的人在一起，关于这个问题稍后我再描述。

有人问过彼得·布鲁克[1]为什么不导演歌剧，他简短地回答道："因为在歌剧里所有的东西都得变！"我认为在我们的电影学院里也是如此。电影导演专业的重点应该放在让年轻的专业学生多与演员接触，而不是像今天这样与编剧接触。现在拍电影的过程是首先要找到摄影师，因为是他们要完成画面拍摄的任务。结果学生在校拍短片作业时首先想到的是画面；把导演撩到一边，为的是不影响未来摄影大师的作品。

当然还有另外一些教和学衔接不好的原因。多年前合并了演员学校和电影学院，实际上什么也没得到改变，因为演员专业的教学与在隔壁楼里上课的电影导演专业年轻导演的课程没有任何衔接。那就别怪导演专业的学生对

---

1　英国电影和戏剧导演。

演员的工作根本不感兴趣了。需要举例说吗？最近我听到这样一个笑话。一位年轻导演在拍片，这位导演的演员朋友在片场等待了很久后，听导演大喊说："好啦！灯光已经就绪，现在去把那些烦人的演员叫来吧。"

1997 年，在多年的努力之后，在克拉科夫戏剧学校开设了电影导演培训班。在招生简章公布初期，在报刊和克拉科夫电视台做了广告之后，只有十几个人报名。于是我承认，这可能是我命中注定，我的建议泡汤了，我最好还是安静地收场吧。

结果，根据戏剧突变的规则，一下子发生了意想不到的事情。教过我们的老师，阿兰[1]的父亲路德维克·斯塔尔斯基[2]找到了我。就开办培训班一事简单地聊了一会儿，后来电视台就此发表了消息。接下来我们这两个人就不停地接电话，拆邮局寄来的信件。在二百五十个报名的人中，我挑选了二十人。

在整个培训期间，我一直注意观察这些我选中的人。他们犯了大多数导演刚开始工作时的错误：他们挥动着胳膊，而不是向演员和合作者解释他们的想法。把手放在桌子上！当学生需要必要的沟通时，做导演的人又开始打着手势，这时老师必须做出这样的提醒。把手放在桌子上！1946 年，在克拉科夫自由广场的楼里，我在接受一位经过苏联国家安全机构内务人民委员会良好训练的年轻人审讯时听到过这样的话。他那时非常清楚，手势能有效地压倒真相。

当然手势也能表现真相，那就必须长期并且老老实实地学会打手势。根据克什施托夫·扎努西[3]所描述的那样，有一次波兰大主教玛哈尔斯基问教皇，为什么你在罗马为信徒祈福时，挥手的幅度比你在克拉科夫当主教时挥手的幅度要大很多。教皇杨·保罗二世非常果断地回答说："那一定是我见到的信徒比以前多……"后来他又解释说，经过严格训练过的身体，是不会撒谎的。斯坦尼斯瓦夫也这样教过我们。我的这些导演学员们没有经过严格的身

---

1　波兰电影和戏剧编剧。

2　波兰编剧、词曲作家、小说家。

3　波兰电影、戏剧、电视剧导演、编剧。

体训练，所以他们做了过多的手势，是缺乏用语言表达能力造成的。

我认为，手势也是因为缺乏语言表达能力而用手势替代的缘故吧：因为缺乏语言的表达能力，导演就用更多的手势来向演员表达。但是肢体语言是不能够代替莎士比亚和契科夫的。因此我把观看实验剧当成维斯皮安斯基、斯特林堡或者不可替代的莎士比亚剧回到舞台之前的一场演出……不久以前，我去看了一场人们赞不绝口的演出。演出结束前我听到了一个奇怪的词——"诅咒马"，多年前我就看过《诅咒》[1]，那时没听说过有这么一句话"诅咒马"……他们可能是想说"诅咒结束"，结果发音没到位，这就是在演员学校没学好念台词的结果。当然他们在爱丁堡获得成功的时候，他们并不需要我，因为在那里念清楚维斯皮安斯基的台词也显得没有什么特殊意义，因为在舞台的上方有字幕显示。当时我就想大喊一声："把手放在桌子上！"因为我想起了秘密警察审讯我的场面……

2002年5月发生了一件特殊的事情，让我实现了迄今为止当教育家的梦想，我与沃依切赫·马尔柴夫斯基一起合作成功地创立了电影导演大师学校。但是为什么这么晚，我到了八十六岁才创立了这个学校？因为我们一直觉得——先撇开我们遇到的困难问题不说——我们的电影学院办得还算不错。

之所以这样说，是因为我们拥有很好的电影生产环境，又有能实现我们想法的团队，这个团队是在战后建立的波兰电影人团队，这个团队的成员不仅有党员还有现役军人。我们所有人都称福特[2]为"上校先生"，电影制片厂的人称他"导演先生"，而只有个别跟他非常亲近的人才可以称他"亚历山大先生"。在电影制片界里，那些有军衔的人都比较神通广大，可以顺利办成一些事情。不过他们最害怕——模仿苏联的体制——拍片指导来到片场。拍片指导就是一个享有专职的人，负责向国内的电影界领导汇报情况，汇报各制片厂是否按照审查过的剧本台词拍片，参加拍摄的人没有外人，也都是经过确认的人员。他们认为，他们既然想拍摄出当局允许拍的片子，那么他

---

1　维斯皮安斯基的戏剧，于1899年发表在《生活》杂志第15/16期上。

2　波兰犹太籍导演、编剧。曾担任罗兹电影学院教授，安杰伊·瓦伊达、罗曼·波兰斯基都曾是他的学生。1968年移民以色列，后辗转前往美国。

们就应当在电影界里担任一个比较好的职务。

在当时的电影界管理层还有一些曾经参加过战争的人，因为他们最有斗争经验，这些人大多是苏联人，也有例外，比如亚库博夫斯卡，她是从集中营里放出来的人；电影界的主要负责人卡瓦莱罗维奇就没有过上述那些人的经历。所有这一切也使各个电影制片厂的生产部门最大限度地成为一个中立的团队。此外能成为电影界头儿的人还有一些是得罪了当局的人，当局在跟他们谈话时可以比较强硬。但是他们也可以说，"在意识形态方面不允许背离当局，但我们更懂艺术"。因此负责电影生产方面的领导从一开始就对电影的拍摄负全部责任，从拍片的设想、小说改编成剧本（他们在编剧组里也很有话语权），到后期制作和人员安排一直到电影生产的各个环节。电影的未来命运就掌握在电影制片厂手里，同时他们还选择年轻的作家担任电影厂文学策划部主任。因此电影的领导就不太需要过多地去干预具体的电影制作了。电影界的领导负责把住关键阶段的问题，像电影预算这样的问题，应该说波兰电影界的自由度还是比较高的。

在我们转型实行新体制的时候，我们竭尽一切努力保留我们的电影制片厂。但是现实与我们的努力相悖，因为别的人想做电影，为某些电影找到了资金，所以他们需要有经纪人。不久后电影制片厂就变成了电影公司，于是在开始拍片的最重要的时刻得不到他们的支持了。因此我想，需要给那些进行初创的人们提供一个地方，让他们在专业人士的指导下完成自己的处女作。那些专业人士也拍过很多电影，可以对他们的设计做出专业评估。我梦想着提出一个这样的倡议，条件是让沃依切赫·马尔柴夫斯基担任学校的项目总负责人，首先因为，他在一些西方国家积累了很多教学经验，所以他可以吸引很多外国学生来我们这里学习；第二，在波兰他认识一个运作最好的电影厂摄制组之一。我们很谈得来，我们都有相同的目标。我个人常常忙于拍电影，不能经常到学校来，同时我们的任务不仅仅是教学，还是想办一个机构，这对我来说比别人做这件事更容易些。

学校最终得以成立。我不希望这个学校是由国家出资开办的学校，为此我们四处努力筹款。雷沙德·克拉乌泽做过生意，所以在我们的学校开办的第一个五年当中一直保证向我们提供经费支持。芭芭拉·西莱西茨卡对这所学校的创立也功不可没，从学校创立之初她一直负责各种组织工作，她是我最信任的人。当雷沙德·克拉乌泽因为众所周知的原因，不得不在学校运营五年之后离开学校并不再向学校提供资金支持的时候，我们的这所学校当时也已经立住脚了，与开办之初大不相同了：我们启动了国际培训班，沃克·施隆多夫[1]和亚历山大·索科洛夫[2]都来我们这里讲过课，波兰已经加入了欧盟，我们可以从欧盟申请资金的支持，我更希望能吸引立陶宛人、乌克兰人和俄罗斯人来跟我们一起合作，那时在波兰也已经成立了波兰电影艺术研究所，奥多罗维奇女士也接手了学校的工作，我们有了多种渠道，不是仅仅依赖一个慈善家的资助了。

学校发展很快，而且还有了自己的生产中心。因为我们决定不仅仅要办一所学校，同时我们还要拍摄故事片和纪录片，我却还想说服我的同事们，我们要去开办一所电影幼儿园。今天有这么多精力充盈的年轻人，他们有这么多有吸引力的就业机会，很难期待他们一定要从事导演这个行业。因此到我们这里来的有很多高中还没毕业的学生，他们看了我们的幼儿园，觉得大开眼界；也许今后他们能在政府机关担任职务，也许他们今后愿意对电影在财力或者思想上给予一些支持？我们成立电影公司的目的是为了让这三个基础专业都能同时发展好。没有电影的生产就很难培养出制作电影的人才。

我们是这样做的：每年办一次培训班，每班不低于十五人。这些人主要都是导演，他们毕业于不同的电影学院，他们也把他们的初步设想带给我们。第一周或者最初的十天，我们一起来讨论，他们的一些最初设想是否够好，值得往什么方向发展，需要什么促使他们的设想成功实现……然后他们回到自己工作的地方，差不多过两个月后他们把自己的成果带回来，我们继续学习讨论。这样在他们第二次或者第三次回到我们这里的时候，我们开始为他们拍电影。他们常常会带来自己的演员用英语表演，有时候也有波兰的演员用英语表演，有时也会有波兰演员用波兰语表演。当片子拍完和剪辑完毕后，他们给我们展示他们的电影，然后我们再完成最后阶段的学习。最后阶

---

1 德国导演，德国新浪潮成员之一，并获得过金棕榈奖和奥斯卡最佳外语片奖。

2 俄罗斯影坛当代最重要的导演之一，被认为是塔可夫斯基精神的继承人。

段的学习可以分成两次或者三次进行。最终，他们就拥有了在我们学校最后敲定的完整的剧本，还有电影，于是他们就可以提供给电影生产者们，这样他们能拍好电影的机遇就会大大增加。

2002年5月9日我在电影导演大师学校开业仪式上的讲话：

不久前我听说，在一个很远的地方，也就是在地球的另一个半球上，有一个人在琢磨，波兰位于什么地方。有一个人猜，那一定位于欧洲。另一个人发现，波兰位于德国和俄罗斯之间。结果有一个完全无知的人兴奋地大喊起来："哇，上帝呀！位于德国和俄罗斯之间，这是多么好的地理位置呀！"

总统先生，我向您保证，今天跟您在一起的人都坚信，位于友好的德国和希望走向自由的俄国之间的自由的波兰真的处于非常好的地理位置，我想向今天参加我们开业仪式的所有人保证，我们会竭尽全力在我们学校利用好这一优势，造福每个人，造福我们的国家。

# 塔戴乌什·沃姆尼茨基给我上的两次导演课

沃姆尼茨基在华沙波兰高等戏剧学校授课内容：

1. 我喜欢团队式的工作，而学生们是一群感情上没有交流的人，每个人都……当我听到学生们在互相起外号的时候，那时我就知道，他们已经该上二年级了。

2. 我教他们听古典音乐。这样他们就能分辨出每个乐器奏出的声音都不同：笛子不会模仿小提琴的声音等等。这非常重要，因为乐器之间时常会互相模仿。

3. 我观察想象力——你再有一点儿吧——在哪儿？——哦，就在这个厅里。——当我听不到咯咯声的时候，看见的就多了。

4. 他们缺少肢体动作的协调，缺少肢体与话语之间的衔接。

5. 我教他们，演员背诵台词不能只靠做手势和念台词，做手势和念那些台词是为了能激发自己的情绪……

但是我不跟他们讲斯坦尼斯拉夫斯基，因为他们立即就会拒绝听下去。

——1979 年 2 月 5 日的笔记

罗兹电影学院一直就有"与演员合作"的课程设置，但我从不记得，在这种课上我们都做了些什么。应该说在这方面我在罗兹电影学院什么也没学到，但是也不能因为这个就说罗兹国家高等电影电视学院的教育一无是处。

不是教授们必须要求演员来教我们，而是演员自己要能教。但是要求演员来教，就需要有经费，对所有的电影学院来说，都要求分期学习，使用设备、后期制作、与演员的合作都会安排在教学大纲的最后一个阶段。

所以不足为怪的是，当我开始拍摄《一代人》时，我根本就没有任何与演员合作的概念。但幸运的是，我的艺术总监亚历山大·福特尽管几近偏执地坚决反对让塔戴乌什·沃姆尼茨基出演斯塔赫这个角色，但还是给了我机会让我自己决定是否选择他扮演电影中的角色。

沃姆尼茨基来到了在卡托维兹的杜兰巴电影公司，腋下夹着一个文学作品夹子。他希望他能学会写作戏剧艺术作品，其实那时人们就发现他具有非凡的演艺才华。沃姆尼茨基有意识地观察自己在学习这个职业过程中的变化。他特别选用了这个词"学习"，因为从工作开始之初他就有机会发现好演员，发现这个时期一批最有才华的演艺人员。如果他想与其他演员们一起立足于克拉科夫的舞台，他就得跟他们一起演出，深入了解他们的秘密。而且他还常常告诉我，他年轻时看见演员们是怎么表演的。他是向我传授知识和培养演员自我意识的大师。

他来到《一代人》拍摄片场，他首先根据剧本，分析了每个人物并确定了自己将要饰演的角色在银幕上每个阶段的表现。他还建议，在电影结尾的表演中，他必须大声哭出来，那时正是宣扬谢尔盖·格拉西莫夫[1]的《青年近卫军》的时代，在银幕上表现主人公哭泣的场面是不大可能的。他的这个以哭泣结束电影的场面，将会给我的电影带来一个戏剧性的结果，也可以说对我未来电影事业的发展是个好兆头。

由于沃姆尼茨基，在参加拍摄这部电影的年轻演员中形成了一种共识，而有些风格，完全不同于战前波兰电影观众看到的那种演员的风格。现实主义，自然的说话方式，与我们过去电影演员习惯的那种像在戏剧舞台上念台词的风格迥异。塔戴乌什这种崭新的表演风格影响了整个参加《一代人》拍摄的演员队伍！我还清楚记得，我把那次学到的电影现实主义的东西，不仅

---

1　苏联 1948 年电影《青年近卫军》的导演。

运用到了与兹贝舍克·齐布尔斯基合作的电影中，同时还运用到了我最初执导的《滴满了雨滴的礼帽》和《两个荡秋千的人》的戏剧中。

多年之后我又从塔戴乌什那里学到了导演学方面的知识。那时我正在与当代剧院合作导演弗里德里希·迪伦马特[1]的喜剧《斯特林堡的玩家》，因为沃姆尼茨基的原因，我毫不犹豫地接手了这个剧目的导演工作，但当时根本没想到，我仅有的导演经验是无法胜任这个剧目工作的。

两个星期的排练进展得非常艰难。我好像知道剧情应该怎样发展，但是我解释不清楚，也就是不会给演员们解释得很清楚。原来这不是斯特林堡[2]，是迪伦马特嘲笑他的《死亡之舞》。

沃姆尼茨基一直十分注意观察我。在与我合作过的所有演员中，他是最能把控舞台的演员，同时他也告诉我，只要他登台表演，观众就会有什么样的反应。他很快就发现了我的迷茫点并决定在过了这么多年之后给我上导演课。这事发生在又一次彩排失败的开始阶段。沃姆尼茨基和安杰伊·瓦皮茨基在舞台上，用一种奇怪的根本不存在的语言在对话，结果让我想起来在剪辑台上倒录音带的那种声音。

那些词没有任何意义，但一切都蕴含在其中。这是一些关于激情、关于让自己从某种东西中强力挣脱出来的需求，多年来封闭的良好传统教育和市井生活还有什么留存了下来。那时我才恍然大悟，应该从什么地方开始，如果想把《斯特林堡玩家》中的主题表现出来的话。如果没有这第二课，我就不可能在克拉科夫的老剧院舞台上展现《群魔》。当然如果没有第一课，我也就不可能拍出电影《灰烬与钻石》。

不记得从什么时候起，我与塔戴乌什·沃姆尼茨基的交往中遇到了麻烦，因为我不知道他什么时候需要我。后来我才知道，他总是在他需要做出什么重要决定的时候需要我。因为他想听听那些没有红色身份的人们的意见。

---

1 瑞士剧作家，小说家。
2 瑞典作家、剧作家和画家，被称为现代戏剧创始人之一。

1981 年中的一天，他突然叫我去他家，他家住在华沙老城。那时除了他没有别人在家。塔戴乌什·沃姆尼茨基告诉我说，根据医生的诊断，他可能活不了多久了，他必须尽快接受一次大的心脏手术。华沙的医生建议他，最好去伦敦做这样的手术，这样比较保险，因为他们做过跟塔戴乌什类似的心脏病人的手术。——"安杰伊，"他对我说，"手术需要上万美元。这可不是一个小数目。党中央的同志愿意给我出这笔钱。我想听听你的意见，我是否可以接受这笔钱治病？"

我满脸惊讶地看着他。——"塔吉克[1]，你难道缺这万把美元吗？你是波兰最著名的演员，每天晚上在各个剧院都有演出，在电视剧里也扮演主要角色，自 1946 年以来你一直演电影。怎么可能，不管在哪里做手术，你自己居然出不起自己的手术费用？你把他们愿意出具的美元当成他们欠你的钱收着得了。"——"那你的意思是说，我可以接受这笔钱？"他问我。——"我认为，这是毫无疑问的事情。是他们欠你，而不是你欠他们。"我回答说。

结果呢，等他做完手术后，手术费是由罗曼·波兰斯基支付的。


我的这段回忆正好与塔戴乌什给我讲的一段笑话相吻合，这个笑话与他当选为波兰统一工人党中央委员有关。他认为这是他一生中非常光荣的一件大事。他参加党的代表大会的第一天，非常认真，他是党代表中第一个出现在会议大厅中的人，他展开文件，认真地阅读，结果莫查尔[2]将军突然推门进了大厅。莫查尔环视了一下大厅，看见了沃姆尼茨基，他走到沃姆尼茨基的身边对他说："塔吉克先生，请你离开这里。"听完后我大笑起来，可塔戴乌什却对我解释说："他非常喜欢我。"


从我拍摄第一部影片《一代人》开始，审片人剪去了这里或者那里，可有一个场面被我保留了下来，尽管出现了很多反对的声音；谴责声主要是来自那些幼稚的马克思主义者。我记得那时塔戴乌什的台词是："有一个蓄着

---

1　塔戴乌什的爱称。
2　波兰共和国社会政治活动家、将军、内务部长。

大胡子的人，他叫卡尔·马克思。他说，工人需要付出更多的努力才能获得他所希望获得的报酬。"沃姆尼茨基肯定比工人挣得要多很多，但还是没能挣出足够的钱来为工作付出更多的努力。他是我们最了不起的演员，他在几十部电影中扮演了重要的角色，而且还在戏剧和电视剧中扮演了上百个不同的角色，是培养了波兰众多演员的老师，还担任过克拉科夫戏剧学院的院长，即使这样也没能挣出一万美元为自己做心脏手术。

我永远不能原谅自己，尽管沃姆尼茨基曾多次建议我导演《李尔王》。我给自己找出了一堆的理由，其中一条理由就够了，那就是我没有想好怎么做。其实让塔戴乌什来扮演李尔王，就是一个最好的想法。不过还得给他配上几个能跟他一起登台演出的男女演员才行，根据剧情的要求，还得能找到巨大开阔的合适舞台。同时，如果不能配上相应的舞台背景也会让观众感到乏味。

莎士比亚不仅需要从英文翻译出来，还需要找到某种钥匙让波兰观众进入到他纷繁复杂的、丰富而又陌生的世界中去。必须了解，在这些艺术中，什么是最重要的，要挖掘出其深刻的内涵，而不是用一个愚蠢的构想来炫耀。

因此我不得不放弃一切要做的事情，集中精力来做《李尔王》，同时也不管这项工作是否会带来好的结果。必须这样做——我的大师和导演学老师就是这样把我叫去听他讲最后一课的。

日记摘录：

1992 年 2 月 22 日，星期六

塔戴乌什·沃姆尼茨基驾鹤西去。我责怪自己，没能跟他一起完成他非常希望出演的《李尔王》。如果那样做了，我会更幸运。也许我会保护他，让他远离焦虑，因为有些演员真的让他焦虑不安，他们做不到塔戴乌什觉得很容易做的事情。

但是我不能欺骗，特别是不能欺骗他，我知道怎么设计《李尔王》的舞台，我有可能一举成功的成熟的想法。我觉得如果是那样，塔戴乌什会做很多，他会去找演员，找听导演话、顺从导演的剧组。他肯定想过，以这种办法，他的很多想法都能在舞台上得以展示，这将会是他对艺术的诠释。

如果真的存在录有沃姆尼茨基扮演李尔王声音的录音带的话，那就应该再一次把他饰演主角的录音播放着，让这部剧重新搬上舞台。


1987 年 9 月 10 日，巴黎

李尔王宫殿的大厅，王国的分裂

1. 布景，第一幕：四扇大门——三个大镜子，镜子里映射出宫殿里大臣们的身影，有的鞠躬，有的做手势。突然统治者们穿过门走进大厅，站在大臣们的背后。人们愕然。李尔王尴尬地说着什么，步履蹒跚并且显出高兴的样子。

2. 这种分裂有什么意义：

李尔王将自己的王国交给女儿们，斯大林在地球仪上把国家分开。他把铅笔往地图上一扔，立即用罗盘进行测量——路线……作为分割世界的边界线。

要研究出一种礼物送给尤瑟夫·斯大林——也许臣民们会把礼物带到舞台上来。

在暴风雨中闪电击中了李尔王肖像，掉在舞台上变成了碎片。

李尔王（差不多）把所有的勋章、奖章和绶带都给了小丑，现在小丑玩着这些东西，把它们一一拽出来，刮了起来，是为了让老国王高兴还是表示他的悲哀？

3. 李尔王与小丑看着被大风吹过来的报纸。上面没有介绍国王的半句话。李尔王哭着……因为忘却是每个统治者的悲剧。

小丑穿上国王服，给自己带上王冠……这是为了让国王高兴……

4. 李尔王讲的是关于愚蠢的晚年故事。这是沃姆尼茨基在跟我第一次谈到这个话题时对我说的话。

安杰伊·瓦皮茨基站在我们共同的朋友的墓地上给我们讲了一个塔戴乌什当演员时的一个笑话。有一次，他在上台前站在舞台边的入口处指着观众席那边对安杰伊说："我真羡慕他们，马上他们就会为我喝彩了！"

　　不过我也记得他年轻时候的一些往事。那时候他跟老演员亚历山大·泽尔维罗维奇同台演出，当时泽尔维罗维奇坐在舞台上摆着的沙发上，他的拐杖摆在沙发旁边——我好像长了翅膀——沃姆尼茨基说，我觉得，观众非常喜欢我！我突然觉得，泽尔维罗维奇在向我示意，好像在说，如果我愿意，就可以靠近他一点儿。我走近他，他拿起拐杖就抽我的后背还大声说："你别跑，狗东西！"

　　这件事塔戴乌什给我讲了几次，每次都笑得很开心。肯定是因为这件事之后，他再也不敢开这样的玩笑了。

# 他们能从这里明白什么
## ——回顾罗兹电影学院

> 只要你勇敢的波兰，还没有展示你
> 遭遇了怎样可怕的，比以前更大的失败，
> 为了唤醒我们，波兰，你已经没有力量，
> 面带冷漠，已经不想为我们再做什么。
>
> 你们的时间，英雄们——你们自己去奋斗吧，
> 欧洲根本不会帮助你们。
> 她喜欢变通的激励，为的是在夜里不会被吓到，
> 因此要么去战斗，要么死亡，波兰啊——我们已经冷漠。
>
> ——阿尔弗雷德·德·缪塞[1]，《致波兰》(1831 年 )

遗憾的是，这首法国伟大诗人的诗在战后四十年间仍非常具有现实意义。因为雅尔塔会议的决定让欧洲又一次远离波兰，使波兰再次落入外人手中。如果我们不敞开自己的伤口，不揭露强加于我们、强行让波兰接受的外来制度的阴谋，那对波兰艺术家来说还有什么任务要完成呢。

我是这样理解缪塞的召唤的，但我是带着痛苦敞开伤口的，当然这也是我的伤痛。《地下水道》《灰烬与钻石》《大理石人》和《铁人》并不是要表现我们的软弱，拍摄这些电影为的是展现许多波兰人的勇敢与忠诚，他们并

---

没有因为国家和欧洲对他们的冷漠而屈服于命运的安排。波兰人不仅能为自己的祖国牺牲自己的生命，而且还能创造未来的生活。

柏林墙的倒塌成了我漫长生命中的一个重要时刻，波兰获得了独立，这卸下了我肩上的重担。在缪塞创作这首诗过了一百八十二年后的今天，缪塞的诗已经成为了美丽的文学的见证，法国比其他任何一个国家都能更好地理解波兰精神。今天波兰是一个独立的国家，当然只有波兰人才能对自己的未来负责。

> 那些别的民族的导演在国外拍出来的电影都不会很成功，因为只有自己的民族才能了解自己的情感，民族的情感不可能成为世界性的。
>
> ——丹尼尔·托斯坎·普兰蒂尔[1]

> 那些不断探寻波兰人心灵的外国人可能能理解他们，用我们生活中的画面，我们过去的历史去想象别的民族，跳出这个被诅咒的小圈子，并在这个小圈子里深入挖掘围绕波兰事务发生的一切。
>
> ——我于1988年在拉多姆地区博物馆举办自画像展览时写的前言

他们从这里能明白什么？从我拍摄第一部电影开始，我就不断地听到这样的提问。这次一些波兰电影在国外得到了深刻的理解。原因有很多，而最明显的原因是这些电影的名字。这些电影的名字都取自不久前发生的重大事件，而且这些事件不仅引起了历史学家之间的激烈争论，而且还在社会中引起了的广泛争议。导演也加入了这场讨论。安杰伊·蒙克在拍摄电影《坏运气》[2]时肯定就是这样想的。无论是沃依切赫·汉斯执导的影片《怎样被爱

---

1　他曾多年担任法国高蒙电影公司总经理。

2　根据杨皮什奇卡的小说《前六世的化身》改编的波兰故事片。

与密码》，或者是斯坦尼斯瓦夫·鲁热维奇执导的电影《出生证明》，还是后来由雷沙德·布嘎伊斯基 [1] 建议拍摄的电影《审讯》都不例外。

人们常说，我们的电影对外人来说很难懂——他们能从这里明白什么？——波兰人这样问，波兰人自己很自豪，因为他们能明白一切。应该说明白不了一切，但能明白很多。在《灰烬与钻石》中，导演以及演员们通过电影的表现手法，展示了在波兰某地发生的一个复杂的事件，让观众走进了剧情的冲突之中，而这种剧情冲突可能在别的国家发生，也可能发生在其他历史环境之中。

我们也是带着距离感看电影的。当我们观看黑泽明或者金基德拍摄的电影时，我们理解了什么？从墨西哥导演卡洛斯·雷加达斯或者与我们比较接近的英格玛·伯格曼 [2] 的电影中，我们能明白多少？伯格曼在我们天主教徒眼前隐藏的观点，只有新教徒们能够理解。


我想利用十几句话概括一下，对我们来说，对波兰的电影创作者来说，波兰电影的过去和现在意味着什么。首先我要找到问题的答案，也就是找到在 1918—1939 年期间波兰电影与战后波兰电影之间差异的本质。为什么在战前自由的、以自己方式存在的民主的波兰，每年只能出产几十部没有什么特别意义的电影，而在被禁锢的状态下，在当局的审查机关的控制之下，波兰却产生了有波兰特色的电影产业，并让自己立足于世界电影之林？我认为，在这一悖论当中包含着一切与我们的地位上升和下降的因素。

难道民主、自由、议会制度对电影不会产生任何影响吗？不是每个人都想对电影艺术施加影响吗？难道国家对电影产业给予的某种自由的财政政策能代替观点的自由吗？我不这样认为。我认为，波兰战后的电影源自战争本身给我们带来的政治和社会阅历，因为是战争促使我们去思考世界悲剧的教训，思考我们对世界的幻想，思考我们孤独的个人奋斗的代价。

这种情况造就了艺术家的潜意识。著名的幽默大师伊尔夫和彼得罗夫曾

---

1　波兰电影、电视剧导演，作家和编剧。
2　瑞典电影、剧场、以及歌剧导演。

经想出了这么一个口号："孩子们，请你们努力选择自己的父母吧！"我们波兰电影人选择了怎样的父母？在电影学院创办之初，电影学院教给我们的都是苏联电影，苏联电影应该成为我们的榜样和导师，这是我们的前途。但是我们却选择了另一条道路。战后的贫穷和耻辱让我们更接近于意大利的新现实主义；艺术家的作用就是保卫穷人和受尽屈辱的人们，这也符合19世纪波兰文学的传统。

"医生们，你们如果取到我的祖国的尿液样本进行了检查，请对其进行诊断和治疗，使其恢复健康的状态，我将会给你热烈的掌声，让这个为艺术拍响的掌声回响在世界各个角落。"每当我念到《麦克白》里的这句话，就会思绪万千，也正是我们，波兰的艺术家们，成了检查我们国家尿液的人们，我们检查的结果至少让世界也带着同样的兴趣观察到了这一点，就像美国中央情报局的情报机关分析了他们拿到的勃列日涅夫的尿液那样。[1]

这是一项责任重大的工作：确定帝国病人的身体状况。不过诊断是正确的——我们的统治者不想明白，他自己以及他的制度就是我们国家的病瘤。因此我学着《麦克白》中医生的样子回答："这些病人必须要由他们自己来医治。"那医生们干什么去呢？

"拉比，"犹太人问，"什么叫竞争，什么是竞赛？"

"竞争是好的，竞赛也是好的，但是最好的选择是离开。"

1968年后过了很长一段时间，这个笑话还一直在我们中间流传。很多波兰的艺术家生活在国外，甚至有更多的在世界上享有盛名的波兰艺术家不得不生活在国外。在19世纪也是如此。谢米拉茨基[2]在波兰没有多少自己的追随者，否则的话，他至少可以把自己的《尼禄的火炬》[3]赠给自己的民族，

---

1　美国中情局设有"健康分析处"，利用一切机会搜集情报；或者派特工以各种身份打入或潜伏到情报搜集对象身边；或者利用对象外出等机会，搜集他们的大便、尿样、唾液、头发等一切可用于研究的标本。该处还有专门的研究分析人员，负责对从各个渠道来的情报进行分析整理和对比鉴别，以确定此人身体是否健康，从中看出对方的性格，甚至判断对方的寿命还有多长。

2　波兰画家。

3　油画，尺寸385×704cm，画于1876年。

把它放在克拉科夫的苏凯尼查博物馆里，但是这幅画却完成于罗马，在俄罗斯出售。格罗特盖尔[1]希望引起人们的注意，于是他给自己"战争"题材的系列画作配上了一般概念的和超时空的装饰，因为他很清楚，这就是他的"波兰和立陶宛"展览为什么在巴黎从来没有引起过人们的兴致，甚至显克微支都得靠《你往何处去》出名[2]。

在开始拍摄《大理石人》的时候，我就预计到，我不得不使用很多20世纪50年代的大众歌曲做电影插曲，那时候我试图取得词作者们的同意。《世界青年，向前进》是入选的歌曲之一。这首歌的词作者是克什施托夫·格鲁什钦斯基。我往哥本哈根寄去了一封信，结果得到了否定的答复。波兰一部描写斯大林时期一个瓦工的电影——很值得一个1968年的移民表示怀疑，因为这个移民饱受挫折，已经不愿意再跟他的祖国有任何关系了。

多年后我看到了格鲁什钦斯基[3]的一首令人感到心酸的诗，这让我明白一些事：

> 这是为浪子唱的一首歌
>
> 不，不是这么走，不，不是走这边
>
> 不，不是这里，不是这条路
>
> 你在这里找不到任何人……
>
> 不是在这个地方，不是说这里的语言
>
> 这里没有你，也无人来找你
>
> 在这里没人会倾听你……

倾听，但这是有条件的，你得检查你的尿液——是在自己的国家里。

1954年秋季的一个夜晚，我被带到在华沙附近的一个叫康斯坦钦的小镇，那里戒备森严，到处都是铁丝网，在那里政治局的人正在观看我的电影

---

1　波兰浪漫主义时期著名画家。

2　指靠写埃及法老来揭露波兰的问题。

3　共产主义活动家，苏联之友协会的联合创始人。

《一代人》，这是我拍摄的第一部影片，那也正好是电影刚拍完的时候。"领导同志们"批评说这部电影太沉重。实际上艺术总监亚历山大·福特大胆地回应了他们的批评并为电影说话，但也无济于事。他们仍认为电影没有任何价值，而影片中的年轻主人公是一个缺少马克思主义觉悟的流氓无产者。

不过那时评审委员会就对这个剧本持怀疑态度，尽管一开始剧本的名字叫《候选实习生》并计划在纪念波兰电影局成立十周年之际放映，本来应该是由福特自己担任导演。后来他决定不当导演，由他来担任艺术总监，所以他就提名让我执导这部影片，于是我就直接用了博格丹·柴什科[1]的原书名《一代人》，开始了我导演生涯的工作。

柴什科所描述的一代人，并不是我这代人。可是电影的名字却正巧让人们联想到毕业于罗兹电影学院的波兰第一代导演。参加这部影片拍摄的所有人，从编剧到导演到摄影师都是第一次拍电影，他们是耶日·李普曼和斯泰凡·马迪雅什凯维奇，助理们是康拉德·纳宛茨基和卡齐米日·库兹，作曲家是安杰伊·马尔科夫斯基和制片主任伊格纳齐·塔乌巴。

柴什科的小说不是紧扣人民近卫军的主题在讲故事，而是描写了一个可爱主人公的天真故事。我们这些拍电影的人，都经历过战争和占领时期。在所有的战斗组织中都有这样的男孩子肩负着战斗的任务，有过冒险的经历。只不过在战后的宣传中，给一部分人立了碑，而另一些人却被遗忘了。我们是想在银幕上展示我们的真实经历。在我们的影片中，无论我们犯过怎样的错误和我们有多少弱点，我们释放了青春，正是因为这一点让我们的"领导同志"不满意。

在战后最初年代负责制作电影的人，全部都是那些在战前曾在电影系统工作过的人。他们跟我们一起制作了一些新的电影。首先这些都是刚刚参加拍摄影片的人，他们都没有经历过在战前电影系统工作的束缚。如果遇到灰色的阴雨连绵的日子，别的摄制组就会数周等待着日出和适时出现的云彩，而耶日·李普曼采用了"铁板"摄影法，那时候我们管这个叫万里无云的天空，这给他的摄影带来了张力和真实感，在战前那个年代的电影里是很难看

---

1　波兰作家、编剧、政论家。

到的。李普曼并不是把希望全都寄托在胶片的感光上，而完全从艺术家的眼光根据化学的规律来处理胶片。

因此在灰色天空的背景下，在雨天里，城区的街道和街角的简便餐饮店都闪着灯光。人们昏暗的身影，感伤和凄惨的气氛。我们在机器上看着这些材料，体验到了为电影产生出来的一片热情的瞬间，就像奥逊·威尔斯[1]非常准确地表述的那样，这是男孩子们最好的玩具。我们没有太关注上面要我们在电影中强加的政治元素，而是全身心地投入到电影的拍摄之中。

以此为契机，我们一切都从头开始，卡齐米日·库兹搞了一个非常好的发明。在那个时期，因为发射空包弹只能发射一次，不能回收，所以为了效果耗费了很多弹药。而且没人会做枪击中人体的效果。而我又非常想在银幕上能出这样的效果，于是我就让这个无人可以替代的助理去完成这个任务。卡基克[2]花了几天功夫一个人研究这件事。等他回到摄影棚，展示他的工作成果时，他拿来了一个做好的装置。这个装置上的东西主要是一个用于点燃煤矿炸药用的雷管，库兹把这根雷管放在一个铅板上，主要是为了保护演员的身体，他用纱布把雷管缠在铅板上，然后把充满像血一样的液体的避孕套放在上面。现在只要从下面拉动雷管，为了在银幕上看不到这个装置，他把这个装置跟电瓶连在一起，以便随时都能引爆。

于是我们就在杨查尔逃跑那场戏里，把这样的装置放在塔戴乌什·杨查尔大衣左边的袖子里，向他开枪的德国人站在下面的台阶向他瞄准开枪，正好击中他的左手，杨查尔就应声弓腰扶栏杆。与此同时卡基克按下电瓶，袖子里的雷管爆炸，鲜血喷溅，在白色的衬衫上出现了一个巨大的黑洞，而我们看到影片这个实际效果非常好，高兴地跳了起来。多年过后，罗曼·波兰斯基这样写道：

> 《一代人》与那些先前拍摄的反映抵抗运动的影片没什么
>
> 两样，至少在第一眼看上去。如果瓦伊达的分镜头剧本不符合

---

1　美国电影导演、编剧和演员。

2　卡齐米日的爱称。

已经被接受了的标准的话，那么当局就不会让电影投入制作。但是以别的方式展示了电影情节。他在电影的一开始就展示出：给人印象深刻的、一眼望不到边的奥霍塔[1]区全景，因为大部分片景都是在那里拍摄的，然后镜头切入华沙被炸为废墟的近景，用特写镜头展示了华沙。瓦伊达是根据历史资料拍片，并没有完全受意大利现实主义的影响。《一代人》这部影片里蕴含着波兰特有的因素，当然也得感谢电影中的人物摆脱了宣传中的刻板形象。瓦伊达的作品突破了迄今为止人民波兰的电影手法。对我们来说这是一部重量级的电影。从此整个波兰的电影将会有一个新的开端。

这部影片的演员阵容非常强大。他们的表演风格与战前的表演模式迥然不同，诞生了某种新的表演风格。他们是年轻一代演员：齐布尔斯基、波兰斯基、杨查尔，他们是波兰电影的未来。特别是由塔戴乌什·杨查尔饰演的角色非常重要。他与其他演员的对话方式从始至终都非常真实，这与我们耳朵习惯听到的在战前演员们的背台词式的对话方式完全不同。安杰伊·马尔科夫斯基那时还是音乐学院作曲系毕业班的学生。他与战前电影音乐作曲家的风格完全不同，他仿照伊戈尔·费奥多罗维奇·斯特拉文斯基[2]创作风格，谱写了与电影情节相符的原创讽刺音乐。在这里我不能漏掉伊格纳齐·塔乌巴的名字。他是我们最好的制片主任。在最艰难的时刻他站出来为我们的电影说话，也是在最困难的时刻，他总能提供帮助，他用他曾经当过红军军官的权威，多次保护我们，上面反复说让我们必须剪辑更正的某些地方都让他顶了回去，但是至今人们也不知道，他是否真的当过红军军官。

在《一代人》中，还有一些我在被占领时期认识的，也曾与他们在手工作坊一起工作过的老艺人们，那些老手工作坊都是在城市郊区贫穷的窄小街

---

1 波兰首都华沙的行政区之一，奥霍塔区位于华沙市中心。
2 又译斯特拉温斯基，俄国作曲家、钢琴家及指挥，20 世纪现代音乐的传奇人物，革新过三个不同的音乐流派：原始主义、新古典主义以及序列主义。被人们誉为是音乐界中的毕加索。

道里租的房子，我在战争期间也是在那里度过的。我希望，"重大的事件都发生在电影的主要演员身上——也就是那些出身于华沙郊区的男孩子们和他们在沃拉和科沃区当工人的父母身上。被占领是我们民族的失败，而对他们来说，生活从来就没有美好过，因为失业非常严重。为此，我们的男孩子们都是非常正常的——不是为了符合主人公专门牵强附会人为塑造的。"

这是我在自己留存的资料里找到的日记，我在拍片过程中写的。让我感到非常欣慰的是，银幕上展现的真相与我心中想要达到的目的非常一致。从这个角度来讲，我后来经历了非常痛苦的挫折。波兰斯基写道：

> 这部电影在正式发行之前，遇到了非常大的麻烦。同意发行此片的批准文发布会不是非常顺利。结果瓦伊达必须对某些片段进行重拍，还得剪掉一些片段，其中包括我与齐布尔斯基争吵的那段效果非常好的场景。当然电影很成功，让全世界赞叹，但是唯一一点不好的地方是比瓦伊达的原始版本苍白了些。

外部的评价令我感到崩溃，在后来的几个月中我已经失去了把《一代人》搬上银幕的信念。突然在某一天晚上，博格丹·柴什科把万达·瓦西莱夫斯卡带到拍摄现场。我记得很清楚，她三步并作两步一口气跑到五楼，那里是电影总局的放映室。我们在没有外人的情况下看完了这部电影。看得出来柴什科对瓦西莱夫斯卡很有好感。电影结束后她提了几个简单的问题，问了党内同志对哪些地方不太满意，然后她答应会跟相关人员说的。之后我从未再见过她，但过了几个月，也就是在1955年1月，电影搬上了银幕，尽管与格拉西莫夫的《青年近卫军》大相径庭。

20世纪60年代，在我去莫斯科的时候，我见到了格拉西莫夫，他给我讲了为了《青年近卫军》的修改，他是如何跟斯大林谈话的。法捷耶夫是一个非常好的演员，20世纪20年代他曾是苏联滑稽演员工厂的演员，成功地扮演了各种角色。由于他的演绎，我见到了怪物——斯大林；他跟所有苏联电影中公开播放的影片中的形象完全不一样。

斯大林把导演招到克里姆林宫，当格拉西莫夫说出自己的观点后，伟大的导师，为点着自己的烟斗，就跑到隔壁的房间去找火柴。那时参加谈话的贝利亚开始攻击他"你在跟谁狡辩？你在反驳谁？跟你谈话的人是世界史上最伟大的人物"。然后他又接着说，电影里必须拍进去哪些内容。这时候斯大林回来了，他就听见导演同意所有的剪辑意见。听了他讲的这个故事，我只能庆幸自己，他没有让我在导演生涯的一开始，就经受这么严峻的考验……

1955年冬天，我带着影片《一代人》来到了莫斯科，我在电影厂院子里看见几十棵果树，并且听莫斯科电影厂厂长讲了一个不寻常的故事。

战争刚结束，亚历山大·彼得罗维奇·多夫任科[1]执导了一部电影《魔树》，拍电影拖了很多年……导演在电影厂的空地上种了果树，后来果树都长大开花结果了。结果艰难的日子来到了。根据斯大林的命令，政治当局要求导演剪裁掉自己片中的一些场景。多夫任科解释了几句。时任电影厂的厂长对导演说："要么按照斯大林的命令剪掉那些场面，要么就把那些可爱的果树砍伐掉……"

在摄影棚中我看到的那些树，仅仅是一些在这些无辜地被砍伐的树中尽力保护下来的一部分。

我导演生涯中所取得的第一个也是最大的成就，是我拍的电影《地下水道》，是塔戴乌什·孔维茨基[2]做出这个决定的。是他帮我改编了耶日·斯塔文斯基[3]的小说，作为干部电影制片厂的文学策划部主任，他为了让电影能拍摄做了一切努力。而且他还在电影和剧本评审委员会上推介这个剧本，我摘抄一段这个会议的记录（1956年1月24日）：

> 导演扎日茨基[4]认为谈起义的问题，我也许不是一个合适
> 的人选，因为这会引起我一些回忆，所以我对这一问题的评判

1　乌克兰籍电影制片人兼导演。他经常被列为最重要的早期苏联电影人之一。
2　波兰作家、编剧和导演。
3　波兰作家、编剧和电影导演。
4　波兰电影导演、编剧，在华沙起义期间他负责拍华沙起义的纪录片。

可能会有失偏颇。我非常喜欢这个剧本，写得非常好，我不觉得拍摄这部影片有什么障碍。

孔维茨基：读过这个剧本后我的结论是，作者表现出令人出乎意料的高贵精神。我坚信，如果那些在起义中失去了自己亲眷的人们能阅读到这样的剧本，在道德上他们不会产生厌恶的情绪，肯定会能从中感受到痛苦的悲剧。我属于那些不会忘却过去的人之一，因为我对过去怀有很强的情感，同时也怀有很强的仇恨。

博尔科维奇局长：在我们的电影局和资本主义国家的电影局之间存在着本质的区别。我们必须清楚地意识到，在我们把电影搬上银幕发行之后，我们对此是负有责任的。我们怎样拍电影，这个不用说，但是如果是博尔科维奇还是雷布科夫斯基拍电影，那这样的电影就代表着波兰电影。

评审委员会对电影《一代人》的看法都是只讲原则性和意识形态，他们只从党的利益和政治文化的角度出发。但对电影《地下水道》剧本评价的调子就与以前不太一样，我觉得，这是因为那个时代已经过去了，其实也不过只有三年的时间。评审委员会成员的组成也很有意思。以前大多数成员都是隐姓埋名的官员，现在是由作家和导演们组成的，他们是：塔戴乌什·孔维茨基、维尔亥尔姆·马赫[1]、耶日·斯泰凡·斯塔文斯基。我意识到将要来临的十月[2]精神。电影局的政治领导尽管在强调他们要负责任地做出决定，但是他们也已经意识到，波兰人了解自己的历史，如果关于起义的电影有悖于社会情感的话，那么这样的电影不要也罢。

在华沙起义[3]期间，士官尤瑟夫·什柴潘斯基[4]，波兰国家军"伞"营士兵，

---

1 波兰作家、文艺评论家和诗人。
2 指波兰 1956 年波兹南事件后，10 月哥穆尔卡接任党的总书记。
3 1944 年 8 月 1 日，在第二次世界大战中，波兰地下武装反抗德军的起义。
4 波兰诗人，华沙起义参加者。

笔名尤泰克，他在一首题为《伞》的诗中写道：

我们期待着你，红色的传染病，

把我们从黑暗的死亡中拯救出来，

把我们的国家在四分五裂之前拯救出来

成为我们——带着厌恶情绪欢迎的救世主……

我们期待着你，庞大的

在你们政府鞭打下垂头丧气的人群。

我们期待着你，洪水猛兽般的大潮和喧嚣的口号

让你的皮靴践踏我们

战无不胜的红军还在浴血奋战

在烈火燃烧的华沙脚下

用血腥的痛苦填满蟋蟀的灵魂

一小撮在死亡线上挣扎的疯狂的人的灵魂。

但是你知道，一个崭新的胜利的波兰

将从我们的坟墓中崛起

狂暴的红色的力量

将不能在这片土地上行走！

　　这首诗说出了真相，讲出了真话……在我准备拍摄《地下水道》时，我清楚地知道，难道我不能在自己的银幕上展示这一真相吗？我能！因此我意识到，拍摄这部影片的条件就是，恰当地隐藏起义者们命运悲剧的深刻原因……那我是有意识地在欺骗吗？我所希望的是什么？我觉得，我知道这部影片评审委员会反对者们的意见，他们正确地判断了观众的反应。他们害怕观众的记忆——而我正是为这一记忆站出来说话。

　　除了政治上的恐惧也有艺术上的不确定性；在黑暗的地下水道中拍出的影片是不会获得成功的。在我一开始读到斯塔文斯基的书时，我就觉察到，我要拍的这部影片对我有多重要。我只是担心，我是否能把强烈的和令人

信服的画面充分地反映在我的银幕上。在 1956 年已经很难拍到华沙的废墟了，而在华沙老城石阶[1]街区拍摄的场面是专门给摄制组留下的最后一片废墟，电影拍完后就准备重建。在弯弯曲曲的地下水道里，可想而知，不可能有任何布景。电影的布景是在罗兹电影厂里做的。填上了水和泥浆。都是我那些可靠的合作伙伴们的想法才使得场景显得非常真实。

耶日·李普曼是本片的摄影师，前一部影片也是他担任摄影师，耶日·乌伊契克掌机。对他们来说没有难事，也没有什么不可能做到的事。摄影机在淤泥做的表面上空穿梭，伸进没有出口的黑洞里，或者在高高的上空展示地下水道敞开的通向地面的检修口，因此突然看见白天的光照进了里面。

最早决定由兹比格涅夫·齐布尔斯基来扮演士官克拉巴，由于塔戴乌什·杨查尔在《一代人》中非常成功地塑造了亚希·可罗奈这个人物，所以权衡利弊之后选择了后者扮演这个角色。当然那个时候也很难说谁是真正的电影演员。《地下水道》是一部由年轻人扮演的电影，他们只是从小说中知道了一些华沙起义的事情。更重要的是，他们没有受战前的波兰电影和令人难以忍受的矫饰的任何影响。我们是以意大利新现实主义[2]为样板，首先我们在意大利现实主义中找到了灵感。

我还记得只有两场戏剧冲突是完全根据斯塔文斯基的小说来完成的。首先就是在钻进地下水道前的那个节本的场景，电影给观众留下了地下水道和黑暗的画面。第二个场景是对第一个场景的补充和强化。让观众记住了电影中的一个个活生生的主人公，因为告诉观众，他们这些人不久就会牺牲，让大家再看看他们最后几个小时的生活。其余的场面都是根据小说中描述的情景改编后搬上银幕的。


今天很难想象《地下水道》的命运会是什么样子，如果不是当年电影局

---

1　华沙市中心老城的一条非常窄的街道，是连接老城上部分与维斯瓦河下部分一条街道。

2　又称作意大利电影黄金年代，是一场国家电影运动。特征为讲述穷人和工人阶级的故事，在外景拍摄，常使用非专业演员。意大利新现实主义电影批判第二次世界大战后意大利困难的经济水平和道德状况，展现了意大利精神的变化和日常生活状况，包括贫穷、压迫、不公平和绝望。

局长莱奥纳尔德·博尔科维奇做出决定，要让该片去参加戛纳电影节，尽管博尔科维奇对剧本有很多保留，并对电影拍摄成功的可能性一直持怀疑态度。

在戛纳电影节上的成功，就是观众和评论家们都对电影产生了极大的兴趣，不仅是因为电影的政治背景，特别是因为评委们决定授予这部电影银棕榈奖，让波兰观众和部分评论家的态度有所缓和。波兰观众的反应并不奇怪，这些人绝大多数是起义的参加者或者是他们的亲属，他们在华沙失去了自己的亲人。当然这部影片不能令他们满意。他们刚刚舔舐了伤口，哀悼了自己的亲人，现在想看看他们道德和精神上的胜利，而不是想看到他们在下水道中的死亡。因此他们的评论是不利的。他们要求对华沙起义有一个肯定的评价，尽管起义失败了。伏瓦迪斯瓦夫·巴尔托舍夫斯基[1]那时这样写道：

> 《地下水道》不是一部关于华沙起义的历史影片，同时也不是关于起义的心理影片。因此最好把《地下水道》这部电影看成是关于描写内部冲突的影片，看成是表现人们面临死亡的威胁时人生和情感的经历。当然这会是非常片面的评价，无论怎么说，在某种程度上，影片拍摄者的意向与其广告是吻合的，千万观众将会在《地下水道》这部电影中寻找某种关于华沙起义的简单的真相，不过在电影中是找不到的。

巴尔托舍夫斯基说的有道理，但也自相矛盾，正因为缺少对华沙起义参与者所谓细节记录，才让我们这些没参加过起义的人拍电影，让这代人更好地理解起义者。其实应该让耶日·扎日茨基担任这部影片的导演，因为他在华沙起义期间是用摄影机负责记录起义过程的人——有谁能比他更了解起义？

《地下水道》成功与耶日·斯塔文斯基小说有莫大关系。说实话，起义者们被政客利用，孤立无援，电影本应展现他们的英雄主义精神。但是华沙

---

1 波兰历史学家、政论家、记者、作家、社会活动家和外交家。

被夷为平地让人们对起义者的行为造成的后果打上了一个大大的问号。人们期待电影表现他们在巷战中浴血奋战的场面，结果却发现电影里都是他们通过地下水道逃跑的场面，不过这是当时的真实情况，他们不是逃跑，我是想告诉观众，他们希望找到出路继续战斗。不久前我从耶日·盖德罗伊奇[1]嘴里听到了关于起义的更加残忍的评价：华沙起义是一万五千名知识分子在卡廷被杀害之后的另一大罪恶，因为剩余的知识精英在起义中都牺牲了。当然这一切并不是起义者的过错，是那些宣布起义者的过错，因为他们的决定造成了华沙年轻知识分子无辜地牺牲了自己的生命，这有何奇怪，是谁后来占据了华沙这个地方。华沙不是波兰人民共和国的首都吗，这里包含了所有的意思。华沙过去的居民都夭折了，而那些居住在华沙附近农村的人们幸运地取代了他们的位置并处理这里的一切事物，在废墟上重建这座城市，在战后最初的年代里向这座城市提供食品，后来他们都成为了党的机关和国家行政机关的职业干部。是他们兴高采烈地参加五一劳动节的游行，他们在1968年作为工人积极分子支持了哥穆尔卡的上台。

1951年当我在电影学院拍摄第一部纪录片的时候，那时耶日·李普曼的助理是斯泰凡·马蒂亚施凯维奇，他奇迹般地在起义中存活下来。我们漫步在依乌热的主街上，斯泰凡在胸前挂着 Arriflex[2] 摄影机。——我仿佛觉得好像是在起义的第一天，那是我第一次拿着手枪上街。他说。

夏纳的评委们的任务也不轻。在公众面前他们的黑色晚宴服、长裙、珍珠和钻石都与《地下水道》中棕色皮肤的主人公有些不太协调。在夏纳举行的新闻发布会上，有人提问说，谁是我的导师，我不假思索地说："路易斯·布努埃尔·波尔托莱斯[3]……也就是说，如果我了解他的电影，他可能就是我的导师。"这是我的真话，我在电影学院的时候，有几次机会我可以看到他的几部电影，如《一条安达鲁狗》和《盛世》的片段。在电影节后，我在新

---

1　波兰出版商、政论家、移民政治活动家和传记作家。

2　1937年以来第一台35mm电影摄影机。

3　西班牙国宝级电影导演、电影剧作家、制片人，代表作有《安达鲁之犬》《青楼怨妇》，执导电影手法擅长运用现实主义表现，与超现实主义名画家达利是搭档好友。

闻发布会上的讲话打动了巴黎的电影同行，他们为我放映了大多数布努埃尔的电影。罗曼·波兰斯基趁机也陪我看了这些电影。

对我来说，几位美国电影人的反应让我感到很惊讶，他们看了我们的电影后专门来到我们的饭店，对编剧丰富的想象力大加赞扬。他们认为，是斯塔文斯基的小说为电影提供了一切可能的场景。他们根本不相信，他们在银幕上看到的，是一个真实的故事。如果没有电影《地下水道》，他们永远不会了解这些真相，这对我来说是最重要的事情。孔维茨基说得对，我们有东西展示给世界。

《地下水道》完整地反映了华沙起义的失败过程。这是我们所有参加此片拍摄的人都能感受到的。多年来一直有一个问题让我感到心神不安：有必要举行华沙起义吗？华沙起义的失败是不可避免的吗？我从来也没想到，我能有机会亲自从杨·诺瓦克·耶尤兰斯基[1]——他当时作为"来自华沙的信使"的传奇人物——那里得到了这样的资料，他当时需要就华沙起义问题与在伦敦的政府[2]取得联系，为了完成这一使命，他从布林迪西[3]起飞，为的是能在 1944 年 7 月前来到波兰的首都。我在 2004 年，也就是在他去世的前几个月，在镜头前采访了他并向他提出了上述问题。

我的这位采访对象认为，是国家军的领导与波兰的社会现实十分脱节。他们听 BBC 的广播，从中得出这样的错觉，波兰在伦敦的临时政府是世界的中心。特别是当他们听了莫斯科的广播后，从中得出结论，波兰国家军应该走出军营，去与德国人作战。那时杨·诺瓦克·耶尤兰斯基说，当他到了西方之后，他感觉到，盎格鲁－撒克逊[4]人不会对起义很快给予帮助。因为那时盟军内部大多数人都认为："没有苏联的参与，我们是不可能赢得战争的，我们不可能让德国人无条件投降。"因此当耶尤兰斯基到了布林迪西后，

---

1 波兰政治家、社会活动家、记者、国家军战士、波兰国家军与波兰共和国在伦敦的临时政府之间的信使。

2 指战时波兰被德国与苏联占领后的流亡政府，常驻伦敦，领导境外波兰人的抗战活动。

3 意大利东南部港口城市。

4 盎格鲁-撒克逊是个统称，通常用来形容 5 世纪初到 1066 年诺曼征服之间，生活于大不列颠东部和南部地区，语言和种族相近的民族。

他警告国家军领导："不要寄希望于任何人！"但是，布尔·科莫罗夫斯基[1]声称，你的警告来得太晚了，发布起义的命令已经在实施过程中。

我对欧库里茨基[2]将军的冷漠感到毛骨悚然——杨·诺瓦克·耶尤兰斯基说，去打仗的就是克米奇兹[3]，但是在他的概念里，起义将会迫使盟军和苏联支持波兰。"几天以后将拿下华沙。"他平静地说，然后做了一个拍掌的动作。我感到非常恐怖，斯坦尼斯瓦夫·米科瓦伊奇克[4]根本没弄清楚斯大林的政策。斯大林是想要一个对其友善的华沙政权，所以下令不要援助起义者。他宁愿拖延六十三天向柏林进军，而华沙成了牺牲品。

根据我的采访对象的说法，这一悲剧性的鲁莽的唯一可取之处就是，波兰通过这次经历，得出了这样的结论：永远不要再举行起义！这一经历保证了1956年没有出现流血事件。我们的社会能够创造出非暴力的抵抗形式。

因此我明白了多年来流传的一个说法："是伦敦政府决定炸毁华沙，卢布林政府[5]决定重建华沙。"重建华沙，以前很少说这件事，成了一个非常重要的政治时机。大多数华沙居民没有再能回到首都，而那些重建华沙时的工人们都留在了华沙，而他们当中的大多数人成了新的党的机器的领导。

四十多年前我在华沙的莞里波什[6]区买了一座建于1925年的房子，但是这座房子在战争中被损毁得很厉害，要想能在里面居住得重新建。我与克里斯蒂娜一起做房屋的重建和装修，最终我们想建一个门廊——就是房子的入口处。在重建装修的整个过程中，除了缺少材料的诸多麻烦以外，最困难

---

1　1945—1947 波兰武装力量总指挥，1943—1944 波兰国家军司令。

2　1943—1944 担任波兰伦敦流亡政府人事部主任。

3　显克维支在《洪流》中描写的一个重要主人公，曾担任过波兰立陶宛军队中的上校，是当时波兰贵族的典型代表。

4　波兰政治人物，第二次世界大战期间流亡英国的波兰流亡政府总理。

5　波兰共和国临时政府，由国民议会正式建立的傀儡政府，实际上是1944年12月31日斯大林代替波兰民族解放委员会做出的政治决定。

6　波兰首都华沙的行政区之一。

的事情是找到从始至终能包工的人。他们愿意承包一个施工队盖房子，却不愿意承包各种零活。有的时候他们来干些装修的零活，一干就数小时。我们得到一个消息，有一个瓦工正在我们附近干活，我们可以请他来帮忙。我们请他给门廊铺石板砖。我惊讶地看着这位有经验的工匠是怎样铺地板砖的，那时我只有一个念头，就是让他赶快铺好，尽快离开这里，他本来答应周五还来，把最后剩下的一点儿活干完。但是他突然又对我说，周五绝对不行，因为他有重要的会面。

什么？先生你周五不能来吗？——我问，周五是正常的工作日呀。——但是雅罗舍维奇总理先生要见我——他回答说。——我们有这样一个习惯，因为我们在重建首都，而我在某一时期曾担任过建筑部副部长。

他这样一说让我恍然大悟，华沙是如何成为新制度的支柱的。人们为之举行起义的那个华沙，完全是出于爱国主义的情怀。但是眼前的这个华沙已经不是从前的华沙了，因为来重建它的人在这里定居了。那些长眠在废墟下的人们，已经不能再回到这里了，而那些回来的人，也已经不能起任何作用了，他们不想与新的国家机器发生冲突，是啊，有道理，因为他们知道，等待着他们的是什么。新人占据了他们的位置，开始了新的生活。

现在人们以不同的方式在评价这场起义。一些人认为，由于我们这些男儿们表现出来的英雄主义精神，斯大林没能让我们受到更大的伤害，因为他是可以这样做的。另一些人认为，因为起义，整个城市几乎被夷为平地，这个错误是不可逆转的。但最重要的是城市得以重建，这是人们相信来自卢布林的新政府可以马上行使自己权力的原因。每当我看见同事们历年拍摄的五一大游行的新闻短片时，我明白了，没有一个导演会为拍摄这样的短片而感到高兴。

头发不会因为别人犯的罪孽而变白……

——耶日·安德热耶夫斯基

耶日·安德热耶夫斯基出版的第一本题为《心灵的秩序》书，就给他带来了好运，之后每出版一本书，都让他备受瞩目。遗憾的是，有这么一些人，要为自己的成功付出代价。我觉得，他为《灰烬与钻石》付出了非常高的代价，为了这本书，他让自己变得满头白发。

他走了很长的一条路，从天主教作家，到成为一名党员，后来成为一名活动家。我最后一次见到他是在奥利瓦大厅[1]召开的代表大会上。那时候他已经年老体迈，疾病缠身，他感到很幸运，活到了这个年代。是什么让他走到了这一步，让他与1952年创作的《党与作家的创作》这本书后来南辕北辙？我认为，是对自己的恐惧，不管是政治错误，还是写作上的艺术缺陷。耶日·安德热耶夫斯基是个完美主义者，只有这样的状态能让他感到欣慰。

我见过他为题材、文章和出版商们的争吵。但我没见过一个像他这样的人，会犯如此严重的错误，能与过去的自己背道而驰，有谁会准备着，毁掉自己的整个创作，一切从头开始。尽管这样，在这种情况下他创作了小说《果肉》。

战争的最后阶段。和平的第一天清晨。展示一个独特的年轻人在被占领时期这个特殊夜晚的命运，他英勇斗争直到精疲力竭，希冀有一个另样的美好生活。这简直是一个极好的拍电影的题材。就在这一特殊的夜晚，过去与将来相遇，它们坐到了同一张桌子旁。在探戈和狐步舞的伴奏下，电影的主人公马切伊·海乌米茨基在寻找怎样继续生活和怎样抛去过去沉重的包袱的答案。是听还是思考。但是马切克[2]选择了杀人……

他宁愿杀人，尽管这会违背自己的意愿，但总比缴械投降要好，他成了这代人的代表，他们依靠自己，相信只要能隐藏好枪支，就能自信地随时去参加斗争。我爱这些宁死不屈的男孩子们，我理解他们。我愿意通过我朴实的镜头在电影观众面前展示这代人复杂而又艰难的经历，也是我自己的亲身经历。

---

1 位于波兰滨海省省会格但斯克的体育馆。

2 马切伊的爱称。

波兰电影局的一位女官员，心惊肉跳、局促不安地把准备拍摄《灰烬与钻石》的计划退给了我，她说，审查机构永远不会通过你的这个计划。这里指的是我用的一个词"爱"，但是我没有找到别的更合适的词，只有这个词才能表达我对马切伊·海乌米茨基这代人的情感。

我也不是第一位申请拍摄《灰烬与钻石》而被拒绝的导演。在我前面有导演安东尼·博贺杰维奇曾提出过申请，但是没有得到批准。后来万达·亚库博夫斯卡提出过申请，但我不知道，是什么原因也没有获准拍此片。还有杨·雷布科夫斯基，我是直接从他手里接过拍摄这部影片的权利的。杨·雷布科夫斯基自己放弃了，因为当他觉得拍摄这部影片需要动用上千名演员，场面宏大，他为难了。对我来说，所有的一切我都是从给耶日·安德热耶夫斯基的信开始的：

　　尊敬的先生，
　　根据我们的合同，我将改编《灰烬与钻石》的大纲寄给您。除了场景的描述，我再附上场景变化的谈话记录，这是我们在华沙见面时谈到事情。同时为了方便今后拍片理清人物关系，我还给你列了人物名单。我不知道先生您是否会喜欢这种改编的思路，但是我可以向您保证，我们会为此片达成一致的。同时想问，影片是否能真正反映出小说中描写的真实？

　　　　　　　　　　　　　　　　1957 年 11 月 15 日于卡齐米日镇

后来他还写出了拍摄电影的具体计划，写了每天拍摄场景的变化，直至悲剧的结束。但是我知道，我的建议与书中的内容有很大的差别，于是我给作者写了信，相信他不会提出反对意见。

　　我之所以这样详尽、具体地标出几点意见，因为在这几点上改编成电影有一定的困难，只有先生您可以帮助并提出解决问题的办法。我唯一能做的，就是从我的角度把您的一些想法通过人物和情节与电影的主题结合起来。

怎么理解场景，其实新的场景并不多，最多有三个或者四个。同时可以看出，片头和结尾并不冲突。这样电影就完成了。关于电影的中间部分，几乎完全用的是小说中的词语，这样能达到戏剧冲突的效果，如果我们这样做：

1. 施楚什基的场景——施楚什基带着什么东西来了，这必须是发生在同一个夜晚。

2. 马奇克[1]和安杰伊的场景，他们俩计划打死施楚什基。

3. 安全局场景，由富罗纳领导的安全局正在设法找到杀人者。

这三个场景都要与情节衔接好，以便让观众看到悲剧的效果。


我不是刻意只让观众对马切伊·海乌米茨基产生好感，而是想塑造一个与他对立的一个人物，一个没有灵魂的形象。因此在场景中加上了施楚什基参加了西班牙内战的那段历史。

这部影片出乎人们的意料。本来是不允许在银幕上表现一个可爱的小伙子打死了共产党活动家的场面的。这个超出了游戏的规则。如果耶日·安德热耶夫斯基那时改变了他的想法，如果他表现得哪怕有一点点犹豫，《灰烬与钻石》这部电影就不会被搬上银幕。他顶住了所有反对者对此片的攻击，组织文学界的朋友和同事在电影局的小放映室里观看这部影片。这些重要的作家不仅仅非常出名，而且还都是波兰统一工人党党员，毋庸置疑，他们的声音具有百倍的功效。

我觉得，在后来的年代里，当人们不再大谈意识形态的时候，政治控制更加精准，而心理操纵的技巧更加强大，当局不允许自己如此软弱，在对结果没有把握时，他们绝不能允许发生类似的交锋。因此他们很明显要对所有

---

1 马切伊爱称。

人，包括对我施加影响，但是在这个游戏中，在当时的政治环境中，因为我没有红色的党证，所以也没有对我抱太大的希望。就在电影首映式之前，他们动用了所有的能动用的力量。有一个审查官奉命给我打了电话，不报自己的姓名，只告诉我他的公务电话号码，他对我说，请我当晚在莫斯科电影院播放影片时，直接把尾声部分的马切伊·海乌米茨基死亡的场面的胶片剪掉。当然我没有这样做。我知道，在电影院的首映式神圣不可侵犯的——这是电影局领导签字通过的，《灰烬与钻石》必须在全国的电影院发行上映。只是在后来我才学会，在一个电影院介绍电影或者用其他方式限制电影的播放。

允许电影举办首映式并不意味着可以向国外出售影片，或者参加某一个电影节。不过我没想到，我还拥有了意想不到的盟友，其中就有耶日·莱文斯基：

> 我当时担任电影局局长。1957 年 10 月之后几乎不存在党对文化工作的干预。我能够直接决定批准电影《灰烬与钻石》的制作。等到影片制作完成后，波兰的政治形势发生了急剧变化。文化部长卡罗尔·库雷鲁克被免职，塔戴乌什·噶林斯基接替了他的职位。新部长向我转达了波兰统一工人党中央文化部的命令，要求把《灰烬与钻石》的影片放映给与文化相关的党的活动家们观看。1958 年中，在影片放映后，收到了很多对电影的批评意见。主要集中在这些问题上，马切克·海乌米茨基这个形象能引起人们的好感，而施楚基这个形象不能引起人们的好感，这个形象非常"苍白"。同时党的活动家们对影片的结尾也提出批评，认为主人公所代表的意识形态……
>
> 围绕影片发生的事情传到了波兰以外的国家。戛纳电影节评委会主席勒布莱给我打电话，他说，他听说上届电影节获奖者安杰伊·瓦伊达又拍了新的影片，希望能把新片提供给电影节。当局已经非常明显地背离了十月精神，不会欢迎这一建议。
>
> 1959 年 8 月，我去参加威尼斯电影节，决定带上《灰烬

与钻石》在非竞赛单元放映。党的领导对这件事并不知晓，因为我们上报的电影节参展影片是耶日·卡瓦莱罗维奇执导的影片《火车》。在非竞赛单元放映的《灰烬与钻石》收到了非常好的反响，当人们得知该片导演也在现场时，人们为他热烈地鼓掌。该片获得了费比西国际影评人奖。这引起波兰党的领导人非常不满，为此免去了我的电影局局长职务。

威尼斯电影节之后，电影节主席阿玛纳蒂先生给我写信说，他将到欧洲国家进行系列讲座。这一系列讲座当中包括十部在二战后世界上最好的影片，《灰烬与钻石》位列其中。他还强调说，尽管电影表现的是"波兰问题"，但是全世界有思想的人都能明白其要表达的思想。于是我给他寄了电影拷贝……

《灰烬与钻石》真正地走向了世界。阿图尔·鲁宾斯坦[1]给我讲述了其中的细节，结果我才知道他是促成我成功的使者。有一天他去一个电影院看上午场的电影，他还邀请了莱内·克拉伊尔[2]一起。听他说了这件事情后，我就给莱内·克拉伊尔写了一封信，对他表示感谢。后来他回复说：

> 亲爱的先生，
> 请不要感谢我。我很幸运，我对导演同仁所拍的影片衷心地表示钦佩。是我应该感谢先生您，是您的成功让我感到幸运和欣慰。

《灰烬与钻石》得到了人们的关注，甚至特别荣幸获得了大卫·塞尔兹尼克[3]奖，从而为这部影片走向世界打开了通道。我为自己取得的成功感到

---

1　美籍波兰裔犹太人，著名钢琴演奏家，生于波兰罗兹，是20世纪最杰出、也是"艺术生命"最长的钢琴家之一，常被世人尊称为"鲁宾斯坦大师"。
2　法国电影导演、编剧、电影演员和作家。
3　生于美国匹兹堡，犹太人，美国电影业巨擘，《乱世佳人》的编剧，连续两年夺得奥斯卡最佳影片奖。

骄傲，并真心为这部影片感到自豪。

与兹贝舍克·齐布尔斯基扮演的角色，耶日·乌伊契克出类拔萃的摄影成对应的，首先是电影的节奏，让我感到非常自信，这里发生了不仅仅是只对我重要的事情。发现这一点的第一个人是亚当·帕夫里科夫斯基[1]，他比我们都略大一些，参加过华沙起义，后来去了西方。他阅读了很多英语书籍，从他那里我们知道了很多真相。一句话，他是我们的导师。他看完刚刚剪辑好的影片，就出其不意地说，他认为，波兰演员们的语速从未有这么快过，从未这么热情饱满地表演过。

这对我来说是最大的褒奖。我们都不能忍受苏联电影里的那种过慢的语速，我们反对这种在电影中故意拖长的场景。看到西方电影中生气勃勃的和有激情的表演方式，不仅成为我们要模仿的样板，而且成了我们自己脉搏律动的节奏。我们的努力得到了人们的关注。安德烈·阿尔谢尼耶维奇·塔可夫斯基[2]这样描写道：

> 波兰电影学派给我们留下了特别深刻的印象，如果说到他们的摄影、通过电影看世界的视野——例如像与瓦伊达合作的摄影师乌伊契克所展示的那样，他除了与瓦伊达合作，可能还与蒙克导演合作。《灰烬与钻石》对我们来说是一个启示。所有的一切对我们都产生了影响，给我们以很大的启示。特别是电影中展示的现实生活，以自然主义的手法表示出的具有诗情画意的摄影画面。这在当时是前所未有的重要的一件事，因为在此之前的电影都非常不真实，念念台词，透着虚伪的劲儿。无论是在外在的还是内在的。波兰电影学派的特点，就是他们会利用材料，波兰电影人们明白，他们是在与特殊的材料打交道，所以他们没有毁掉材料。早前，电影人不会区别他们制造

---

1 波兰演员、记者、电影评论家、音乐理论家和作曲家。

2 俄国电影、歌剧导演、作家和演员。他被认为是苏联时代和电影史当中一个最重要和最有影响的电影制作人。1986 年因肺癌逝世。

影像的材料，他们用贴纸粘好家具、用墙纸和某种布料装饰墙壁。也就是用胶片纸装饰好背景。然后在工作室拍电影。突然电影人要求回归纯粹的自然，要用实景拍摄，如泥泞、被毁的墙壁、从演员脸上过度的化妆到看不出化妆的痕迹。画面完全通过另一种情感、另一种节奏来展现——在那个年代，这对我们来说是非常重要的。

运用象征符号同样引起关注（下面我摘引塔可夫斯基的话）：

> 在剧院里真正的流血不能成为诗意真理的证据，因为其意义是明确无误的和毫无疑问的。但是在电影里血就是血，它不具备象征意义，也不表明什么。电影《灰烬与钻石》中的主人公在到处挂着的床单中面临死亡时，跌跌撞撞地撕扯着，他把其中一张床单扯到胸前——在白色的布上映出了一滩鲜红的血迹：红与白相间，波兰民族的颜色[1]。我认为，这个画面，尽管能激发出非同凡响的强烈印象，但是它更具文学性而不是电影画面。

> 当然整个艺术都是虚构的。唯一一点是它是真相的象征。

俄罗斯人被制度禁锢的程度要比我们高很多，确切地说，他们随处在寻找隐秘的意思。用黑白电影显示出白色床单上的血迹，那么这血迹只能是黑色的。必须调动所有的想象力，才能看出这是波兰民族的颜色。在我们这边我从未遇到过这种解释。对我来说，最重要的场面应该是齐布尔斯基的奇怪反应，他开始嗅闻流血的手。这个动作把我们从象征的世界带到现实中，现实中随处都会看到人们不可预测的各种生理反应，在拍摄《灰烬与钻石》的过程中，也正是这一点让我们激动不已，这非常接近美国电影的行为主义。

---

1  指波兰国旗，由上白下红两条同宽的水平色条构成。波兰宪法将这红白两色规定为国家代表色。

如果提到这里的象征主义，它是天主教文化圈中普遍的象征主义。因此就在影片中设计了两位主人公在教堂废墟上对话的场面。十字架下的两个身影就是众所周知的永恒的主题——玛利亚与约翰，陪着被钉在十字架上的耶稣死亡。但是在我的电影里，被钉在十字架上的人是倒垂着头，这是一个没有保留任何敬畏的时代象征。

多年后，法国巴黎的《文化周刊》再次挑起了关于电影《灰烬与钻石》的热议——认为影片的原著小说具有欺骗性。我完全不能同意这样的评判。作者有权做出自己认为正确的改动。这部电影的编剧是安德热耶夫斯基，他自己做了所有的修改和补充，并按时交了改编的剧本。当小说的地位发生变化了以后，他的小说不可争辩地成为了学校教科书的必修课。很显然，他自己也觉得需要在新的形势下看到事情的发展，不像电影里表现的那样。因此也正是他自己坚决捍卫了影片，并且帮助影片搬上银幕。

日记摘录：

1992 年 1 月 4 日，星期六上午 11:00 电视台二套节目播放《灰烬与钻石》

与我的许多其他电影相比，从中可以看出，脉搏是怎样停止跳动、死亡，苏醒、怦怦乱跳，然后再次消失，这部电影的脉搏和律动就是健康的。脉搏的律动取决于演员们，当然首先是取决于兹比格涅夫·齐布尔斯基。我觉得，在他之前没有任何人能像他一样这么声情并茂地表演。他的角色与台词融为一体。台词打动演员，激励演员去表演。剧本没有过多的动作描写，因此给电影艺术、画面和象征性的略语留有了空间。科贝拉和马切克犹豫不决的场面交织在一起给故事一个生动和自然的节奏。我们知道，他们想要什么，为什么而奋斗。

谈我改编的电影《灰烬》[1] 这一课，应该先从电影《戒指》开始讲。我那时拍这部电影不是偶然的，我记得每一个细节，

---

1 根据波兰著名作家斯泰凡热罗姆斯基同名小说改编。

甚至那个普通形状的透雕装饰，是从饭店金属台阶上锯下来的，这是我的主意。

如今我还会爆发出这种热情拍电影吗？《灰烬与钻石》最早并不是一部政治电影，只是被再次搬上银幕之后被人们认为是政治电影的。在拍摄过程中对我们来说，是希望捉住电影元素，因为我们一直非常佩服美国电影的制作。

我必须谦恭地说，我的这部杰作是在电视台的早间节目中播出的，如果真的重视我的电影，应该是放在傍晚的时间。

1992 年 1 月 3 日，星期五

九点多纳德·迪尔曼教授看了我的左脚掌。这是关节病，没办法治好，但是肿胀在治疗后可以消失。同时他跟我说了格鲁茨教授说过的一句名言："大地可以掩盖外科医生的失误，但是骨科医生的错误会随之显现！"

那时我就想，现在可好了，没有什么电影可看了，大多数电影没通过国家审查，已经被收在仓库和电影资料馆里了……

在柏林墙后面是一个具有诱惑力的自由世界，对我这样一个曾经的画家来说，与这个世界的第一次接触就会因为看到的所有的色彩而激动不已。在这里红颜色就是纯正的朱红色或者胭脂红，而蓝色就是纯正的群青[1]。而那时候在波兰所有颜色的基调都是灰色……当然还有别的诱惑。我最喜欢的就是那里日常生活的气韵，同时还有很容易对什么事情做出决定，特别是以自己的名义，可那是在波兰，我必须绞尽脑汁，假装我对自己的工作和生存能有什么影响。

我喜欢铁幕后的这个世界，但我并不会对它抱有什么幻想，于是我毫无遗憾地回到了家。当然，事实是，我的几部作品在巴黎、伦敦和柏林都受到了关注，这对我在国内的工作具有一定的意义。之前在柏林那边的每一个姿

---

1　一种蓝色颜料，主要成分为双硅酸铝盐和钠盐以及其他一些硫化物或硫酸盐。

态都是对我在这里迈出每一步的支持。对艺术家来说，与当局打这些重要的牌是不可避免的，而且我想，总的来说我打这些牌还是赢的时候居多。

在1957年电影《地下水道》获得戛纳电影节银棕榈奖和1981年电影《铁人》获得金棕榈奖的二十四年间，我用了全部的经历在创作电影。《地下水道》代表着恐怖的失败，展现了波兰夹在德国和苏联之间的挣扎，《铁人》表达了对自由的期待。我的这些伴随着民族命运的种种努力得到了戛纳电影节评委们的关注。我从未想过要去波兰以外生活，如果没有自由世界的支持，我的命运会悲惨许多，而从事创作的可能性就会更小些。

今天，当所有的理由都失去其意义的时候，由美国电影艺术与科学学院颁发的奥斯卡奖对我来说就具有很重的分量。也就是说，像史蒂文·斯皮尔伯格或者是奥利弗·斯通那些美国著名的导演也都注意到了我的电影，认为我实至名归。其实，波兰的电影之所以能获得成功，应该归功于众多电影工作者的辛勤劳动，他们也在世界上获得了自己的名望。如果没有我的老师们，包括我的年轻同事们和许许多多的合作者们，我就不可能坚持在四十六年中不断创新，就不可能不断找到新的题材。因此他们也是名副其实的有功之臣。

当然，也应该提出这样的问题：当局从中获得了什么？如今时常能遇到这样的提问，波兰人民共和国的艺术直接来源于政府的定制，特别以电影为例。这是事实，在1945年之后，我们的电影制作数量年年上升，从每年制作两三部电影，上升到了最好的成绩年制作三十部电影。当然实事求是地说，我们拥有三千个电影院，但很少有电影能达到百万的观看人数。电影所获得的评价完全没有达到当局的期望值。老实说，波兰电影学派将我们的电影输向全世界银幕的成绩，根本就没有令波兰统一工人党中央满意过。

于是我们能认为这些全方位的攻击就是来自在意识形态前沿的工作人员吗？我们满足了党领导对电影学院的期望了吗？他们用于培养我们的花费与培养战斗机飞行员的费用一样高。我敢肯定的说，没有满足他们的期望！

正是因为西方对我们的兴趣和评价，这就给艺术家们在很多重大问题上具有很大的话语权提供了可能性。我们觉得，我们属于被雅尔塔会议人为地从整个欧洲分割出去的一部分。所获得的诸多奖项让我们相信，总有一天，欧洲会重新接纳我们。

1986 年我们为能在柏林的邵宾纳剧院演出，排演了德文版的《罪与罚》，最终是在柏林的克罗伊茨贝格[1]剧院演出的。那时这个剧院紧挨着柏林墙，而在柏林墙下面流淌着的渠水是用金属格拦着的。我时常与克雷斯蒂娜站在这个水渠边，我们在想，《雅尔塔条约》对西方来说是个耻辱的物证。

有一天，我们的几位演员在排练休息时间跑到剧场角落的酒吧小坐。当大家都在喝自己的啤酒时，突然大门开了，在那里站着两个浑身湿淋淋的男人。其中一个大喊道："我们来啦！"

当时是死寂般安静，坐在酒吧里的人一开始谁也没弄清楚是怎么回事。这两个男人是从那边逃跑过来的人。他们经过数月甚至数年准备着逃跑，他们当然有权期待人们在这里等待着他们。结果，尽管他们说着德语，但是他们的同胞却不明白，这两个人想对他们说什么。——我们来啦——第二个男人无助地重复着自己同伙的话，而在他的脚下已是一片水洼……

这个场面让我回想起来，多少次我曾听人们说，波兰为了加入欧盟遇到了许多的阻力。啊，现在可以说，我们来啦！我们在四十五年后，用尽一切手段摆脱了把我们与欧洲隔离的障碍，我们真的做了一切我们能做的事情。现在该你们行动了。也许我们的环境不是最好的，也许我们许多外貌还需要大大改观，但是，我们来啦！

2011 年 9 月 11 日　克拉科夫
在亚努什·摩根斯坦恩[2]被葬于华沙军人墓地的第二天的演讲

库巴，我亲爱的朋友，

---

1　克罗伊茨贝格作为西柏林被孤立的部分，曾是柏林最穷的区之一。
2　波兰电影导演、制片人。

我没能在你生命的最后日子里陪伴你——因为我没料想到，我不得不藏身于我的克拉科夫医生们的羽翼下……

我不会忘记你在电影《灰烬与钻石》中设计的那个燃烧着的酒杯的想法，今天看上去与过去完全不一样。那些燃烧的酒杯就是我们——在波兰电影学院时期的电影人——而火焰点燃了我们电影人的希望，让我们有义务来讲述在战争中我们的亲眼所见。

那些人的火焰渐渐熄灭了，他们是安杰伊·蒙克、兹比格涅夫·齐布尔斯基、耶日·李普曼、沃依切赫·哈斯、安杰伊·布热佐夫斯基、耶日·卡瓦莱罗维奇、耶日·斯泰凡·斯塔文斯基，如今，你也和这些在战后为波兰电影献身的人们在一起了。

现在给我留下的只有亚当·帕夫里科夫斯基扮演的角色，他在最后举着燃烧着火焰的杯子大叫："我们还活着!"，但是我能听见的只有兹比格涅夫的笑声……

今天我们与你告别——你通过自己的角色赢得了电影院里不可或缺的最多的观众对你的谢意——我们就是这样理解你的——可你已经不在了。

长眠吧，我亲爱的朋友，让你在梦中与那些没被审查通过的、你没有拍成的电影相遇吧——我们的火焰会熄灭，就像时光一去不复返那样。

# 你会想念我的
## ——关于兹比格涅夫·齐布尔斯基

一年前在罗马机场，兹比格涅夫·齐布尔斯基对我们的一个共同的朋友，语气里略带对我的不满说："告诉他，他还会想我的。"

那时我认为，他还会依靠我扮演更多的角色，尽管最近他扮演的角色已经够多了。其实电影就是关于他的。在电影里他演的就是自己。他其实就是那些事件的见证人，很多东西我都是从他那里听说的。我开始琢磨写这样一个剧本，1967年1月9日，我在伦敦劝英国剧作家大卫·莫切尔写这个剧本。他认识齐布尔斯基，那个晚上我们相谈甚欢，共同回想起了一个齐布尔斯基给我们讲的关于他自己的可笑的故事。

半夜饭店里的电话铃声响了。罗曼·波兰斯基告诉我，兹比格涅夫·齐布尔斯基去世了。在那个夜里，我一直幻觉着，齐布尔斯基没有死，因为还有很多电影在等着他。

——摘自笔记

多年来我一直有个想法，就是想在伏罗茨瓦夫电影学院的大楼里为兹比格涅夫·齐布尔斯基树一个纪念牌。之所以有此想法，是因为齐布尔斯基在《灰烬与钻石》的电影中所扮演的那个角色。这部电影赐予波兰电影一个钻石般的演员，但是他们不知道该拿这块钻石怎么办。

兹比格涅夫的故事多姿多彩，但是却回答不了这个问题：为什么他的演戏方式和其他的波兰电影演员如此不同，却使他能在全世界的电影观众中获得广泛关注？为什么波兰的电影界没有给他足够的机会，让他扮演更多的角色？为什么没为他写出一个剧本，拍成多集电影，这样不就同时可以让导演跟他一起出名吗？

有很多原因，当然有些原因是出自齐布尔斯基自己。有很多导演现想让他在自己的电影或剧目中扮演角色，但是也有很多拒绝的理由会出现在他们面前：

不——他记不住台词……

不——他穿服装很可笑……

不——如果在舞台上演出，他的嗓音不够洪亮。

不——如果他在演出时对那些主要演员提出意见……

不——在摄影棚里不容易跟他打交道……

不——因为他总是对剧本提意见……

不——因为他的事情太多了……

最后：

不——他不会像在《灰烬与钻石》里那样……

齐布尔斯基最真实和最深刻的天才本质是，他有话直说从不隐藏，所以会让一些人恼羞成怒，暴跳如雷，但会让另一些人称心如意，给予他机会，让他参与到真正的艺术之中，留下难忘的瞬间。


无论是跟他一起工作过的人还是在银幕上认识他的人，对他们而言，兹贝舍克[1]是不拘剧本表演的和具有塑造人物角色天赋的业余艺术家。他永远不改变自己的外形，多少年一直保持着自己的本色，他与观众没有交流——把眼睛深藏在墨镜的背后！他面无表情——不苟言笑，就像戏剧学院的教授们形容的那样——嗓音不圆润清脆，在大礼堂中会被淹没，所以只能给他在小礼堂和室内带麦克风演出的角色。

他不愿意也很难学习扮演新的角色，如果他忘了台词，不能即兴发挥，

---

1  兹比格涅夫的爱称。

他就不能在舞台上演出。毋庸置疑，就是因为这些，他们就剥夺了他在经典剧目中扮演重要角色的机会。不仅没让他在《哈姆雷特》中扮演角色，同时也没有给他机会在波兰浪漫主义的剧目中扮演角色。特别是他穿上剧装的样子，看上去很难看，尽管他努力做了一切，也只是让人一笑了之，所以让导演觉得，他只适合穿自己的衣服表演。

齐布尔斯基的大部分奇人奇事都是他自己虚构出来的。他相信虚构的事情，是"色情狂的健谈者"，他这样形容自己，他可以数个小时一动不动地坐在一个地方……与他的交谈都会变成一个充满对世界和其他人怨恨的独角戏。他像一个受过创伤的孩童那样无休止地谈论，不知道自己想要什么。在烟雾缭绕的酒吧中一直到黎明时分，他也谈不出任何新颖的东西，最多就是与快要下班轰他走的服务员大吵一架，因为这一天对服务员来说也长了点儿。

齐布尔斯基常常惹得服务员们无法忍受。他自认为，他在某种程度上能代表自己目前的这一代人，也就是在电影中展现的这一代人，其实他在很小的程度上属于那代人。1939年战争爆发、抵抗运动、华沙起义、与国家军的各种较量，这一切跟我和他所经历的事情都没有什么太大的关系。相反，如果说他真正经历过什么，那也只是说，他参加过战后的一些实际活动，参加学生组织、到农村去收割粮食、在各种俱乐部参加一些业余表演。他的确做了一些事，与人争论、时常发泄不满，但也不知道他对谁，为什么事情而不满……他非常固执，让别人有些难以忍受，有时候他表现得很自信，在一段时间后，他好像又回到了自我，一切从头开始。

但是齐布尔斯基也有另一面。首先他是战后波兰第一位具有原创天分的电影演员，他具有非凡的演艺天才。他是唯一一位能与世界上最伟大的电影演员比肩的波兰演员，这些世界著名演员是：詹姆斯·拜伦·狄恩[1]、马龙·白

---

1 著名美国电影演员。虽英年早逝，且一生仅主演过三部电影，但在1999年，他被美国电影学会选为百年来最伟大的男演员。

兰度[1]、杰拉·菲利浦[2]、马切洛·马斯楚安尼[3]……他在电影中的表演与他个人的经历和个性非常吻合，因此，他在银幕上塑造了一个个生动的角色，与他同时期的波兰电影演员难以望其项背。他的这个内聚力令人想起动物的表现。我还记得有一次我们去法国巴黎植物园玩，我们在关着大猩猩的格栅前待了几个小时。大猩猩做出的种种表情，比能说话的人还清楚地表明，它们在诉说着自己被关在笼子里隐秘的精神生活的状况。兹贝舍克看懂了并能领悟这些语言的秘密。

也正是由于这些，我们文艺界的领导说出了这样悲观的话，狗在镜头面前总是比演员有更好的机会，兹贝舍克在给自己的朋友的信中这样写道，并解释说，他在与观众的见面会上，对自己理解角色的方法进行了辩护，他相信，只有完完全全把自己与角色融为一体，才能在银幕上塑造出一个活生生的人物。

"他只想取悦别人！"克拉科夫电影学院表演系的一位教授这样评价他，因为兹贝舍克是在那里毕业的，但是这位教授不明白，齐布尔斯基被数百万观众热捧，正是因为他与别的演员完全不同。也正因为如此，齐布尔斯基成了我们战后电影界唯一的明星，尽管在那种非常不利的条件下：因为缺少专门为他量身定制的剧本，也很少有导演能接受他的个性，愿意邀请他在自己的影片中出演角色。可以说在某种程度上，他饰演的角色都似乎是一个一成不变的人，他的手势和语气、他的微笑和戴着的墨镜，这些都成了他的某种面具，就像在古典剧目中演员表演的那样。

其实遮住眼睛是一个非常深刻和带有象征意义的标志。他在观众面前完全不用眼神表现角色，于是他就会使自己的整个肢体语言更加灵活、更加逼真动人，这就强化了其角色的表演。在默片时期，演员主要是靠自己的形体动作来表现角色，因为镜头会跟他们保持一定的距离，为的是把整个形体拍出来。如果没有对话，那么近镜头拍摄还有什么可表现的吗？只有在有声电

---

1　美国电影男演员、社会活动家，获得过两次奥斯卡影帝。他因将现实主义带入电影艺术表演之中而备受赞誉，亦被视为有史以来最伟大和最有影响力的演员之一。

2　法国电影演员。他在 1944 年至 1959 年共演出了三十四部电影。

3　意大利国宝级演员、威尼斯电影节终身成就金狮奖。

影出现后镜头才开始拉近到演员的脸。但是拍摄齐布尔斯基的时候，镜头要跟他保持一定的距离，是因为被墨镜遮住的脸需要在镜头里有一个相等的东西——那就是他的整个形体，他的整个形体能清楚地反映出他的情感。这就是成就他成为好演员的一个条件，因为在那个时候，人们在电影中需要一种新的表现，是詹姆斯·拜伦·狄恩和马龙·白兰度那样的表现。

拍摄兹比格涅夫·齐布尔斯基的时候，要从摄影棚的广角来拍，拍到他的膝盖部位，总是能捉住他某些不确定的动作和手势，这里面包含着某种有意思的很深刻的东西。他饰演人物需要观众给予更多的关注，给我们释放出某种意思。不是台词重要，也不是他声音的高低，是他所处的那种情景更重要。那种情景描写得很好，具有思想性。齐布尔斯基作为演员就会表演得相得益彰。比那些靠台词打动世界的演员们，他的表演更惊艳。齐布尔斯基的演技不是靠台词，而是依靠人与现实的融合。因此，他是第一位受到世界关注的波兰演员。如果说他是"业余演员"，也只能说他与那些战前令人不堪忍受的戏剧和电影演员的演技相比不知要好多少倍。

条件不好？自从齐布尔斯基的出现，波兰电影就抛弃了这种概念。死板的面孔——只要你看一下他的微笑，特别是在《灰烬与钻石》里面的微笑，他向全世界展示了自己的微笑，他以自己的笃实打动了所有人。


我有幸几次陪伴他经历了一些奇遇。在我的生活里从未有过这样的奇遇。我要么拍电影，要么拍戏剧，要么为电影做筹备工作，要么忙着筹备戏剧的事情，有时候还会写剧本。但是与齐布尔斯基一起出去旅行，总会碰到些事情，让人久久难以忘怀。

当《灰烬与钻石》被搬上银幕之后，我们两个人应电影俱乐部的邀请去全国参加一些活动。有一天到了凯尔采 [1]，我们与观众见了面，我忘了我们是怎么回答他们问题的。我只记得，兹贝舍克撇开主办方，神神秘秘地把我拉到了一扇门边，一边打电话一边观察我的反应。没等多久，"玛丽莲·梦露"给我们打开了大门。准确地说，我好像看到了在电影《乱点鸳鸯谱》里一模

---

1　兰圣十字省省会。

一样的情景。

接着在当天晚上就像刚开始那样又来了一个惊喜。一个女孩子为了耍我们，从一个玻璃柜中拿出一个毛茸茸的熊，然后给熊拍了照片。我们听见了敲钹[1]的声音，然后弹出了一个怪怪的玩具。兹贝舍克玩得很高兴，也很兴奋。不知道是什么让他那么高兴：是因为那个女孩儿，因为她长得太像梦露了，还是因为那只玩具熊。然后让我看见了托马斯·拉尼尔·威廉斯三世[2]的《玻璃动物园》中的女演员，这部剧在战后的波兰演出时受到了广泛的好评。我们又在那里多坐了一会儿，一切都结束了，我们该打道回华沙了……

夜里漫长的等待，好像发生了什么，他必须去看看，以便能知道在第二天怎样在电影里扮演角色，突然他变得很狂躁，因为他在担心，自己资料的储备不够，不能塑造出他想让我们看见的一个刻骨铭心的角色。


兹比格涅夫·齐布尔斯基跟我们这代人一样都是从死亡线上挣扎回来的人。没有多少男孩儿能这样幸存下来。因此他常常自嘲不知道是忘却了死亡，还是因为死亡之手还没有把我们带走。这一意识一直到生命的终结，都在兹贝舍克内心纠结着。自嘲使他能更加机智和敏锐地超越剧本中所描写的角色的灵魂。

他自己觉得，他代表着这代人的思想。确实是这样，他不知道怎么表达这一思想，但他的任务不是发表演讲，而是塑造出这一代人在银幕上想象中的人物。《灰烬与钻石》可能最大限度地给他提供了发挥自己才能的空间。齐布尔斯基来拍这部电影时就早已经做好了准备。在我们的拍片现场，我看见他早上七点，早上八点一刻就早早地穿上在电影中穿的那身衣服等在那里，就像他回到弗罗茨瓦夫那样。也就是说，他脚上一直蹬着那双运动鞋，穿着紧身牛仔裤和绿色的夹克。当然，我可以让他换衣服，但是我转念一想，他可能比我更了解我们这一代人。

第一天在拍片现场，他靠在一个开启着的门上，开始不停地晃动，双腿

---

1　铜制打击乐器，两个圆片为一副，中间凸起成半球状，正中有孔，可以穿绸布条供手持，两片相击发声。

2　他以笔名田纳西·威廉斯闻名于世，是美国也是 20 世纪最重要的剧作家之一。

拧来拧去。他下意识地做着这些动作，过了许久，他对我说："知道吗？我感觉不错！"我注意到了他的情绪，下意识地觉得，他的这些动作就是这个人物最主要的特点，因此后来就在影片里用了不少。结果他夸奖了我，说我理解他，我知道他指的是什么。可是我自己却觉得浑身发冷，我在想，如果我在"导演"他，如果我对他的想法采取另外一种做法，那会发生什么样的事情。就像蜗牛紧缩在自己的硬壳里，给我留下的只是关于对马切克·海乌米茨基[1]的空想。

兹贝舍克怀有一种奇怪的意识，就是他对自己和别人都负有责任。有一次我们在格但斯克的"热克"俱乐部参加活动。见面会大约在凌晨才结束，我们搭乘半夜的火车回华沙，差不多火车到了特柴夫车站。兹贝舍克突然说："我得下车。我得返回去。我回答问题回答得不好……"——可是那里的人也已经走光了！我的话并没有让他安静下来。当然他还是跟我一起回到了华沙，结果当天晚上他又乘火车返回了格但斯克。那时在"热克"俱乐部参加与我们见面会的人，大多是在医学院学习的学生。于是，兹贝舍克找到了他们的宿舍，要求那些人集中到一起，回答他们的问题，他认为，自己在前一天晚上对待那次见面会不够认真。

此外他还感觉，对自己饰演的角色负有巨大的责任，无论有时表演得好些，有时表演得差些。我还记得一个场面，这在我导演生涯中还没有过这样的先例。兹贝舍克在我导演的《灌满水的礼帽》一剧中饰演了一个角色。这是他多年后回到了克拉科夫，这里曾是他在表演系学习过的地方，他走上斯沃瓦茨基剧院的舞台，回想起了波兰最伟大的演员……过了三四分钟后，他停止了表演，走到了舞台的脚灯[2]旁，大声说，"对不起，我没演好，我再来一遍"。当他发觉，在走上舞台的瞬间，如果脚步乱了，那就意味着对人物有了错误的诠释。

当别人在演出中念台词时，他时常还会爆发出大笑声……有时不知什么原因，他还会对观众笑，这引起了其他人的愤怒。我想我知道他为什么会

---

1 《灰烬与钻石》中的一个人物，他接受了清算波兰工人党地方书记什楚克的命令。随着时间的推移，他越来越怀疑自己是否要做这样的事情。

2 脚灯是一种舞台照明装置，用于照亮幕布前舞台地板前缘的舞台。

这样。齐布尔斯基是带着惊讶的眼光看这个世界的，他肯定感到很奇怪，特别是在战后最初的年代里，他生活在一个与现实不相符的地方，他也看到了这一点。对一个具有聪明才智的男人来说，他在战后的种种经历，不可能一切都能从头来。让他感到现实与期望相差太远。

　　这一切都仅仅是展现齐布尔斯基个性的一些故事。遗憾的是，我没能阅读完他对演技的分析。我觉得，他的这些分析可能与米哈伊尔·契诃夫[1]的《表演技法》很相似，契诃夫的这本《表演技法》促成了很多美国电影演员成名。齐布尔斯基首先认为是要有想象力，他不止一次地连续几周带着自己要饰演的角色剧本，同时要求先不要拍他，等他做好了准备后再开拍。而准备就绪意味着是能搬上银幕的完整影像。他还不能表演，也就是他还没有进入角色，他担心在影像的画面上失控，正如米哈伊尔·契诃夫所说的那样。很多天我们一直在拖延拍摄施楚基死亡的那个场面，直到有一天齐布尔斯基说，我准备好了——然后他还叙述了，他想怎样表演。这个奇怪的和表面看似不自然的，与凶手和受害者死亡前的握手给我们的电影带来了很多意想不到的效果——虽然也完全出乎我的意料。

　　在电影《婚礼》首映式结束后，我收到了华沙文学博物馆馆长亚当·莫尔斯贝格的一封来信，其中有一句关于电影《灰烬与钻石》惊人的句子：

　　　　在小说中描写海乌米茨基计划要在施楚基的家里杀害他，
　　而在电影中是海乌米茨基在街上追赶施楚基，他拼命地跑，一
　　直跑到他的前面，就是为了枪杀他。
　　　　……要杀死一个人，避免与要杀的人有眼神的对决，从心
　　理上是容易做到的，但是对这种所谓的容易，我有自己的看法，
　　我认为被杀的人也不愿意有眼神的对视。其实，有一些人会对
　　被杀的人撕下遮掩布，从身后打的枪造成的伤口不会给斗士带
　　来荣耀。从后面造成的打击不会给任何人带来荣耀，也就是说

---

1　俄国演员、教育家、导演，是安东·帕夫洛维奇·契诃夫的侄子，曾著书题为《表演技法》。

不会给被杀者，也不会给杀人者带来任何荣耀。

大多数电影演员要么对剧本感兴趣，要么不热心；只有那些具有特殊天才的人才能靠激情去表演。这需要不顾一切地去表演，不具备这一点很难被观众接受。正是这一点把演员推向了极端，而在这一演艺艺术中需要这种极端。

齐布尔斯基在接受角色后，他很少去考虑角色应走的戏剧表演路线。同时在很小的程度上他会去分析自己应扮演的角色的性格。他给我留下的印象是，他把自己扮演的所有的角色都同样对待。他把自己的个性都融入进了这些角色中，与这些角色经历了一切的彷徨和困惑。在电影《一代人》中的那个住在郊区的年轻恶棍（我在想齐布尔斯基最初扮演的角色，而不是在说审查后的角色），还有在电影《灰烬与钻石》中出身于知识分子家庭的男孩，以及在电影《灌满雨水的草帽》中的吸毒者或者在《两个在荡秋千的人》中扮演的叶雷——他们都是同一个人，只不过出现在不同的生活场景中。这里就有齐布尔斯基作为演员的一个秘密。他能够以这种方式使他所饰演的人物丰满、复杂，而存在细微差别。

再来回顾一下耶日·安德热耶夫斯基小说中对马切克·海乌米茨基这个人物的描写。对这样的男孩我是很了解的。他们与兹贝舍克完全不同。比如海乌米茨基有着棕黑的头发，身材很高，身形瘦长，上身穿着家里手工缝制的西装，下身穿着马裤，当然还蹬着一双长筒靴。最初我想建议齐布尔斯基根据这一着装描写来表演；但我作为导演的最大的成就就是没有强制他这样做。

但是齐布尔斯基在电影《白色战马》中扮演的完全是另一个样子。遗憾的是，我后来才明白，茹克罗夫斯基[1]的小说描写的完全不是关于军官的事情——相反，是深刻地描写了军官拉顿这个人物的浪漫主义形象。这就需要以极大的激情去表演，表演他们对自己所骑的马匹的妒忌。我想，要是由齐布尔斯基来演这个角色的话，那么这部电影完全就不是今天这个样子。他

---

1　波兰作家、诗人、记者、文艺评论家和电影编剧。

一定会给这个人物形象一个真实的心理维度，因为拉顿代表着将要到来的一个世界。这在《白色战马》中并不存在，只有齐布尔斯基能赋予这部电影一个实实在在的活力。

非常遗憾，我没有在滨海剧院的演出剧《哈姆雷特》中给他一个角色。当然今天这样说来容易……现在我想起来，那时齐布尔斯基不太会背台词，他的声音也不够洪亮。但是如果当时我像今天这样明白的话，我会把《哈姆雷特》中的对话删去一些，因为齐布尔斯基肯定比我所预想的演得更精彩。

当然这只是我今天的想法。但是那时，我觉得我们会永生……我还有很多时间。在齐布尔斯基去世后，我一直在想，我欠他的太多了，因为我没有给他在我的电影中找到更多的角色，如果是那样，我会更加引人瞩目。也许是因为这个原因，我为丹尼尔·奥尔布雷赫斯基[1]、克里斯蒂娜·杨达[2]、耶日·拉吉维沃奇[3]找到了几个有趣而又不同的角色。我这样做肯定是因为感觉到要珍惜大好的时光。

我要感谢兹贝舍克，他让我有了一个特别重要的发现：导演不能什么都管。因此，上帝在开创了世界时，允许动物在草地上吃草，鸟在天空中翱翔，鱼在水中畅游！我知道，每个生物都要做好自己的事情。导演也一样，不能无休止地去更正所有的人。我们的上帝甚至允许夏娃和亚当违背诫命。

让·雷诺阿[4]在拍摄他的电影《战友》时，大概也不是特别欣赏演员艾瑞克·冯·史卓汉[5]。如果我在拍摄电影《灰烬与钻石》时不是欣赏齐布尔斯基的表演，而是教他应该如何在镜头前表演，那我就会浪费我人生最重要的机遇。如果我想让我们的电影与众不同，有自己的原创性，就必须允许那些与我们一起工作的人，特别是演员，让他们保持独创性并保证他们有自由发挥的空间。

---

1　波兰著名戏剧、电影演员。

2　波兰著名戏剧、电影演员、导演、歌唱家以及华沙"博洛尼亚"剧院院长。

3　波兰著名戏剧、电影演员。

4　法国著名导演，印象派画家皮埃尔-奥古斯特·雷诺阿的次子，法国电影现实主义的代表人物。他于1945年凭《南方人》提名最佳导演奖，作品包括《乡村一日》(1936)、《大幻影》(1937)和《游戏规则》(1939)等，影响深远。

5　美国电影导演、演员。

我愿意一直与齐布尔斯基一起工作，尽管他只在我执导的四部影片中饰演过角色，但是我也有幸跟他合作过的两部剧作。他不仅仅是演员，也是能自主把角色在银幕上表现得惟妙惟肖的人。因此在他刚一去世，就产生了一个想法，在伏罗茨瓦夫火车站拍一部电影，从各个方面再现齐布尔斯基一生中创造的神话。

"镜头"电影公司的艺术总监耶日·博萨科，我曾与他一起合作拍摄过电影《一切可售》[1]。对我来说（不仅是在这一部电影中），他是上天赐予我的人。他在我拍这部影片最困难的时候一直与我站在一起，不断地帮我修改剧本并提出有创意的建议。他曾这样给我写道：

> 我觉得，要是齐布尔斯基还能在这部影片中出场就好了，那些曾经与他打过交道的、迷恋他的女人和男人们也都对我这样说，他是一个令人着魔的人。我怎么知道他们为什么这样迷恋他，也许像是在贝阿塔演唱的《打碎的车灯》里那样，或者像是在他唱的歌中那样，或者就像他喜欢惹怒所有人那样。

> 这首歌中表达了缺少了他，人们感到遗憾的情感，我认为这种遗憾是具有象征意义的。如果我们不能让那些迷恋他的妇女、男人、朋友和敌对者感觉到失去他的伤痛，如果电影不能打动观众，只能按照多次经过妥协的剧本进行空洞的表演，就只会走到一个新的地方，看到新线索的痕迹，于是循着新的线索走，等等，等等。

> 我一直在想，拍摄这部影片，我们会冒很大的风险，这将会是一部犹如空心的乒乓球那样的悲剧。我们可以抛开一切，但在影片还没等到搬上银幕，谣言就会在咖啡馆里发酵，如果我们真想打动观众，并让观众在电影中看到他个人风格的闪光点，与此同时我们就必须积蓄超人的能量，把这种能量融入影

---

1　由瓦伊达于 1968 年执导的波兰故事片。最初，这部电影是为了纪念一年前不幸去世的齐布尔斯基。

片之中，尽管关于电影的谣言曾经在咖啡馆中发酵，但是我们一定要把电影制作出来。

不过我既不能在电影中使用齐布尔斯基的姓名，也不能用他的照片，也不能展示他曾饰演的电影片段。于是我决定，在这部电影中的主人公要循着他的足迹走，让他们重复他的故事，触摸到这个台柱子，让他们感觉到他去世的地方还散发着他身体的余热。齐布尔斯基走进了他们的生活，也是我们的生活！是一种失去平衡和缺少主心骨的生活。我们总是能感觉到他的激情、他的刚毅；所有跟他一起工作过的人都感觉到，他是一个特别能鼓舞人心的人，在他身上蕴藏着惊人的技巧，他能设想出动人心弦的场面。我希望，能在这部影片中再现他。

在每一部影片中我都能想出某种"我个人设计"的场面，也就是说，不照搬原著或者剧本的场面。当然很多这样的设计从未在银幕上展现过，一直在等待。我一直打算，值得把这些设想单独拍成影片。很明显，这些设想需要具备一些能把它整合在一起的契机。其实《一切可售》这个电影的名字早就想好了，但我一直不太确切地知道，我该拍成怎样的电影。

有一次我去印度，有一个场面打动了我，我看见一个穷人站在大轿车旁，在他面前摊开着一块破布，破布上放着几个钉子，还有鞋垫……这个人什么都卖的画面让我感到震惊，他在卖自己所有的东西，而他所拥有的东西少得这么可怜，这是命运的错。那时我就想，如果我哪一天离开电影这个行业，我就制作一部这样的片子：把我多年搜集的东西都抛售出去，而且要贱卖。

于是我开始分剧本，可是这些分剧本跟以前我拍摄的任何一部电影都没有关联。我写得很顺手——因为我知道自己在编写什么样的故事。这些场面暂时还没能派上用场，只是属于我个人的一种设想。

在拍摄《一切可售》的电影时，一切开始都按部就班地进行……尽管我明白，活人与死人相比应该有优先权，在拍摄的过程中我一直希望给已经去世的兹贝舍克留一席之地。一切可售这个想法开始有了变化，角色分给了别的人，首先是演员（因为是他们要用明显的方式抛售）。这部影片的故事总会有不同的人，当然这里涉及兹贝舍克，也包括我许多其他的朋友。举例说，那张桌子的历史就是真实的。肯定有人在被占领期间曾经躲在这张桌子下。因此我借来这张桌子，让它成为我电影中的道具。从柏林带来玫瑰的故事就与我们电影的摄影师耶日·李普曼有关。部分故事是真实的，部分是虚构的。人们认为兹贝舍克是个传奇式的人物，其实他也一直维护着自己的名声。但是我们在电影中并没有直接涉及他的生活。很多场面的效果我们可以做得更好些，例如悲剧性的死亡那个场面（在伏罗茨瓦夫火车站大厅里——这是真事），但是我们认为，我们不应该走得这么远。

《一切可售》不是一部反对演员的电影。是一部关于制作电影的人的影片。因此演员们用了自己的真名演出也不是偶然的。为什么要给他们起个别的名字呢，既然我要求他们说自己心里的话。他们可以说他们想说的一切。从一开始我就知道，谁能在这部《一切可售》中扮演角色。但是导演的角色出现了问题。说实话，我考虑了好久，我应该自己来扮演这个角色，但是我一直下不了决心。我试图说服立陶宛电影导演维陶塔斯·日拉贾维查斯来扮演这个角色，但是被他一口拒绝了。其实他可以与耶日·斯科姆里姆斯基一起合作，一定会成功的——但是主要演员必须是我这个年龄的人。我当时想让斯科姆里姆斯基扮演年轻的助理，后来这个角色由维托尔德·霍尔兹扮演了。

波贝克·科别拉说的都是他自己想的台词。这就是他与这部影片的关系。他不想与我们有任何共同点。有一次，我看到艾尔日别塔·契热夫斯卡在华沙的舞厅跳舞，她以自己的这个舞蹈向在场所有的人表示抗议。我觉得我正需要这样的人。后来我请她再跳一次那个舞，结果她跳得和那次完全一样。

电影的结尾是丹尼尔在马群中优雅地奔跑，这个结局给电影提供了更广泛的背景，扩大了电影的语境，把电影从一个阴暗的气氛引向了光明。丹尼尔一直尽力演好一个高尚的人物形象，作为一名年轻演员为电影增添了魅力。他建议说："你这样拍，让马群向拍摄人员的方向跑，我在后面追，然后我抓住一匹马我就停下来。"我采纳了他的建议，之后我想，如果只拍马奔跑的画面应该会更美些。当我们在拍摄的过程中，我发现，他创造了一种银幕形象，好像是频闪观测器上闪烁的条纹，模糊不清的碎片。而在导演眼中的他飘忽不定，消失了，看不到他，只能看见一个人影在晃动，忽隐忽现……影片的结尾就是这样，就好像电影胶片突然断了那样。

为此必须有一个非常自然的剧本构架。必须让演员在做动作和对话的过程中感觉不到摄影机的运动和存在。因此我们就把这一段拍成了看似一切都在运动的过程中，让观众从很多角度去看这一场景。所以从一开始看不出什么故事情节和人物形象。我就是想营造一个难以捉摸的环境。我是否能在剧本中把所有的事情都描述清楚？例如，我是否能把我在看到马奔跑时的感觉清晰地描述出来？如果能，那要怎样描述：用诗的形式、还是散文的形式，用音乐或者图画的形式？《一切可售》是我唯一一部用了整整 6 个月的时间剪辑出来的影片。

还有就是我想要说的东西，可惜我没能用电影表达出来。在这部影片中，导演身边有一位年轻的助理在为他工作，但与此同时，又催促导演做一些事情，就是他想在银幕上看到的东西。我身边的这些助理都非常有野心，后来他们都制作了自己的影片。我知道，他们希望能在银幕上看到自己的设想。但是，电影拍摄结束后是要我签字的。如果电影拍摄成功，一切归功于我，而他们就会受委屈。如果电影拍摄不成功，当然那也全都是我的责任。而那时我们就打个平手。

但最终我还不太会利用这个主题做文章。不过在这部影片中，一切都与我迄今为止的工作完全不一样：刚刚做完分剧本实行的方案，就不得不没完没了地和那些刚拍完场景的演员们对话，这些不仅仅是对话，是以他们的名义对台词进行修改。结果维托尔德·索伯钦斯基[1]在电影中却成了真正的主角。他拍摄的所有影像都带有自己的风格，并给整个电影业留下了展翅的空间。维托尔多酷爱和朋友们一起拍摄电影，因此毫无疑问，在这部电影中他倾注了自己的全部心血。他的摄影机看到了一切，而这一切都蒙上了迷人的色彩，令人情绪高涨和具有活力。索伯钦斯基他看见了别样的世界，并运用自己的摄像机在银幕上展现出来。而所有的这一切都是与我们、演员们所处的灰色，

---

1 波兰电影摄影师。

即围绕在我们周边的社会主义现实主义的灰色相悖的。

我在本书中已经摘抄过一句话，就是在电影局长宣读允许开拍《地下水道》时说的话："我们必须知道，在电影背后，也就是当我们的电影搬上银幕之后，我们是要负责任，怎么拍电影，这不是我们说的，布奇科夫斯基或者雷布科夫斯基拍摄的电影就是波兰电影的代表。"这十多年来我们与这种想法越走越远！我们拍摄了关于我们自己的影片，我们对这些影片负全部责任，因为是了我们的姓名，外加具有挑衅性的电影名《一切可售》。这为波兰新的、别的电影人打开了一条新的路径。这部电影改变了与电影的关系，不只是与电影当局的关系，还有与艺术家的关系。这一切要归功于电影人，如果我不这样说，那我就是很不公正的。事实是，在电影院里看得更清楚。

围绕着这部影片的特殊氛围同时也影响了这部电影的制作。整个组织工作，挑选和淘汰演员，不停地变换拍摄场地，影视从一个地方转到另一个地方，这些工作如果没有制片主任忙前忙后的话是根本不可能的。芭芭拉·佩茨-西莱西茨卡那时是第一次在这个位置上独当一面，她马上就站到了我们一边，站到了我们创作者一边，她尽全力按照规则做并保持秩序，一边不影响影片的拍摄。她二十年如一日兢兢业业地与我们一起合作拍片。

我再回到耶日·博萨科曾对我说过的话，他从未拍过故事片，但他对拍故事片的一切事情都了如指掌。他给我写道：

> 杯子在这部影片中不算什么。但杯子却是表现主人公形象的工具。应该成为评价这个人物的关键。主人公在撒谎，用别人的生平美化自己，臆想出很多故事（就像那张桌子），而真相又是如何呢？
>
> 我觉得，杯子的事情如果以丹尼尔的一个画面出现的话，如果在葬礼上的采访重现的话，如果采访再次出现在结尾的话，观众们会对主人公有另外一种评价，当然虚构也是真的，那就是在这个瞬间真相给人以虚构的感觉。也许这个杯子甚至可以在葬礼的那个场面能有一席之地。
>
> 我再重申一遍：既然我们没有找到可选择的其他方法，现

实的真相与现实的关系如何、与主人公的神话般关系如何，与电影中一系列人物形象的关系如何，那我们就让这个杯子变成一种呐喊，变成真正的而又痛苦的东西，让我们以别的方式来评价电影中人物形象和整个电影的意义。

这是一部很好的影片，甚至如果可能没能引起人们的注意。但是这部影片缺少点什么，缺少火花、伤痕、伤痛——我不知道应该怎么说……必须有理由让那些不友善的人和某些没有根据胡说的人闭嘴。这部影片必须站立起来，不允许有任何怀疑和投降，这部影片不仅要站立起来，而必须要站立起来。

耶日·博萨科是在看了已经剪辑好的材料之后给我写这封信提出他的想法的，他非常清楚，波兰的艺术家常常被喜欢指手画脚的观众批评，观众说他们应该怎样说话，应该怎样在银幕上或者舞台上表现。在我们这里一直都是这样。

1664年帕塞克[1]先生在华沙附近看了法国演员在舞台上再现了历史事件般的表演。他在《回忆录》中写道：

在欢迎观众进剧院时，他们用音乐和火焰表示欢迎，那时来了不少人，有的是骑马来观看这场非凡的演出的，在华沙来来往往的人中，如果有谁听说了，也会在华沙停留观看这场奇迹般的演出，尽管有人急着要办事情，但他还是留下来观看演出。我也去了那里，当时我正要出门办事，听到这个消息后，我立即带着我的随从，骑马去那里观看了奇怪的演出。既然已经废除了军队，占领了敌人广场的，把身穿皇袍的皇帝用链子捆着，他的皇冠没有带在头上，而是拿在手里，他们要把他交给法国国王——那时人们看见，这位饰演皇帝的法国人，他拖着链子走着，他演得还挺像，他的嘴唇也像皇帝那样蠕动着，

---

1　波兰巴洛克时期传记作家。

突然有一个人在骑马的波兰人群中冲着法国人高喊："打死这个小子吧，既然你们已经抓住了他，别让他活着回来，因为如果你们放了他，他就会报复的，那时就会发生战争，人们就会流血牺牲，世界就永远不会安宁……最后，如果你们不打死他，我就会打死他。"然后他拿出弓箭，瞄准了他，箭从他的身旁飞过，他又拿出第二把弓箭，这次射中了他，他死了。又有一些波兰人拿出弓箭，准备朝着坐在那里饰演国王的演员射去，结果射中了他的头部，他从宝座上摔到了剧院的地上，结果跟法国人一起逃跑了。

每个波兰人都具有堂吉诃德的骑士精神，这是我们好的一面，因此堂吉诃德这个形象深深印在我们的文化中。尽管我们并不是生活在风车的国度，但是波兰人一直就是这样，常把不现实的东西当成现实来对待。堂吉诃德失去了高贵骑士的祖国和高尚的精神，就像我们崇尚自由的波兰人那样。波兰人常把艺术与现实混同在一起，也许是因为他们对待艺术过于认真。

在波兰要当一名艺术家可不是一件容易的事，特别是当一名演员更难。有一位神父在教堂的神坛上谴责耶日·司徒亥尔，说他在电影里演安全局[1]的人演得太像了，可以看出他自己肯定与安全部门的人有什么关系……因此，在我摘引帕塞克的描述时，我不由自主地想起了，1945年当纳粹分子出现在电影屏幕上时，我看到苏联战士向银屏开枪扫射的情景。

2012年，当我漫步在莪里波什区从密茨凯维奇大街通向威尔索娜大街的路上时，我简直不敢相信我的眼睛。在一栋楼的墙上挂着一幅与兹贝舍克·齐布尔斯基真人大小一样的画，这是一幅完全按照电影剧照画的画。就像齐布尔斯基活的时候那样，年轻，面带微笑，跟在电影《灰烬与钻石》里一模一样。我当时就在想，五十四年过去了，也就是说大半个世纪过去了，已经隔了两代人，为什么，对今天的年轻人来说——当然这幅画是他们画的，

---

1　指在1944—1956年斯大林统治时期的波兰安全局。

齐布尔斯基对他们来说依然具有意义。

摘自笔记:

1998 年 5 月 18 日，关于兹贝舍克·齐布尔斯基的故事

《灰烬与钻石》在华沙莫斯科电影院的首演之后，有一位看上去不算年轻的人走到他的面前，把手放在他的肩膀上，久久地注视着他的眼睛，然后说，先生，你还活着！

# 1972—1979 年拍摄的四部电影

> 岁月无情，尽管我已经快到六十岁了，可直到今天我还没动笔写关于我自己电影的书，这不仅是因为懒惰，而且还因为想再拍电影，然后可以让自己休息或者说，我实现了自己的所有计划，我将要告别电影。遗憾的是，从我拍摄电影至今，我还真的不敢这样宣布。
>
> ——1988 年我为展览"自画像"写的序

我选择这四部电影，主要是因为它们的风格完全不同。在讲述我拍摄这几部电影的故事时，我先要介绍一下电影的名字以及与当局和自我斗争的片段。那些想了解我的故事以及对我的其他电影感兴趣的人们，请看几年前由高等电影学院出版的两卷本书，题为《瓦伊达和他的电影》。

## 《婚礼》

如果没看过悲剧《婚礼》[1]，很难想象我们的文学和戏剧生活应该是什么样的。维斯皮安斯基在 1900 年晚秋，参加了一场婚礼后，他描写了婚礼的实况，这里交织着很多当时波兰社会现实中存在的问题。你们是谁？——作家问参加婚礼的客人们。几个世纪前在自由的泱泱大国的波兰你们都是

---

1 维斯皮安斯基的悲剧，首演于 1901 年 3 月 16 日，在克拉科夫地方剧院演出。

谁？你们会为争取自己和下一代人的自由而奋斗吗？波兰的知识分子能领导那些在当时落后的国家中代表社会中坚力量的广大农民吗？维斯皮安斯基不仅提出了问题，同时还给出了结论：你们还没有成熟到要自由的时候，你们只会在停滞萧条的魔舞中旋转。

维斯皮安斯基的谴责对当时的社会震动非常大，而今天人们仍甚感诧异地看着这个问题。但是《婚礼》预言了新的时代，也就是在《婚礼》首演十三年后，爆发了第一次世界大战，而在1918年波兰作为一个自由的国家重现在欧洲的版图上，那些可笑的、表面上不成熟的人们，手中都拿着枪，肩负着为自己和为参加在布罗诺维茨街区举办婚礼的那些人而战的责任，为波兰的独立浴血奋战。

只有为数不多的波兰作家和艺术家可以毫无羞愧地说，我们没有丢弃《婚礼》中的任何东西，他说的一切早已深深地印在我们的血液中。最激动人心的是，是把这部杰作改编成了电影。让维斯皮安斯基走进了当代。我早就想把这部杰作改编成电影，于是我就说服安杰伊·基尤夫斯基写剧本。可是剧本写出来之后，语言非常恶毒而且赤裸裸，我甚至不敢提交给审片委员会审查。下面就是保存在档案卷宗里的一些片段：

场面七：村长——官员

当地的农民，当然是村长，指责来自华沙的官员，部长的同事，他有点孤独，还有点郁闷，在那里敞开肚子大吃大喝。这位农民有些鲁莽，但也是一个屈尊俯就的"人"。

村长：先生，哦，应该叫同志。政治形势怎样？上面都在刮什么风？

人：啊呀，我的同志，整个星期都在谈论，政治，太多了。你说上面刮什么风……还是说说你自己吧。

村长：我们这里嘛，感谢上帝！组建了一个乐队和足球俱乐部。我们还有一个舞蹈队，裁缝培训班……

人：那拖拉机呢？

村长：有一台。坏了，停在那里没用。

人：那得修呀。

村长：等到秋天用吗？

人：那饲料基地呢？

村长：饲料都有。

人：那供应怎样？

村长：按计划供应。报纸上都报道我们了，还拍了电影，给了奖励。我们是先进镇呢！

人：祝你健康，干杯！

村长：祝你健康！


几年后，我开始拍这部影片，这次是跟耶日·安德热耶夫斯基。男士们都是来自城里中央层级的党活动家，而代表农村的只有他们的演唱队。多年后安德热耶夫斯基写了一本非常特别的小说，题为《果肉》，而我这里只剩下一个场面叫"农夫"。

这一切过后，我又重新回到了原创版。有一次我在参加瓦维尔宫的晚会时，我谈了我想执导这部电影的具体想法：


我想在这里，就是在瓦维尔宫拍摄这部电影"婚礼"，画面从这个庭院开始。我看见斯坦契克[1]：他靠在栏杆上；有谁进来，碰了他一下，也许是踢了他一下。斯坦契克一直是最理想的思想家式的人物，如果他是小丑，那他一定不止一次地被那些人痛打过……他俯身在这里，看着窗外的栏杆，看见对面教堂塔尖上巨大的钟，这是齐格蒙特[2]时期的大钟，这个大钟怎么敲响，我们再看国王的棺木，就像在马泰伊科画上见到的一样：开放的棺木，火把、骨架和皇冠……在这里应该去看一下马泰伊科，或许去看一下他的画室。这就是克拉科夫从遥远的

---

1 《婚礼》中聪明的象征。

2 雅盖隆王朝成员，1506—1548年为波兰国王与立陶宛大公。

过去回到了 19 世纪的现实。

克拉科夫在 19 世纪 20 世纪之交曾是一座贫穷的城市。伊沃·安德里奇[1]那时曾在雅盖隆大学[2]学习，他对我说："我还记得，克拉科夫那时非常穷，不过我比克拉科夫还穷。因为在我到达克拉科夫的当天，我的箱子在火车站被偷走了……"

就在这座非常贫穷的城市里，历史与现实交融。瓦维尔作为宫殿在卡夫卡笔下是空寂的，但是曾经有人在某个时期居住在那里，这里总能给这座城市提供能量……有一位姑娘从布罗诺维茨区的一条大街上走过来，穿着克拉科夫民族服装，往艺术学院方向走去。学生们劝她，让她把衣服脱光，给他们当模特。从玛利亚教堂的塔尖上传来了小号声，而在"绿色气球"餐馆，齐格蒙特·诺斯科夫斯基[3]正在疯狂地敲击着钢琴琴键，试图以此来压倒他十分憎恨的克拉科夫的号声……

把观众带进这样的世界，我是想让观众们理解"婚礼"的场面。我们这些热爱《婚礼》的人们最心痛的是，这部杰作在世界上不为人所知，在波兰以外的舞台上还没有上演过。这并不是因为翻译得不好。这部杰作没办法在世界上推广，因为如果不了解《婚礼》的故事，很难理解其悲剧所在。因此，我脑海中一直萦绕着这个问题，怎样让这部剧作早日展现在电影屏幕上。我们还应该展示维斯皮安斯基描写的彩色玻璃窗、玛利亚教堂和在教堂中举行的婚礼的场面，人们从队伍中走出来，坐上马车。往布罗诺维茨街区走去。拍到这里，我才开始在电影中展示维斯皮安斯基描写的画面。

心里想着电影，眼睛看着满是摩肩接踵跳舞的人的大厅，在剧院里我们

---

1　原南斯拉夫作家。

2　在克拉科夫的波兰大学，是世界上最老的大学之一。

3　波兰作曲家、音乐教育家和指挥家。

总是用幕布挡着，并会把声音放小，以免影响演员们。柴皮耶茨[1]说了一句关于犹太人的话："他只不过是流了点血，没摔倒，因为人挤人"，最好把镜头切向婚礼大厅。在电影的画面上要充分展示农民的气质和冲动，因为只有这样才能容易抓住农民在一清早举着大镰刀冲向俄国佬的画面。

舞美师塔戴乌什·维布尔特，为影片设计了一个巨大的舞厅，看上去像宫廷舞厅，而不是农民的舞厅。为了充分表现当时的现实情况，我们请了两个农民歌舞队代替了演员，他们就七十人！外加演员和乐队，总共一百人。等大家都去化妆的时候，在墙那边还剩了很大的一个空间。我没顾得想太多，就把一面墙拆了，让人们都站在这里，挤得简直像煮饺子一样。现在就更清晰了，犹太人"他只不过是流了点血，没摔倒，因为人挤人"。

在我到拍摄现场前一周，我遇到了很大的困难。要把一部戏剧艺术，也就是所有的剧情都发生在一个室内的戏剧，搬上电影屏幕，这可是一件冒险的事情。《婚礼》是一部关于真实事件的美妙组合，记录这些事件的层次——看上去很自由而且很随意——电影剧本能让人联想起过去在剧院演出最后一幕时，那种艺术给人带来的强烈震撼的画面。在拍摄《婚礼》影片时，我想尽办法把室内演出的场面搬到户外来拍。电影的开头是：玛利亚教堂的全景，通向布罗诺维茨的道路，参加婚礼的客人。这一切都像是在"真实"的电影之中。但是下一步就困难了，真的是这样，除了婚礼大厅，别的场面都不需要了。

"你是从哪儿开拍呀？"芭芭拉·派茨－西莱西茨卡[2]问我，她当时是我这部影片的制片主任。"当然是从后面拍啦！"我回答道，"不管怎么说，我还是会拍稻草人舞的！我不是还导演过这部戏吗？"

因此，我先从外景开始拍起，但是这些场面和画面跟《婚礼》在剧院的那种具有强烈震撼的场景相比，我的这些场景都没什么意义。我感到非常悲观。我不仅失去了时间，还浪费了很多胶片，而电影的拍摄停滞不前，三个星期了都没有任何进展，也不知道该怎样拍下去。没办法，我得向芭芭拉承

---

1　在戏中他是农民的典型代表。
2　波兰电影人、故事片和电视剧制片人。

认，我拍不好稻草人舞，然后我回到了电影厂。突然，在舞蹈和音乐的喧嚣声中想起了一句台词："先生，政治形势怎样？"——我突然醒悟过来，我是在拍电影，而不是在改编剧目。秘诀是，电影拍摄的场面要多样化。电影是通过演员、灯光和机位的变动来表现强度的。在银幕上充分展现画面。目前在拍摄过程中陆续暴露了在拍摄《婚礼》电影中的问题。应该把在婚宴厅的画面内容输入到电影之中。

斯坦尼斯瓦夫·拉德万[1] 的音乐把我们带入了舞蹈的现实和那个迷人的鲁莽世界的方言之中，这方言具有一种神秘的、像病人脉搏浮动的声音。它的节奏，即诗歌节奏之后，给电影注入了一种强力和暴力，配合着维托尔德·索伯钦斯基拍出的美丽画面，在银幕上展现了一种浓密的强烈的物质。

丹尼尔·奥尔布雷赫斯基在影片中出演新郎。这已经是我们第7次一起拍片了，所以不用更多的语言上的交流。不过丹尼尔也没时间聊天，那时他正在电影《洪流》[2] 中扮演角色，他刚到就不厌其烦地给我们讲了小说中克米奇茨这个人物和那个关于阿兹亚·图哈伊贝尤维奇[3] 的关系，他认为，本部电影中的新郎这个角色没有太大的意思。奇怪，这个角色恰好是非常有意思的，他内心非常丰富，适合成熟的演员表现自己的角色，我认为最适合丹尼尔表演，就在新郎在马背上奄奄一息的画面上，配着肖邦的音乐，他表演得非常到位，很难再现和分析。正像克里斯蒂娜·扎赫瓦托维奇说的那样，奥尔布雷赫斯基还与维斯皮安斯基笔下的雷德拉[4] 惊人地相似，在这种情形下，他饰演的这个角色又给电影增添了历史的真实。

遗憾的是，拍摄电影时越是喜悦，结局就会越滑稽。这次是党中央书记希德拉克同志找我去谈话。他主要是对增加的那句跟亚谢克说的话感到不安："你快往边境那边跑吧！"

这是安杰伊·基尤夫斯基，把戏剧《婚礼》改编成电影的作者，他家祖祖辈辈都是克拉科夫人，他提醒我说，自由城克拉科夫只是地球上的一个小

---

1 波兰作曲家、戏剧导演和编剧。

2 根据 1886 年出版的显克维支的三部曲中的第二部小说改编。

3 显克维支三部曲第三部小说中《沃沃迪尤夫斯基先生》中的一个虚构人物。

4 新郎的名字，他的原型是诗人卢慈阳雷德拉。

角落，而住在布鲁诺维茨的亚谢克，骑上马只需十几分钟就能到达边境，这不是虚构，但在那里普鲁士人和俄国人严加防守。电影里也是这样表现的。迷路的亚谢克遇到了哥萨克的巡逻兵，他们不假思索地向每个想要接近他们的人射击。这令这位党的书记感到不高兴。我开始向他解释，哥萨克人是弓在弦上，这只是剧情而不是意识形态……

"那如果是这样，那你为什么不让亚谢克向那些马上就要出现在屏幕上的奥地利人射击呢？"这位崇拜哥萨克的保护者问得很有道理。"是啊，先生，我从未想过这个问题，"我诚恳地回答道，向亚谢克射击的哥萨克必须从电影中消失。

下面是我的记录摘抄：

抄送科维亚特同志（波兰统一工人党文化部）

在与希拉克同志谈话后的第二天，我马上着手准备剪辑掉那个片段，就是我们 1972 年 12 月 7 日谈到的那个片段。

根据我们的讨论，我理解需要剪辑掉下列片段：

A) 重复的地方，柴皮耶茨说的第一句："中国人很强大!?"

B) 佘拉[1] 看见付钱的那个场面，奥地利军官给农民硬币的一只手，那位农民手里提着一个人头。

C) 在边境上哥萨克向亚谢克射击的场面。

但是我没有剪辑掉给卡斯柯的近镜头，因为这个场面的职责，主要涉及的是艺术性的问题，而不是本质性的问题，那要改变的地方就太多了。人的爱憎好恶是无法解释的——正如古代人说的那样。我的影片《婚礼》肯定会有很多这样的矛盾之处，但是考虑希德拉克同志的好恶的同时，那我也应该考虑到别人的好恶，那么就会剥夺我在银屏上向世界展示的最基本的权利。

谨致敬礼！

安杰伊·瓦伊达

1972 年 12 月 10 日

---

1　波兰最著名的农民领袖。

由于克里斯蒂娜·扎赫瓦托维奇的非凡努力，于 1973 年 1 月 8 日在克拉科夫尤留什·斯沃瓦斯基剧院举行了该片的首映式。也就是在 1901 年秋，悲剧《婚礼》演出的同一个地方，我们所有人——演员和电影制作人都站在那里。从这一天开始我们的电影在银幕上开始了自己的生活。

后来有人算了一下，七十年后，《婚礼》在波兰电影院上演的最初几个月里，去电影院看电影的人比在 1901 年《婚礼》首演后去剧院看剧的观众多了很多……

不过我却很倒霉。传到我耳朵里的都是什么：电影拍得不美，艺术上比较粘着，演员演得瑕疵很多，故事情节很松散。我自己也觉得在拍摄外景稻草人跳舞的那段没抓住实质，"恶性循环"让我面对舞厅的四壁，把自己关起来，认真思考维斯皮安斯基想说的是什么。我在电影搬上银幕之前很久，给克里斯蒂娜·扎霍瓦托维奇写了封信，其中有一段最能反映我的心理状况：

> 我在电影厂剪辑车间看了本片的拷贝。简直不能看。我内心为此感到非常痛苦。看起来我对这部影片没有任何想法。没办法。我带着惊骇的心情麻木不仁地坐着，知道自己的小小的才能已经走到了尽头。下次再给你详细写吧，今天就不写了，因为新鲜的伤口很痛。

## 《福地》

我疲惫不堪，对自己也很不满意，1973 年春我开始做些家务。克里斯蒂娜种了草，专家们建议草长出来之后，第一次应该用剪子剪草。我跪着剪了比桌面略大一点面积的草后，我就在想，我还是更愿意拍电影。于是我的内心感到爽快轻松些。我开始申报要拍电影《福地》。我的设想很快得到了批准，当年夏天就开拍了。我们开始讲述这座城市美丽的故事，我们对这座非凡的城市历史，每天都有新的发现。

安杰伊·茹瓦夫斯基[1]是第一个跟我提到莱蒙特[2]《福地》这本小说的人。为此，他还给我看了一部教育片，名为《罗兹[3]工厂的宫殿》。镜头给我们展示了那里金碧辉煌的宫殿内景、餐厅、办公室和马车房。整个这个宫殿等待着我去拍成电影。我了解罗兹。我在上大学期间，曾在那里住过四年，但我从来没有喜欢过这座城市。现在要对我在那个时期忽视这座城市的态度进行报复了。当然最丰富的内容还是来自莱蒙特的小说。莱蒙特描写了那里的人们，他们是继我们浪漫主义历史之后第二个流派。没有他们这些人，没有这座城市，没有那些在恶劣条件下工作的工人们就不会有我们的今天。我认为，应该展示一下我们的工业传统——剥削压迫和工人的斗争。当然，为了制作电影，需要一些事件、人物、冲突的材料。

在影片《福地》中，工厂里的人物都描写得惟妙惟肖，叙述得头头是道，有声有色。他们主要都是第一代暴发户。在他们还没有致富和对外界产生影响之前，他们大都是些纺织工人、领班和小商人。既然他们能走得这么远，发财了，那就是说他们很有"能力"，他们一定会有十分坚强的性格和个性。他们心肠狠毒、巧取豪夺，但他们内心也充满了各种独出心裁的想法。

三位主人公分别是波兰人、德国人和犹太人。最奇特的是，尽管他们的国籍不同，但并不影响他们一起工作。他们一起组建了工厂，有共同的利益，都认为自己属于罗兹的富人。当时在罗兹，这个波兰－德国－犹太人的特别组合引起了人们特别的关注，是多姿多彩、不同的习俗和各种不同人的性格的相互碰撞。因此我想，首先我要在银幕上绘制出他们丰富的特征。必须从这三位主人公不同的角度找到他们的特点和刻画他们的心理活动。在电影进行到一半的时候，主人公卡罗尔·博罗维耶茨基[4]被发现是地主出身。我们的影像必须说明为什么罗尔·博罗维耶茨基不顾一切地要达到自己的目的，坚决不愿再回到农村。我们的同行们都说，丹尼尔·奥尔布雷赫斯基在这个角色中就是"多年后的克米奇兹"。卡罗尔与克米奇兹很相像，但他知道，

---

1　波兰导演、编剧、电影演员和作家。

2　波兰作家，1924 年获诺贝尔文学奖。

3　波兰第三大城市，也是罗兹省的首府，位于波兰的中部。

4　影片的主人公，波兰人。

时代不同了，自由属于那些有钱的人。此外不择手段追求金钱欲望，也就在很大程度上打破了道德的规则。

因此，博罗维耶茨基肯定是个两面人物。但与此同时，他又是达到了自己目的的成功人士。所以我也就没有把他当作反面人物。不管怎么说，他还是爱国的，他想做些事情，创建一个工业的新世界。他认为自己并不比那些在罗兹获得成功的人差。他受过高等教育，更有聪明才智和能力，只不过他比别人起点低，因为他属于从未做过生意的那个阶层的人，既没有经验也没有技巧。

卡齐米日·维卡[1]曾给我讲过一个故事，他说，莱蒙特曾经跟自己的朋友们打赌，他有过目不忘的本领，他只要盯着街上看二十秒，就能复述出街上的任何细节，任何他见到的事物。因此，我敢肯定《福地》是波兰文学里唯一一个这样的小说，独树一帜。小说中的现实主义很像采用了电影中的元素，画面感强。同时电影中的对话，几乎是对莱蒙特视觉中的那些人的语音记录。每个人物都用自己的方式说话，他们都在用波兰语说话，但是用德语、俄语或者意第绪语[2]思维，语言极其丰富，是在 19 世纪末期的波兰小说中从未见过的现象。


"有什么世界性的消息吗？布鲁曼菲尔德先生。"

"昨天维克多·马里·雨果去世了。"一位音乐家胆怯地说，然后开始朗读什么报道。

"留下了很多遗产吗？"一位银行家一边看着自己的指甲一边问。

"六百万法郎。"

"真不少啊。现金吗？"

"法国苏伊士运河公司百分之三的股票。"

"这么值钱，靠什么挣的？"

---

1　波兰历史学家和文学评论家，雅盖隆大学教授。

2　又译"依地语"，属于日耳曼语族。全球大约有 300 万人在使用，大部分的使用者是犹太人。

"靠文学写作，因为……"

"什么？靠文学？……"银行家带着惊异的表情，抬眼看着他，捋着自己颊边的须发。

在银幕上这些精彩的对话充满了讽刺和幽默。但是最打动人的首先还是卡罗尔·博罗维耶茨基这个人物。耶日·安德热耶夫斯基在自己的日记中写道：

在显克维支的小说中傻瓜的代表人物是思科热图斯基和克米奇兹，而在莱蒙特小说中这类代表人物是沃库尔斯基和尤迪姆·博罗维耶茨基，他是在波兰小说中唯一能与巴尔扎克小说笔下的大胆、愤世嫉俗、而又没有任何机遇升迁的野心家相媲美的人物。沃库尔斯基不幸爱上了傲慢的贵族的女儿，他追逐财产就是为了得到她，而博罗维耶茨基，尽管出身于贵族家庭，但是为了钱娶了自己不爱的德国女人——百万富翁工业家的唯一的女儿。波兰人并不总是很高贵，但是他们不喜欢有人对他们说话太直接或者声音太大。他们爱钱，但是更喜欢没有钱的文学，如果在艺术作品中谈论钱财，他们就认为这些都应该是外国人——法国人、英国人或者美国人。

或许瓦伊达的电影是一部杰作，但是我不相信它能提升莱蒙特小说的阅读量。因为，我不相信他的小说的可读性。这不是给我们写的小说。

电影上映之后有人获得了奥斯卡奖提名，好莱坞电影人就一个问题发生了激烈的争论：在银幕上看到的这一切总共花销了多少？当然，镜头（在拍摄这部影片时我们用了三部摄像机同时拍摄）拍得很好，给人的感觉是有无限的视野空间。对历史片来说，一般来说都是搭一些装潢建筑或者利用现有的房屋，再加上一些布头遮挡一下现代的东西。而我们在罗兹拍摄电影时，那些19世纪巨大的老厂房自从建厂后就一直没有过任何改变，那里有老火车站、宫殿和仓库，这些地方都是用围墙围着，与城市隔开。我们没有什么花费，因为那片老地方等着我们拍完影片后才会拆掉。编剧塔戴乌什·科萨莱维奇在马切伊·普托夫斯基编剧的帮助下，只是把一些特殊的想法补充进了一些片段之中。

在我指导第一台摄影机拍摄的同时，第二台摄影机（由安杰伊·科特科夫斯基指导）拍摄卡罗尔·博罗维耶茨基的未婚妻和父亲从农村来到城市的那段，这个场面最耗时。这段耗时几周，但是展现了城市生活的全景，从农村的房子一直拍到郊区，到巨大的工业厂区以及城市主要街道的银行，那里用铁栅栏拦着，就像是在金色的笼子里那样，孩子们兴高采烈地踢着球，工厂的孩子们完全没有注意到我们在拍电影。维托尔多·索伯钦斯基的镜头给电影赋予了自己的风格。爱德华·科沃辛斯基的镜头在瓦次瓦夫·迪波夫斯基镜头的补充下拍出了非常漂亮的场景。

遇到的主要困难还是剧本的问题。我对结尾有些担心。在小说中，结尾是博罗维耶茨基与过去的未婚妻令人感伤的见面。她带着一群最穷的人们的孩子，而他已经是百万富翁。突然，或许是为了安抚读者，小说以卡罗尔德的内心独白结束了："'我丧失了自己的幸福！现在为人们创造幸福。'他一面慢慢地说着，一面以他强烈的、大丈夫的目光，像坚不可摧的臂膀那样，拥抱着安睡中的城市，和正在从幽暗夜色中渐渐露出面孔的辽阔广大的田野。"如果我是今天拍这部片子，我可能会按照小说的结尾来拍，但那时可能是什么事情刺激了我，或许是因为更广泛的政治背景。

在电影结尾时我拍了卡罗尔被意外打来的子弹击中而死的场面，那颗子弹打进了宫殿中的舞厅。维托尔多·索伯钦斯基非常会取景，我到现在还珍藏着这组胶片，遗憾的是没用上。我觉得，卡罗尔舔舐了波兰工人给他造成的伤口，他可以变成另外一个人，因此以这种方式结束的影片完全不会令人感到炫目，也不会令人感伤。

还有过别的想法，充满了讽刺和滑稽，出于政治的考虑我都没有采用。比如，我想拍这样一个场面：卡罗尔和妻子、孩子们直接从铺着红地毯的宫殿直接到达有客厅的专用铁路车厢。他的私人火车把他带到莫斯科，那是罗兹商人的首都。在到达莫斯科之前，博罗维耶茨基还顺路在白雪皑皑的平原上久久地寻找着自己祖父的墓穴，他的祖父曾参加过 1863 年的一月起义[1]，在他的墓地上竖着一个十字架，请求所有人原谅他成为叛徒，因为他与俄罗斯人做生意，不得不这样做。不过在莫斯科火车站，当地人已经在等待百万富翁的到来了。最后在电影结尾时，在电视里播放了嘴对嘴的激情接吻。我悲伤地回忆这一情景，尽管没有任何意义，但是这一场面超越了受审查机关特殊保护的波俄关系的领域。

耶日·安德热耶夫斯基写道：

昨天晚上在 RELAX 电影院我参加了安杰伊·瓦伊达电影《福地》的首映式。印象非常深刻，向他表示最高的敬佩和赞叹。特别是那个结尾！遗憾的是，莱蒙特小说的结尾非常不好，与整个著作中表现的谨小慎微的描写完全相悖。瓦伊达以自己的想法结束了电影，应该说是恰到好处。不过关于他在拍摄过程中遇到的困难，可以证明，他最终采取了第三个版本。不过我知道他废弃了两个版本，给我的印象是，第三个版本最好。当然这还不全面，还要符合电影格式的要求。

这件事情看上去简直太复杂了，让我在仅仅看过一次电影后就斗胆评价本片。因此只能是提点自己的看法，我觉得瓦伊达没有充分表现出博罗维耶茨基（根据小说的内容）的孤独，当他娶了富翁的女儿，一夜之间从废墟的底部站了起来，变成了金融大亨。瓦伊达和奥尔布莱赫斯基只不过是把博罗维耶茨基带入了戏剧性的悬念，但并没有让他进入实际的状态。我觉得，瓦伊达在拍摄电影时，未与博罗维耶茨基有心灵的交流，但是——最终——为了思考扭曲的生活，他们必须要有心灵的交流吗？在这一点上，我也没想好。

我是第一次拍摄有关人们不惜一切追逐金钱的影片。我一直就想拍一部"美国"电影。毋庸置疑，为了获得奥斯卡提名就必须在美国能引起人们关

---

1　指波兰 1863 年 1 月开始的反俄罗斯帝国的起义。

注。不过后来我很快就失望了。在好莱坞举行的新闻发布会上，展开了一场围绕波兰反犹太人的讨论。有一位来自以色列的记者，言辞激烈地对我的电影提出了批评。我问他，你在哪儿看了这部电影，他说："我根本不需要看电影，只要知道这部电影来自波兰就足够了。"那时我就明白了，因为在波兰的土地上发生了对犹太人的大屠杀，那么任何波兰电影都不得开花结果。当然我也非常清楚，你永远也改变不了他们的这种想法。在美国的犹太人并不希望他们是《福地》中狡黠狠心的生意人，他们更希望自己是可爱的《屋顶上的提琴手》[1]。

多年后这样的讨论出乎意料地销声匿迹了。1992 年 1 月，波兰统一工人党中央委员卡萨克同志在《人民论坛报》上呼吁我，让我自己正视罗兹日益严重的社会不公正问题，再拍一部《福地》的续集。对此，我回信说：

> 我认为，你的话击中了要害。你看到了罗兹无产者的极度贫困，所以你想让我再拍一部关于今天罗兹现状的电影。你说的很对，不过，你在中央有发言权，作为管理我们国家的人之一，你本应告诉同志们，波兰统一工人党在罗兹纺织工业中实行的政策彻底失败了，而不是修正安德热耶夫斯基和布朗迪斯[2]的小说以及对我的电影妄加评论。你完全可以与你自己的政党在这几十年中致力完成这样的任务。是你们在这四十年当中让这些妇女变得更穷，迫使她们在 19 世纪的机器上毫无尊严地工作。
>
> 多年以前我的影片《福地》在好莱坞展映时，当地人都对我电影中的布景表现出了极大的热情。美国电影人都认为，这是我专门为这部电影搭置的布景。你现在对波兰政府感到不满意，说现在没有人会购买这种在欧洲早已经没有人生产的设备

---

1 美国著名音乐剧作曲家杰诺德·路易斯·巴克 1965 年创作的音乐剧《屋顶上的提琴手》获得托尼奖最佳作曲奖，1971 年又改编为同名电影上映。
2 波兰作家、电影编剧。

了。当然，在罗兹人们的生活和工作都非常困难，这是事实，人们对此普遍不满，但社会主义的衰败不只是让我们感到失望。如果苏联的军队没有占领波兰的话，我们今天可能不会像德国人或者法国人生活得那样富裕，但肯定也不会像今天这样贫穷。

因此我不能拍摄关于不幸的罗兹的影片。我知道，在党内有很多人对此视而不见，但是在苏维埃社会主义共和国已经解体的今天，你们不能再继续装傻了。

在波兰电影家协会选举之后，党中央文化部是不认同选举的，我当选了电影家协会主席，先生是你说过："你们有什么可大惊小怪的，同志们，参加选举是要冒险的。"

今天，波兰已经决定一切都要通过选举，那我们就期待着，波兰会走上正确的道路，为此波兰艺术家的任务就是要助一臂之力，而不是设置障碍。

## 《大理石人》

1961 年在南斯拉夫拍摄完电影《莫桑斯克的马克白夫人》[1] 之后，我在国外拍电影的热情就减退下来了。我觉得把列斯科夫的小说搬上银幕是一件很好的事情，但是这部影片不成功主要是别的原因。我不知道，甚至至今我也无法回答这个问题，我拍摄这部影片是为了什么样的观众，我希望人们怎么看待这部影片。一定是因为这个原因，我于 1962 年回到华沙，开始琢磨应该为波兰观众拍一部当代影片。

在我跟文学统筹耶日·斯塔文斯基和"镜头"电影公司的头儿耶日博萨科聊完天之后，我们很快找到了很好的话题。开始的时候，是博萨科讲了他在什么报纸上看到的一个小故事：有一位瓦工找到了劳动局，结果没办成事，因为新钢厂只需要铸钢工人。但是劳动局的一位员工记得这位瓦工，因为他曾是某个政治时期瓦工劳模明星。

---

1　根据俄国小说家尼古拉·谢苗诺维奇·列斯科夫的小说改编。

博萨科同时也知道，谁能就这一话题写出剧本。亚历山大·席奇博尔－雷尔斯基[1]曾经写过一部题为《煤炭》的社会主义现实主义小说，不过我还没有读过这本书。当然我也不知道，他还给所谓的"劳动模范图书馆"写过关于几个劳模瓦工的事迹。无论是博萨科还是席奇博尔都当过记者，他们比较了解正面的意识形态的解读，同时也与那些对"劳动竞赛"持保留态度的工人聊过。现在需要的是能抓住今后要拍的电影的故事主线。不巧席奇博尔那时正好去了扎克帕内[2]，于是我给他写了一封信，希望他能把博萨科讲的故事做些新的补充。

20世纪50年代那个时候的英雄必须是劳模瓦工这样一个男人。那时我在寻找拍摄当代电影的题材，因此我需要寻找一个人物，通过他来讲述今天的故事。当然，应该是一个年轻人，对这个人物来说，那个时代的斯大林主义已成为昔日的过去。正在罗兹电影学院学习的阿格涅什卡·奥谢茨卡，是一位有才华的学生。因此，就有了这样的想法，让阿格涅什卡作为国家高等电影学院的年轻女学生去揭开瓦工的秘密。

几周过去了，电影脚本也写好了。我兴奋地读了剧本，我觉得，手里攥着一个金苹果。遗憾的是，在那个年代，我的想法也只能到此为止，现在一切均由剧本委员会来决定，因为劳模的主题涉及了我们经济领域最令人惭愧的一面，也就是年复一年劳动生产率的下降。不过还不错，电影脚本于1963年8月4日刊登在华沙的《文化周刊》上。于是席奇博尔认为，我们已经过了报刊审查这道关，遗憾的是，我们没有想到，因为用这种方法刊登了我们的脚本内容。这个脚本被折腾了很多年，甚至没有任何人注意到电影的价值。

对该脚本最主要的批评是什么？脚本对人们公认的评选劳模的形式进行了攻击。在党的审查机关的各级会议上都对我提出了这样的质疑："如果你们剥夺了劳动道德，你们还想告诉人们什么？"

但是电影《大理石人》同时也成了电影界人士进行辩解的一种形式。我

---

1　波兰作家、电影导演、编剧和记者。

2　位于波兰南部，始建于17世纪，是热门的旅游地。

们的电影之所以多次遭受指责，认为它未能充分展示社会主义的现实，而且对席奇博尔的脚本也产生了影响。

这些决定是在哪里做出的，是谁决定的，是以怎样的方式决定的——至今我一概不知。一切都包裹在神秘之中。难怪陀思妥耶夫斯基说过，当局就是权威，就是秘密。有一位在 20 世纪 60 年代从莫斯科回来的朋友描述过这样一个场面，简直令人难以置信。有一次他路过商务部，他看见有一辆暗色玻璃的黑色伏尔加汽车开到商务部大楼门前。就在这一瞬间，大楼入口的大门开了，有十几位战士从楼梯上跑下来，手里还拿着黑色的帆布，顺着高台，也就是从汽车停着的大门前到商务部大楼的入口处形成了一个由人组成的长廊，就是让普通老百姓的肉眼看不到是谁进了大门，当然肯定是什么重要人物。

就像一个童话故事那样，十四年过去了。20 世纪 50 年代过去了。年轻的政治家们接管了政权，他们都曾是青年联盟[1]组织的成员，他们要一切重新开始。那时担任文化部长的尤瑟夫·泰伊赫玛承担了对电影《大理石人》的一切责任，我非常感谢他，由此我的这部电影得以拍摄，更重要的是能在全国发行。

泰伊赫玛在自己的日记中这样写道，

1976 年 2 月 1 日，我批准了瓦伊达拍摄《大理石人》电影的申请。我给他提出了几条我预先在纸上写好的想法：

1. 我非常高兴地接受拍摄最近历史影片的倡议。

2. 因为是您拍摄这部电影，不需要给我解释那些脚本中的人物，或者说甚至没什么意义，因为一切都取决于"导演添加的内容"，取决于电影的趋向和定位。因此不会谈脚本问题。

3. 做出决定才是最重要的，无论是您还是我都是要冒风险的（当然我冒的风险更大）。那些令您感到着迷的事情，也就

---

1　波兰在 1948—1957 年按照苏联共青团建立的青年组织。

是历史的失败，这正是令我们感到不安的地方。

　　4. 对我们来说，有两件事情是非常关键的。首先，在我们的历史中曾经有一个充满希望、积极主动、蒸蒸日上的时期，但也有过错误和失败的时期。选举劳模的动议（准确地比喻说）曾经是走出欧洲底层的尝试，是创作提高波兰形象的象征，而不仅仅是一次简单的行动。其次，我们像看悲剧，而不是像看蠢行那样看待我们的失误。我非常了解和经历过的建立新钢厂的过程就是一次我们采取真正行动的象征。我认为影片的结尾非常好。主人公不是在宣告自己的失败、耻辱，而是在生活中找到了自我，变得更加成熟了。

　　不管部长在意识形态方面有什么期待，电影脚本还是得修改。于是电影的场景从 1962 年倒退了十二年，回到了斯大林时代，然后又到了 1974 年，几乎过了四分之一世纪。在最初的版本中，马泰乌什·比尔库特正在准备考技术学校，十四年后他学完了大学的所有课程，大学毕业了。不过没办法，我们必须做许多修改。但是我们社会主义的实际生活还在继续，给我们提供了很多新的解决方案。

　　让我最满意的就是演员。拉吉维沃维奇和杨达这一对，是我拍这部影片后最想感谢的人。他们全身心地投入到这部影片中，表现了青年人的勇敢精神，并通过这部影片收获了自己的初恋。对他们来说，斯大林主义就是铁幕时代的神话故事，因此，在他们慢慢地解开过去的历史时——他们恰到好处地表演，又把观众拉回到他们所经历过的年代。所以我第一次见到他们时就喜欢上了。

　　耶日·拉吉维沃维奇在试镜头时，就即兴表演了一个刚刚进入新钢厂工作的，来自克拉科夫郊区的乡村年轻小伙。他以生活原型为基础，经过自己的提炼，再现了生活中人物的性格，这一画面被收入到电影之中。这简直太奇妙了，在我整个从影生涯中还是第一次遇到这种情况。

　　克里斯蒂娜·杨达也是全身心地投入到了扮演阿格涅什卡的角色之中。

我高兴地看到，她每天都能从所有人身上学到新的东西，渐渐进入了导演要求她进入的角色，当然我也是用尽各种手段达到自己的目标。在拍摄现场，我的眼睛一直盯着她，这给了她自信，让她放开去演。当时剧组里也有人说，杨达的表演过于漫画式，我毫不犹豫地拒绝了这种批评，因为我想在银幕上表现当代性，而不仅仅只在影像和剧情中表现。首先要通过女主人公的表现手法，同时让年轻的观众通过他们的眼睛看到离开祖辈的拉姆斯变成工人的过程。她也非常清楚这一点：

> 谁也不知道，这位姑娘应该是一个什么样的人。瓦伊达把我带到了导演阿格涅什卡霍兰德的拍片现场，那时候她正在拍一部电影叫《礼拜日的孩子》，他让我看她怎样拍片。我仔细地看着她工作，但还是不知道该怎么做，不知道该怎么扮演这个角色。那时我想起了美术学校里一位古怪的女孩儿，于是我想应该给她画一个粗线条，只是一个轮廓，但是一个非常情绪化的人。
>
> 我带着我要扮演的想象中的人物回到了片场，想听听瓦伊达给我讲讲他与政治、当局关系的历史。他提出的两条意见对我帮助很大。首先，他说了一个笑话。他说，美国人拍摄电影时，那里只有男人，于是他就问我，难道你就不能演一个男人吗？然后他又补充说，我必须这样演，或者让观众喜欢我，或者憎恨我。要么这样，要么那样，总之得给观众留下深刻的印象。
>
> 于是我就建议，等我给一个手势，然后我们就开拍。摄影师时刻准备着。瓦伊达同意了。然后我就折起手臂，攥紧拳头，亲了亲自己的拳头，我知道了自己应该扮演什么角色了，那就是我要孤身一人与所有人针锋相对地去斗争了。

我觉得，我们拍片的整个过程都被密切关注着，因为我们马不停蹄从一个地方换到了另一个地方，特别是我们选择的场景很容易引起某种联想。还好我们所选的话题和非常好的脚本救了我们，让我们愿意去为它工作并且增加了自信心。爱德华·科沃辛斯基[1]的摄影和安杰伊·科仁斯基[2]的音乐表现力都极强，效果非常好。这一切都和演员们一起给整个影片注入了活力和现代的节奏。因此在整个拍摄过程中剧本也显现了生气，人物形象更加栩栩如生。

只是很难回答这个问题，就是什么时候，在什么地方，特别是电影是怎样结束的。经典的剧本会要求，主人公在结束生命时剧情就结束了，身后留下的只有自己的杰作，于是任何东西都不能改变。根据这个原则，我开始寻找过去，即马泰乌什·比尔库特在捍卫工人的利益时牺牲了的那段历史。在这里选择很简单，那只有一个画面可供选择，即选择 1970 年 12 月。带头举行抗议罢工的六位工人用门板带着一具被打死的男人的尸体。

这个画面直至今日只有照片，但在小说中很少提及。我一直想用这种结局来结束电影，但我知道，我不可能有机会把这种画面搬上银幕。在电影中阿格涅什卡去了格但斯克，可是马泰乌什·比尔库特在离开监狱后搬了家，她在活人中找不到比尔库特，就去了墓地。但在墓地里也没有比尔库特这个人，所以她就把一束花放在了大门上，故事结束，但留下了悬念。

电影成为了现实，但是否能被通过还是一个大问号。尤瑟夫·泰伊赫玛非常清楚：

> 1976 年 11 月 2 日，我对瓦伊达的电影《大理石人》提出了我的意见。我觉得这是一部非常好的电影，能激起很多情感共鸣和反响。
>
> 在我与瓦伊达谈话之后——我宁愿与他一起输掉，而不愿意与菲利普斯基[3]一起赢。
>
> 1976 年 12 月 11 日我计划与瓦伊达谈话。电影可以发行，

---

1　波兰著名电影摄影师。

2　波兰作曲家、钢琴和风琴家。

3　波兰演员、电影和戏剧导演。

但是有几处必须做调整。主要是：要剪掉在格但斯克墓地的那个场景。

瓦伊达和席奇博尔－雷尔斯基平静地接受我的意见，但是他们宣称，他们必须给那些年轻演员留面子，因为他们很了解剧本。如果要改变瓦伊达拍摄电影的基调，而且让他违背良心去拍，那么导演是不会同意的。

雅罗舍维奇非常生气地给审查机关打电话，要求禁止发行《大理石人》。我对审查长说："不管总理怎么说，如果不让我知情或者没有我的同意就不能对瓦伊达的电影做任何改动。"他们根本不去剧院，不看书，也不听音乐，不看任何展览——但是非常乐意插手文艺工作！

1977 年 2 月 7 日，我必须称赞一下审查长的勇气，他顶住压力，没有阻止《大理石人》的发行。今天他给总理去了一个函，说："在目前这种政治形势下，阻止影片的发行，就会产生超出审查机关与个别艺术家发生论战的不良后果。

1977 年 3 月 11 日，《大理石人》在瓦尔斯电影院首映，人们排成了长队，自发形成了维护排队秩序的自主委员会。阻止发行电影的谣言就成为了历史。这件事在我不在期间传到了盖莱克那里，他允许在四家电影院放映这部影片，几天后事情平静了下来，尽管兴奋、激动还在继续。

尤瑟夫·泰伊赫玛顶住了层层反对让《大理石人》搬上了银幕。观众们做了剩下的事儿。有一件事我做梦都不敢想，那就是让这部影片代表波兰去参加什么电影节。但是也有人来帮忙。在巴黎的经纪人托尼莫里埃，他买了电影《大理石人》的版权，拿到了拷贝。结果戛纳电影节的主席雅库布在巴黎看到了我这部"禁止"在巴黎放映的影片，结果这部影片出乎意料地进了电影节放映影片的名单。

下面是我收到的观众的来信，它们成为我对未来的责任：

亲爱的瓦伊达先生：

请原谅我这样称呼您。几天前我在绿山[1]维努斯电影院看了您的电影《大理石人》。非常感谢您拍摄了这部影片。您跨越了一道被认为是不可能的障碍。您再一次证明了，您所拍的电影都是有价值的。请您想象一下，在看电影的时候，观众就像是坐在法庭旁听席上那样，在比尔库特"出乎意料的"的供认之后，旁听的人都从座席上站了起来并鼓掌，我就是他们当中的一员。说实话，实在应该高歌一曲。

其乐无穷。再次感谢您。

致最崇高的敬意！

白奈迪克特·纳法尔斯基

1977 年 3 月 31 日秋

还从未见过如此赤裸裸的表现真实（我们非常渴望看到）的电影！只是，导演有点过分，因为没有人能感到有这么多自由。有点太过现代了！但是她表演得非常好，简直太棒了！是什么让我如此激动？当然是真实打动了我。因为有些事情是不可言传的，你，还有那些我们青年时代唱过的歌。倒霉的年轻时代！曾经有过那么多的激情！与……今天的情形有很多相似之处！而今天最不能接受的就是黑白颠倒，把黑的说成是白的，白的说成是黑的。把一切都搅在一起（对不起）。……看电影的时候我哭了，后来坐上无轨电车还在哭，最后到了家才敢放声大哭。难道是我太敏感了吗？结果第二天我就病了。我说的

---

1  位于波兰西部的城市，原来是绿山城省（1975—1998）首府。绿山城目前是卢布斯卡省的两个省府之一，另一个是大波兰地区戈茹夫。

是真话。……过了一周，我又去看了这部影片，就是想再去体验一次。演员们演得简直太棒了！我们为什么看不见他们？比尔库特把角色演得太像了！这不是演员，他就是原型，我简直不敢相信，这是电影。他就是从生活中来的真人。演得太像了，怎么能演得这么好？

祝好！

一个会计，44 岁

1977 年 4 月 24 日于卢布林

尊敬的瓦伊达先生，

我知道您是青年人的好朋友，您在为我们拍电影。《大理石人》就是最好的证明。在正式发表的评论中，有几个人批评了这部影片，但他们什么也不懂，也许是受人唆使才这样做的。我的父母亲也看了这部影片，他们跟我的看法一样。我宁愿相信我的父母，而不是评论家。

我要追寻马泰乌什·比尔库特（或者阿格涅什卡）的脚步，我认为这是一件有意思的事情。正如您改编了亚历山大·席奇博尔－雷尔斯基在 1963 年《文化》周刊上发表的《大理石人》小说那样，我去弗罗茨瓦夫的奥索里奈乌姆出版社想找到这本小说，被告知，由于"技术原因"，我不可能找到那份《文化周刊》。

请接受我最崇高的敬意！

亚历山大·普兰托斯

1977 年 5 月 29 日于弗罗茨瓦夫

我一直非常相信我的观众，因此也为他们战战兢兢地活着，一直担心我的电影是否能到达他们那里，因为他们最懂我们国家的现实。

因为拍摄《大理石人》，波兰电影评委、波兰电影评论家协会秘书长安杰伊·奥哈尔斯基代表电影评论家们授予我一块砖，这是迄今为止我获得的各种奖中最珍贵的一个奖。他是在格但斯克举办的波兰故事片节的大楼内的楼梯上给我的，为什么是在楼梯上给我呢，是因为电影评委们在波兰故事片电影节上不能公开看到这部电影，因为电影局不同意——与前几年一样——在电影节结束的正式晚会上给我颁发这个奖。四十五位评委不仅决定要大声宣布他们对这部电影的看法，同时他们觉得受到了伤害，因为不许他们在最终的评语上签字。我必须提到一点，在那个时候一直有一种说法，尽管很好笑，但它包含相当严肃的道德问题：

> 最好不要想；
>
> 如果你想了，那最好别说出来；
>
> 如果你说出来了，那最好别写下来；
>
> 如果你写下来了，那最好不要在上面签字；
>
> 但是如果你签了字，那就别觉得奇怪了。

那些在评语上签字的记者、评委们非常了解上面那些话的意思，他们知道，他们会收到更大的惊讶。现在我把那张签有他们名字的纸张复印出来当然是为了感谢他们。我还记得，这些签字在几年前由博热娜·亚尼茨卡[1]编辑的题为《船已远航……》的书上已经刊登出来，目前这本书已经成为格但斯克电影节的历史了。

1981年5月马佐夫舍地区电视台播放了该片。

## 《来自维尔科庄园的女人们》

在电影方面我从未当政治的傀儡。我热爱电影，电影的元素就是我生活的内容。因此我愿意去寻找远离某些政治隐喻的一些题材，而很长时间以来我一直想改编雅罗斯瓦夫·伊瓦什凯维奇[2]的小说拍电影。

---

1　波兰记者、电影评论家。

2　波兰著名作家、翻译家、外交官，1959—1980年间担任波兰作家协会主席。

在电影《桦树林》[1]大获成功之后，我想拍电影《来自维尔科庄园的女人们》。现在这部影片也成了政治上的一个必谈品。在《大理石人》之后，我必须谨慎地应对对手们，避免拍摄具有强烈政治情绪的影片。电影当局可以松口气，而这对我来说，也是我开始了真正的欣嫩谷[2]。以前拍电影要拼出全力，想方设法促使其发行。这次我改编的是伊瓦什凯维奇微妙的一个散文故事，要求与以前完全不一样。我内心的节奏与《来自维尔科庄园的女人们》的慢节奏产生了矛盾，特别是在拍摄该片最初的几周内。

雅罗斯瓦夫·伊瓦什凯维奇的小说写得非常美，与兹比格涅夫·卡敏斯基[3]的节奏很和谐，他是我们"X"电影制片厂的导演之一。幸运的是演员选择也很到位。后来，阿兰·斯塔尔斯基[4]开车把我带到离华沙很远的一个地方，想让我看一个并不很漂亮的，而且毁坏很严重的庄园，然后他以坚定的口气对我说，这里就是天堂，因为这里可以实现你全部的理想。

在战后的波兰有大约四万座庄园被洗劫一空或者遭到严重的破坏。但是后来从废墟中拯救出来的一些庄园也开始倒塌，波兰庄园内部的装潢是拍电视和电影最好的布景。那里大概是这个样子：在白色的墙上挂着从仓库里拿出的各种道具，主要是剑、手枪，还有像镜子一样发光的涂着亮漆的地板。阿兰最怕这种幼稚的想法，因此他想为我们的电影找到原汁原味的庄园。他比我年轻许多，他不可能见过波兰庄园的生活，也不知道庄园的习俗，但是他坚持《来自维尔科庄园的女人们》必须在拉达霍夫卡[5]拍摄，因为在这个庄园里还有人住在这里，还能看见战前烟熏火烧的痕迹，因为他相信我们可以在这里激情燃烧。

如果我们在这里拍摄，要做大量的准备工作。我们得在前面重新搭建一个门廊，然后摆上长椅，收拾干净房子前面的大草坪，拆掉大平台上搭建的木板，在里面摆上家具并在家具上安上铜制手柄，清除在一战前人们担心被

<hr />

1  1970年由安杰伊·瓦伊达根据伊瓦什凯维奇小说改编的波兰故事片。

2  过去以色列人在此焚烧罪犯尸体及生活垃圾，人们还在垃圾上撒上硫磺以帮助燃烧，因此这个地方总是烟雾缭绕。

3  波兰电影导演、编剧、电影制片人。

4  波兰电影戏剧家，奥斯卡奖获得者。

5  位于波兰马佐夫舍省。

抢劫，藏在阁楼里的所有物品，那时我们大家才能围坐在圆桌前，安心共进晚餐……

入夏，天公非常作美，但我的心却久久不能平静下来。因为我在镜头前看见的一切给我的感觉怎么这么慢，怎么这么冗长。不过，开拍后的前两个星期简直就是一场噩梦。后来丹尼尔·奥尔布雷赫斯基这样回忆道：

> 啊呀，真是万事开头难呀！我们都坐在那里，不知该干什么，也不知该说什么，更不知道该用哪只脚先迈进片场。几乎没有脚本对话，一切都显得非常不严谨……安杰伊给我们的印象是他也不很确定该怎么做。如果制片人不是芭芭拉派茨－西莱西茨卡的话，那么每个制片主任在她的那个位置上都会感到惶惶不安。因为整个剧组从早上开始就在那里进行毫无意义的讨论，而且讨论一直持续到半夜十二点，有时会到半夜一点或者两点……结果一直没有任何进展！

兹比格涅夫·卡敏斯基从一开始就非常清楚地知道，应该怎样拍这部电影，我呢，却在担心，本应让他展示更大的激情，让他做更多的事情，给他机会充分地展现他的才能，而我却用种种方法把他搁在一边，结果总是不能进入主题。尽管兹比格涅夫才刚刚开始从事导演工作，其实关于这部影片，他知道的一些东西是我没注意到的。我这位年轻的同事，不是一味地去寻找剧情的冲突，而是非常准确、具体地按照伊瓦什凯维奇所描述的那样去导演。

我的夫人克里斯蒂娜，对我焦躁不安的心理状况感到担忧，她说，我仍然还生活在《大理石人》的节奏中。政治电影在本质上是一个行动的图景，而现在我们在拍一部完全不同的电影，我们的意图是想在银幕上展示庄园里女士们神秘的内部生活。从此我们的拍摄工作就根据居住在维尔科庄园的妇女们慢节奏的生活而进行。现在我可以看见演员们饰演角色的面容、看到阳光透过树叶洒在大露台上，看见美丽的风景画，看见她们在家里做家务活、在庄园的仓库里收拾东西，克里斯蒂娜·扎赫瓦托维奇在银幕上表演的美丽画面。

当我在回想小说《来自维尔科庄园的女人们》的内容时，我就在想，它的内容就是这，也是那，没任何具体的东西，当然还有别的什么。这就是最准确的回答。有一条细线把我们与伊瓦什凯维奇描写的生活连在一起，好像我们回到了从前，回到了孩童时代，回到了更美好的日子。《来自维尔科庄园的女人们》里展现了具有价值的世界。这些妇女非常清楚地知道，她们不能逾越什么底线。说起来很容易，但是要在银幕上表现出来并不是一件易事。

我们在拉达霍夫卡驻地的主人看了我的工作，他注意到，导演的工作让他觉得就像摆着的两行金龟子。

还是在冬天的时候，就有幸说服了雅罗斯瓦夫，让他跟我们一起坐火车走，我们为他拍照。窗外是一片白雪皑皑的景色，夏去冬来，伟大的作家与自己年轻时见过的风景告别，而我们结束了电影的拍摄。伊瓦什凯维奇家里人一开始对我们改编他的小说的想法并不十分赞同。安娜·伊瓦什凯维奇[1]给万达·维尔坦斯泰因[2]写信说：

> 亲爱的万达：
>
> 你满腔热情地把《来自维尔科庄园的女人们》的小说搬上银幕，而我却像是受到了严重的打击……你能想象出来吗，这是一部极其细致优雅的、极敏感的小说，尽管这是一位最好的导演，但他能很好地把这部小说改编成电影吗？在瓦伊达带着自己的想法来到我家时，在我一开始听到他的这个想法时，就浑身颤栗，我希望雅罗斯瓦夫不会同意，但是……他从来都不会拒绝，不管是谁想改编他的作品。当然瓦伊达改编的电影《桦树林》在巴黎大获成功，但是我认为，这部美丽的电影很"一般"。当然我可以说，他在拍《桦树林》时，在两性问题上表现得非常谨慎，但我却看到了波莱斯瓦夫和马丽娜在银幕上的

---

1 波兰女作家、翻译家，作家雅罗斯瓦夫·伊瓦什凯维奇的夫人。

2 波兰电影评论家、剧作家、导演。

粗暴野蛮和卑鄙下流的画面（在小说中从来没有一句这样的话语），这让我感到非常不满……而现在，你想想看，他们要用同样的伎俩来改编《来自维尔科庄园的女人们》！你还记得橘园美术馆[1]的印象画派的那个大厅吗？你还记得莫奈的《罂粟》画吗？在阳光普照的草甸上，从旁边走出一位穿着白色长裙的妇女，她打着伞，她的白色长裙与草甸上盛开的花交相辉映，在阳光的照耀下，让人觉得这简直就不可能（尽管是"现实主义"）。这也就是我想说的，什么是《来自维尔科庄园的女人们》。我觉得，在这部电影中肯定会在维克多和尤尔卡之间出现那种诱人的、关于爱情的、"引人入胜"的镜头，其实作家在自己的小说中只有一句话（他在享用早餐时看到了那些"自己"的女人），想到这里我真想哭一场……

也许正因为这一点，雅罗斯瓦夫·伊瓦什凯维奇后来给我写信说：

亲爱的安杰伊：

我周六刚从索非亚回来，偶遇了丹尼尔。我在保加利亚待了三天的时间，主要是参观了拍摄《来自维尔科庄园的女人》的波兰电影中心。我是第四次看了这部电影，每次看完后都感到非常欣喜，有些难以控制的激动。每次看完之后我都会对你构图艺术的技巧感到由衷的赞叹，你能将扣人心弦的细节创造成精彩美好的事务。尽管我在家里还是受到了一些威胁，尽管在旅途中我有很多感触——我描写的这些妇女的场面和画面一直吸引着我和丹尼尔（不过请不要对丹尼尔说这些，否则会让他不知所以然）——我最喜欢电影中卡罗尔的音乐旋律，从中可以看出在我的内心还保存着我对《女人们》[2]遥远的记忆。我

---

1　展示印象派画家和后印象派画作的艺术馆，位于法国巴黎协和广场、塞纳河旁。
2　这里指小说《来自维尔科庄园的女人们》。

无法用语言表达我对你的感激之情和赞美之词。非常感激你，抱歉啰里啰嗦地跟你说了这么多……

其实电影是否成功的最好标准就是按照导演的意图拍好，而不是改编作者的小说是否成功。这不是因为导演是电影的作者，而是因为电影是电影，文学是文学。

年底，我已经在吃早餐的时候对一些场面有了成熟的想法，尤尔卡和尤拉一起吃着蘸着蜂蜜的黄瓜。这些女人们都过着自己的生活，无论哪位男士都很难进入她们的生活。她们不停地说着什么，有自己的攻守同盟，他总是被撇在一边……这个场面最接近伊瓦什凯维奇小说中的情景。遗憾的是，我们没能早一些发现这一点，或许还能把这部影片拍得更加亲和一些。女性有自己的生活，而维克多仅仅是维尔科庄园里的女人们中多余的人。

在拍摄这部影片时，我想了很多，而我在工作中的转变，是因为我在自己当时的日记中写的一段话：

> 1978 年 1 月 15 日，克拉科夫
>
> 我希望在克拉科夫开始一段新的生活，慢节奏的、专心致志的和有意义的。我决定在和别人谈话时要关注对方眼睛的颜色，不去记录那些尖锐的对话（我要记在脑子里，以便今后用在自己的电影里），然后就是去那些不适合拍电影的地方不停地走下去……"这对我会有益处吗，不知道，但是我要把这个作为我最终的目标"——正如陀思妥耶夫斯基《群魔》中的人物斯塔夫罗金说的那样。

即将到来的事件不允许我过分长久地沉迷于艺术家的内心自由之中。令人难忘的 1981 年就要来临了！

# 陀思妥耶夫斯基戏剧中的良知

没良知的人，必将受到惩罚。

——费奥多尔·陀思妥耶夫斯基，《罪与罚》

从《群魔》中读到的恐惧，刚刚就呈现在舞台上。

——杨·博沃斯基[1]

　　我是从马莱克·赫瓦斯基[2]那儿才知道有陀思妥耶夫斯基这个人的。1956 年秋天，我们一起在维斯瓦河畔的卡齐米日镇住上了好几个星期，编写《傻瓜相信黎明》[3]的电影剧本，因此有时间聊到作品以外的其他话题。赫瓦斯基记忆力超群，善于引用其他作品中的片段。其中有一段斯塔夫罗金与列比亚德金大尉的对话[4]，我至今记忆犹新：

　　　　拿上我的雨伞吧。
　　　　伞是您的，我配得上吗？

---

1　波兰文学史专家、文学评论家。

2　波兰散文作家、电影编剧。

3　《傻瓜相信黎明》原登载于《全景》周刊，作者马莱克·赫瓦斯基，成书出版时更名为《下一站天堂》。根据小说改编的电影《死者营地》由作者本人担任编剧，柴斯瓦夫·派泰尔斯基导演，1958 年上映。

4　出自陀思妥耶夫斯基的小说《群魔》。《群魔》中的主要人物有斯塔罗夫金、彼得·维尔霍夫斯基、基里洛夫、沙托夫、利比亚德金大尉等。

雨伞人人配用。

您真英明，一语中的，划定了最小的人权。

这样的引用越来越多，我就决定必须也去读读《群魔》这本书。阅读过后，对它的思考我从未停止，直到今天。

## 《群魔》

在解构加缪[1]版《群魔》剧本时，我们需要不停地提醒自己，是陀思妥耶夫斯基的著作赋予了剧本生命。这部作品才是我和演员们在舞台上要展现的世界观的实实在在的源泉。也因此，我们认为在排练时对剧本做一些修改、删节和补充是很有必要的。舞台搭建和演出的过程中，我曾无数次地修改文字表述，纠结于如何展现作品中的生活场景。演员们开发人物形象时，我建议他们直接阅读原著中的描述，也因此在多次试演中逐渐塑造了人物形象。正因如此，这部著作才能以戏剧的形式在舞台上焕发出更持久的生命。加缪的改编带有鲜明的个人特征，也展现出他的演出团队的性格特点，同时表达出他们对陀思妥耶夫斯基著作的看法。我们的作品也是如此。感谢伟大的阿尔贝·加缪，他为我们树立了榜样，并引导我们聚焦于陀思妥耶夫斯基的《群魔》本身，寻找我们自己对这部不朽著作的认识。

我将这段话写在克拉科夫老剧院演出的《群魔》剧目介绍上。事实上，在第一次排练之前，我拜访过另外4家剧院，剧院经理们的反应各有不同："以后再说吧，现在这个演出季可不行"，"我不能提供这么庞大的演员团队"，"我们没有足够宽敞的舞台"。最后我还去过马祖维茨剧院，在那里听到了伤人但却很真实的回答："您不能用我的演员演出这部剧。"

---

1　指阿尔贝·加缪，法国小说家、哲学家、戏剧家和评论家。

在齐格蒙特·胡博奈尔[1]离开老剧院之后，我很长一段时间都绕开这个舞台。但是新上任的艺术总监——杨·保罗·噶弗里克[2]几乎在第一时间就表示出极力支持我的作品。至今我都不明白，他是用什么方法拿到政府机关和审查机构的许可，让《群魔》能够上演的。陀思妥耶夫斯基这个人，特别是他的这部作品，在苏联仍是不能碰的剧院剧目。会不会是克拉科夫地方政府要支持他们自己选出来的剧院管理者，所以给他一次机会？我抓住了这次机会，同时也会深深牢记，是杨·保罗·噶弗里克将《群魔》带到了老剧院。

1971年2月9日，上午十点，第一次排练正式举行。遵循剧场排练的习惯，首先宣读了草拟的演员名单。毫无征兆地，被指定饰演自杀者基里洛夫的演员从位置上站了起来，他紧张得声音都在颤抖，请求允许他立即宣读一份声明。当时在排练现场的人恐怕没有谁还能记得，那份声明中具体包含了些什么内容。总的来说，那是一份针对我的抗议，将我定性为从事反波兰的政治活动家，起因嘛，我自己回忆了一下，主要是电影《战后的大地》[3]那时候正在上映。

声明读完后，这位演员脸色惨白地坐了下去。一片沉寂中首先发声的是我们的女士们。她们开始向我道歉，一个接着一个地发声，这样就不仅仅是集体的声音了。以这种矛盾的方式表达出，大家不仅仅在艺术层面上认同我的电影，从政治意义上也是接受的。"您是否会饰演基里洛夫呢？"噶弗里克直率地问道。可怜的男演员不假思索地回答："演！"这让所有人都更加震惊。康拉德·斯韦纳尔斯基[4]总是说（他对我多少有些嫉妒），这是他听到的所有故事里最美妙的一次排练开场。这是真的。这种紧张分分的悬疑感，一经制造就日夜蔓延增长，一直到首演。

没有定稿，这是演员们遇到的最根本的困难。我从加缪的改编剧本着手，但对比阅读原著后，我发现加缪的改编中略去了很多对话和细节，而这些恰

---

1 波兰演员、导演，曾担任克拉科夫老剧院首席艺术经理。

2 波兰随笔作家、剧场管理家和剧评家。

3 安杰伊·瓦伊达导演作品，1970年上映。

4 波兰电影导演。

恰是我认为应该呈现在舞台上的。就拿前面提到的列比亚德金大尉和斯塔夫罗金的对话片段来说，加缪省略了列比亚德金的最后一句（"您真英明，一语点破了人权最微小的含义"），但正是这句话才是点睛之笔，包含着陀思妥耶夫斯基想表达的讽刺和幽默。我必须梳理所有的对白，从中找出那些难以引起法国公众共鸣，但波兰人却可以理解的幽默点。同时，正是他创作出了奇妙的对立平衡，用如夜的黑暗来形容革命者群体的诞生。

我的电影秘书几乎每天夜里都在奋笔疾书，将我标注的内容补充到剧本中，第二天早上我再交给演员们。这种混乱几乎让所有人崩溃。当克里斯蒂娜·扎赫瓦托维奇责问杨·诺维茨基[1]为什么不看剧本时，他回答，等到导演学会怎么导演时再看也不迟。

正因为我的反复不定才让演员们不得不去阅读《群魔》的原著，而不是只看改编剧本。这本书中蕴含的巨大力量让每个人都深受震撼。它对我们所要求的真实和诚实，我们从来没有经历过，也没想过如何去适应。我告诉同事们还有我自己，就算我们还没有准备好在舞台上呈现陀思妥耶夫斯基，我们也必须在这种煎熬中挺过去。就这样，我努力维持着脆弱的心理平衡。我们用了数周时间去讨论诸像如何设置中场休息这样的问题。很简单，这出剧目肯定长达三个半到四个小时，需要两个中场休息，最差也必须有一个长的间歇。同时，我也担心，在中场休息后，百无聊赖的观众不会再回到演出大厅。类似这样纠结的讨论将演员们的信心消磨殆尽，大家越来越相信，等待我们的必然是失败。

幸运的是，《群魔》由多组场景组成，除了三场群体场景外，基本上我只是和两三个演员碰碰戏。我把我希望在舞台上看到的激情和表达告诉其他的演员，让他们自己去体会。在这样的工作方式下，沃依切赫·波舍尼雅克[2]渐渐成了我的强大支柱。他和安杰伊·科扎克[3]一起独立准备好了基里洛夫的自杀场景，他们的演出让我第一次感到我们触碰到了真相。其他演员对我的工作方式和要求并不满意，但并没有恶化为不买账，相反地，在混乱之

---

1　波兰演员，在《群魔》中饰演斯塔夫罗金。

2　波兰演员，在《群魔》中饰演彼得·维尔霍夫斯基。

3　波兰演员，在《群魔》中饰演基里洛夫。

中竟滋生出某种共鸣，形成了一种让人窒息的对话和动作节奏。这是我无法用其他任何方式能够得到的效果。而我也不自觉地被带进这种节奏中。

从一开始我就在为《群魔》寻找符合大众审美的舞台效果。我清楚地知道，如果没有任何布景和灯光，角色都不能完美呈现。我在读这本小说的时候，那还是在正式开始排练的很久之前，我重点研究了第一段引言。陀思妥耶夫斯基开篇写道：基督将鬼从中邪者身上驱逐出去，这些鬼进入猪群，猪群便疯狂地跳海自尽。"这些猪就是我们。我，我的儿子，还有其他人"，斯提潘·特罗菲莫维奇笑着说。是的，被让人中邪的恶灵侵蚀后发疯的猪群才是小说中人物角色的本质。我认为导演最应该做的，就是将角色的绝望和垂死挣扎激发出来，这也是我要告诉演员们的。也许不是所有的演员都能明白这种比喻，但这些确确实实就是我所希望的，在首演时能够传递给观众的感觉。

在首演前的几天，齐格蒙特·考涅茨奈[1]将演员们深陷狂乱的节奏写进了音乐编曲里。作曲家一下子就领会了我的意图，当时我只是向他介绍第二段引言：取自普希金的一首诗。暴风雪中魔鬼追逐着不辨东西的雪橇，猫头鹰的叫声、刺耳的呼喊和低语还有电吉他发出的钢弦声，让演员们汗毛都竖起来了，为最后几次排练烘托出相当好的气氛。

加缪的改编剧本几乎都是室内场景，主要发生在芭芭拉·彼得罗夫娜[2]的家里，这就使《群魔》成了一出沙龙剧。要在舞台上表现出癫狂的奔跑效果，地面非常重要，这在刚开始设计舞台布景时我就想到了。一条老旧的、坑洼泥泞的宽道呈现在我脑海中，构成了《群魔》最基本的背景，另外填充上一片灰得发脏的地平线附近的天空，整幅构图就完整了。最后只剩下如何换景这一个问题了。我愿意不惜一切代价实现戏剧的现实主义效果，因此我需要每一个场景的家具和道具都能给予观众真实感。我的改编中共有二十四个场景。这就是说，搬上搬下的家具、隔墙和道具等等是一项独立的任务。

---

1 波兰作曲家，为多部戏剧、电影作曲配乐。

2 《群魔》小说中的人物。

尽管可以落下幕布换景，但这样就大大破坏了贯穿全剧的节奏，因此，我想与场务和机械组共同解决这个棘手的大麻烦。

吉人自有福报。在正式排练前的一个月，我去日本大阪参加世博会的一个电影节活动。我的向导是一位美国人，名叫约翰·鲍维尔斯，他曾在京都大学担任波兰语教师。他带我领略了日本的文乐木偶戏，其中身穿黑衣、头戴黑头套的神秘的角色——木偶演员引起了我的注意。木偶演员只有在主要人形角色表演时才会出现，但经常是三到四个人操纵一个人形。他们尽管全身覆盖黑色，观众还是看得见他们，他们并没有像欧洲木偶剧那样藏在舞台的下面。人的操纵和木偶栩栩如生的表演共同呈现在舞台上，相比单纯的木偶戏，能带给观众更加强烈的震撼。就好像并不是木偶演员操纵着歌姬或者勇敢的武士，而是这些鲜活的、色彩艳丽的木偶正在努力挣脱黑衣人的手掌，下一秒就会逃进观众席中。

这幅画面深深烙刻在我的脑海中，让我有了一个想法，把"木偶演员"引入到克拉科夫版的《群魔》中来。最初，黑衣人的任务仅限于搬道具。在黑暗中有一束幽兰的灯光，一阵令人发疯的脚步声传过来，他们放好道具再慌里慌张地逃开，然后舞台会再次明亮起来。他们跑步的动作，一开始并没有刻意去设计，但却渐渐融入了剧情和表演中，在最后的几个场景中，不自觉地帮助了演员们更好地完成角色。从为斯塔夫罗金准备自杀的绳子，到解说员说完结束语："女士们、先生们，斯塔夫罗金死后，医生们做出诊断，他再也不会说疯话了……"，这结束语被"木偶演员"切断，戛然而止。此时出现的黑衣人，对观众来说，就是魔鬼的化身。

我几乎把全部精力都放在了改编剧本和辅导演员上，让他们能够展现出陀思妥耶夫斯基笔下人性最阴暗的一面，释放最丑恶的本能。我根本没有时间去画布景装饰。我把雕塑师和剧场画家带到纺织会馆[1]里的国家博物馆画廊，让他们看海沃蒙斯基[2]著名的《四匹骏马》。我想要的布景就是这幅画的感觉。刚开始画的时候，我希望在舞台上用的是真的泥巴。但那样老剧院

---

1　纺织会馆是波兰克拉科夫的一座文艺复兴建筑，位于老城中心的中央集市广场，是该市最著名的地标之一。

2　波兰画家，善画马。《四匹骏马》画于1881年。

的地板就看不见了，因为观众席的斜坡设计存在缺陷。如果我们把布景做成弯的，那演员们密集的走位肯定会让泥巴溅得到处都是。我深受打击，难道要将整出剧的表演设计全部推倒重来？克里斯蒂娜·扎赫瓦托维奇这时候按照我的意愿，给了我一个完美的解决方案，让我欣喜若狂——她把所有戏服的边缘，只要是碰得到地板的部分，全都涂上了泥巴！这个主意能让演员们完全融入布景之中，让整个画面非常具有感召力。从那以后，就是凭借着这种互补和默契让我们，也就是克里斯蒂娜和我，合作共事了很多很多年。

我导演《群魔》就是为了更接近魔鬼。这部作品让我深深着迷，我知道，要想导演出它必须要先"走进"小说中去，理解这些角色，了解他们的感受。这部作品的思想在陀思妥耶夫斯基书写它的时候顺应时代，但放在今天也不过时。这才是破局的那个点。如果没有这样的信念，我就无法去导演《群魔》，因为这不是一件我只为了自己才干的事。我也必须相信，观众们从我这里感受到的，正是他们隐藏在内心深处的东西。

维尔霍文斯基在和斯塔罗夫金的对话中宣称："再过几个这样的星期五我就能改变俄国。"斯塔罗夫金回答："还要见几个星期的傻瓜？""不，他们不是傻瓜，他们只是太过感性。所以要让他们多说说话。他们害怕会被扣上反动派的帽子，那样他们就不得不成为革命者了。"如今的世界其实就存在着这样的压力，所谓的政治正确的压力。面对它时，恐惧会无边无际地蔓延增长。这些话将来也许能成为某部优秀现代电影的引言。

首演的日子越来越近了，但演员们还处在毫无头绪的状态。老实说，只有一些个别的场景，特别是有沃依切赫·波舍尼雅克和杨·诺维斯基在场时，我才能放心。我们始终无法将全剧完整地梳理一遍。这里面有多种原因，其中一个是有一个演员无缘无故地缺席，不可理喻地玩失踪，简直就是小说中那个酗酒成性的列比亚德金大尉的真人版。理论上的和实际能彩排的期限都过去了，只剩下最后一次机会，也就是晚上首演之前，在上午安排一次带观众彩排。

观众是戏剧系和文学系的大学生。遗憾的是，那天早上他们也没能将全剧完整看完。杨·诺维斯基夸张地表演了斯塔夫罗金的忏悔后，饰演提霍纳修士的卡齐米日·法比夏克走上舞台，开始念第一段对白："您的忏悔很真诚，但……"这时，几根大幕线突然掉了下来，造成了无法想象的后果。法比夏克一把拽过斯塔罗夫金刚刚坐过的那把椅子，紧紧地抓住扶手，然后慢慢地，极其不自然地，或者说是非表演式地狠狠摔在了地上。观众把这当成笑话看了。在边厢候场的演员们根本没把这当成一回事，他们还以为这突如其来的变化是我早就安排好的。我马上跑过去救援，并立刻告诉大家，这真的是一场事故。救护医生过了几分钟才赶到现场。然后就是漫长的数个小时的等待，等来的却是我们这位优秀的剧场演员的死亡。

全体演职人员都聚集在后台，等待着当晚是否还要举行首演的决定。饰演沙托夫的演员正是死者的儿子——亚力山大·法比夏克，因此取消首演似乎在情理之中。但是噶弗里克总监准确地感知到这支被排练折磨得精疲力竭的团队有着强烈的演出意愿，大家必须与观众们一起与这悲惨的一天做个了断。

还在继续讨论这个决定是否合情合理的时候，从角落里奇迹般地传来了列比亚德金大尉的声音，他请求大家向死者默哀一分钟。看着这个瑟瑟发抖的小伙子，我不禁联想到，也许是陀思妥耶夫斯基在用这种方式向已经死去的醉鬼列比亚德金大尉致敬。在过去的这些天里，现实与剧情竟如此吻合。晚上，首演照常举行。当第一次掌声响起时，演员们竟然愣住了，惊讶地望向台下的观众。他们完全没有想到观众有这样的反应，呆呆地站在那里，就像他们是初次登上舞台那般。真是最美妙的时刻！

剧歇时康拉德·斯韦纳尔斯基兴奋地走过来问我："他们的眼睛里充满了恐惧，你是怎么做到的？""他们排练了三个月，我也告诉了他们三个月，他们演不出陀思妥耶夫斯基！"

《群魔》在老剧院表演了十五年。

日记摘录：

1972 年 2 月 15 日，伦敦（这段文字稍显忧郁，写于从伦敦戏剧节返回老剧院前。）

在本季戏剧节上，最受期待的要属祖鲁版的麦克白[1]。喜欢此剧的人，或许还会去观看其他野蛮人演出的剧目，比如作为闭幕剧的由波兰人演的陀思妥耶夫斯基的《群魔》。

1972 年 3 月 31 日，卡尔瓦里亚·泽布日多夫斯卡镇[2]（耶稣受难日，拜苦路活动[3]。）

"被祝福的，是那看不见，却又深信不疑的。"一片喧哗，到处都是。毫无观赏性。这诵诗又臭又长，还没有任何表演活动。有那么一刻我真想冲进去帮他们导演。话说回来，如今看戏的观众也不会牢记所有舞台上的细枝末节，只会想起那些印在脑海中的经典画面。

1972 年 4 月 10 日，纽约

本地报纸上的一则声明：

"现在我们来交换生活。

一位年轻貌美的二十九岁女作家，在格林威治村有套不算很大但很舒适的房子，有上千本书，喜欢收集贝多芬的唱片。她有一票铁杆好友，还有几个情人，有些还是单身。她将和某个陌生人交换生活，过上一个月。有丈夫，还要照顾孩子"……

1972 年 4 月 12 日，纽约

晚上，一个年轻小伙子在路上跟着我们，他一遍又一遍地重复着车轱辘话："我在越战中没了胳膊，他们切了它，我把它寄给我妈作纪念。"他的袖子空荡荡的，但我看见他的胳膊就在外套下面——没有任何问题。

---

1 祖鲁版《麦克白》由南非剧作家韦尔卡·莫索米编剧，主要是将莎士比亚的名剧《麦克白》与 19 世纪初期的祖鲁部落文化相融合。

2 波兰南部的一个小城镇。

3 天主教的一种模仿耶稣被钉上十字架过程的宗教活动。

他们说，他嗑药了……

在 1972 年 6 月 25 日出版的《横截面》杂志第一千四百二十期上，老剧院的女演员哈利娜·科维阿特科夫斯卡[1]（在《群魔》中并没有表演）以我们在伦敦的经历为题材发表了一篇报道。此处选摘部分片段：

> 从 1964 年起，伦敦奥德维奇剧院每年都会举办"世界戏剧节"活动，届时来自世界各地的好戏都会来参演。今年在 2 个月的戏剧节期间，南非、西班牙、希腊、意大利和印度的剧团表演了他们的剧目。闭幕剧是由克拉科夫老剧院带来的陀思妥耶夫斯基的《群魔》，导演安杰伊·瓦伊达。
>
> 戏剧节总监彼得·多布尼[2]在观看了多部波兰剧目的介绍后，决定请我的剧团到伦敦，并且提前几个月就发出邀请。由于有了朋友们的邀请函，我有幸目睹了这一重要的历史时刻。
>
> 首演的前几天，我就飞到伦敦了。我只在波兰航空的伦敦办公室看见了唯一一张《群魔》的海报。但是第二天，情况发生了变化。剧院内布满了关于波兰的照片，首演的门票也几乎售罄。
>
> 我们的演出团队都来了，要进行整场彩排。我将剧院里里外外看了一遍后发现，这个剧院比我们剧院要小得多，而且结构独特，更衣间进出也非常不方便。舞台和老剧院完全不同，这里必须要放下幕布，因为在英国遵守防火安全规定是强制性的，为此我们还得弃用延展台。我们在克拉科夫时都是把延展台搭到观众席中去的。灯光也出了问题。另外，整出剧目还要再缩减三刻钟。正式演出的时候，观众们将从耳机中听到英文台词，因此台上的表演必须与台词完全同步。麻烦比比皆是，

---

1　波兰女演员。

2　德裔英国剧场经理人。

到处弥漫着紧张的气氛，我甚至听到瓦伊达导演提高了嗓门。

晚上，首演开始了。我在坐得满满当当的观众席中发现了著名画家菲利克斯·托普勒斯基[1]和一些英国知名演员，如汤姆·寇特内[2]（《长跑者的寂寞》[3]主演），安东尼·圭尔[4]（杰出的莎士比亚剧演员），乔恩·芬奇[5]和弗朗塞斯卡·阿尼斯[6]（在波兰斯基[7]的电影中分别饰演麦克白和麦克白夫人），费尔蒂·梅因[8]，罗曼·波兰斯基，还有大使馆的官员。英文剧本由年轻英俊的穆拉托[9]小伙子献声，他的声音非常完美地带动了观众的情绪。我听的几乎都是英文翻译，这声音穿透耳机，舞台上的同事们肯定也听到了。

剧歇期间人声鼎沸。这部剧的风格出乎大家的预料。剧院前厅的墙面上覆盖着克拉科夫上演过的各类戏剧的大量剧照，我在其中还找到了三位连任的老剧院艺术总监的照片。观众们翻看着免费领取的介绍克拉科夫戏剧表演历史的四联图文宣传册。在演出的下半段，观众的气氛更是不断高涨，在谢幕时鼓掌致意长达6分钟。

第二天早上剧评纷至沓来。这些剧评中普遍使用了"brilliant"（杰出的）这个英国人非常惜用的单词。所有的报纸都对导演水平、剧情效果、舞台装饰、演职团队和主要演员给予了高度评价，还把饰演斯塔罗夫金的诺维茨基与英国顶尖

---

1 波兰画家。

2 英格兰男演员，曾以《换装师》获得奥斯卡最佳男主角奖提名，并以《45周年》获得柏林电影节最佳男演员银熊奖。

3 英国电影，1962年上映。

4 英国著名演员。

5 英国舞台剧演员、电影演员。

6 英国女演员。

7 指罗曼·波兰斯基，1933年出生于法国巴黎，毕业于波兰罗兹电影学院，法国导演、编剧、制作人。

8 长期居住在英国的德国演员。

9 穆拉托人为一种血统分类上的习惯名称，指黑人和白人的混血儿。

演员相提并论，有一家报纸说是像斯科菲尔德[1]，其他的报纸提到的都是芬尼[2]。剧评中着重提到，他的那种压抑之下仍要保持表面平静的张力，和波舍尼亚克饰演的青年维尔霍斯基神经质般的烦躁形成了强烈对比。多数文章中向彼得·多布尼表示致敬，感谢他为戏剧节找来了这么杰出的作品。知名评论家、剧作家约翰·莫提默[3]发表在《观察者评论周刊》中的文章中提到，短暂的相聚后就要与优秀的克拉科夫剧团告别实在令人伤心，真希望请他们再回来。

在六天里，算上两次下午加场，我们剧院的《群魔》一共上演了八次。彼得·多布尼表示，希望老剧院来年带着其他剧目或者还是这部《群魔》再来伦敦。

## 《纳斯塔西亚·菲莉帕夫纳》

日记摘录：

1976年7月2日，克拉科夫

为什么要排练：

阅读陀思妥耶夫斯基的作品都这么难，更何况要表演出来！我真的没有准备好。

观众们品评的是剧目最终上演时的效果，而我们自己更多关注的是每次排练究竟怎么样。亲爱的，并不是结果最重要。你们将见证对人物和剧情理解的全过程。不要幻想能发生什么不寻常的事，这个过程很有可能会非常无聊和琐碎，你们尤其还会在无数次地"再来一遍"中饱受煎熬。这出戏不是通过排练就能妥妥准备好上演的。我希望，不会有人在你们面前炫弄

---

1　指保罗·斯科菲尔德，英国著名舞台剧及电影演员。

2　指亚伯特·芬尼，英国著名舞台剧及电影演员，曾五次获得奥斯卡奖提名。

3　英国律师、剧作家、电影编剧和作家。

演技。你们作为观众出现，尽管可能会搞砸一切，但却是对我的支持和信任，我会时时提醒自己，就在这里，在此时此刻，我应该这样演，应该突破自我，克服羞臊，不要感觉自己没了面子。

一些原则：

1. 请准时入场。

2. 禁止吸烟。

3. 剧歇或者排练大厅中场休息时才能离场。

4. 禁止拍照。

5. 禁止录影录音（可以记笔记）。

6. 保持安静。不允许鼓掌，不允许与导演或演员交谈。完完全全是旁观者。

7. 将在某一天安排集中交流；排练中途，除非我和演员们提出交流希望，才可以发言。


1976 年 8 月 10 日，沃依切赫

1. 向华沙密茨凯维奇博物馆预定被骑兵少尉叶拉金谋杀的女演员维斯诺夫斯卡[1]的临终照片副本。在她的紧身衣上能看见散落的红樱桃，在死前她应该正在吃樱桃。也许可以把红樱桃引入进来，放在刺杀纳斯塔西亚的场景里。

2. 整部作品中充斥着类似癫痫逐步发作恶化的过程，所有情节都是快速运转的画面，还有一些支离破碎的片段（如穆罕默德的陶罐）。仅用一秒钟就过完了整个一生。当梅什金[2]跌倒在地——癫痫发作时，有人走进大厅，卸走门板，孤零零的梅什金彻底成了傻瓜。整出戏将在一些莫名其妙的喧哗声、

---

1 指玛利亚·维斯诺夫斯卡，波兰话剧演员，被她的情人俄国士兵亚历山大·巴尔塔涅夫枪杀，原因不明。以此事件为题材，陆续出现了很多文学作品，其中较为著名的是 1925 年俄国作家伊凡·布宁的小说《骑兵少尉叶拉金案件》。

2 梅什金、罗果仁、纳斯塔西亚都是小说《白痴》中的主要人物。

歌声中落幕，以此完结并升华这个纳斯塔利亚·菲莉帕夫纳的故事……

晨间排练（黎明时分）：我打开窗户。好冷啊！我用一把俄国大茶壶给所有来排练的人倒上热腾腾的茶水。这么冷的天儿实在应该安排晚间排练，大灯下面会很暖和。是来搞笑的吗？太搞笑了。

一个想法：罗果仁和梅什金把他们所有的台词都在这一个房间里说完，然后陷入长长的沉默，就在这时某人用乏味的声音朗读《白痴》中的场景片段。


1976 年 9 月 24 日，华沙

终场。梅什金站在角落里，罗果仁坐在地上。梅什金撒着尿，把尿浇在墙上，然后转身面向观众，一脸傻傻的表情，什么都不懂的模样。这时有撞击声传来，然后是敲门的声音……

结束。


康拉德·斯韦纳尔斯基意外过世后，老剧院彻底断了翅膀，因为耶日·雅洛茨基[1]那时的工作重心已经转到国外，而我也回去拍电影了。这个时候，剧院提出要上新剧，更大的可能是，剧院需要用某件大事提振精神。演员和管理层都希望陀思妥耶夫斯基能够回到这个舞台。可是在导演《群魔》时饱受的折磨真的不堪回忆，因此我也没有轻易地向任何人许下承诺。

其实我尝试改编《白痴》剧本已经三年了。我原本的想法是将它搬上电视荧幕，但是陀思妥耶夫斯基的作品彼时仍列在电视审查部门的禁播名单里。我的改编中包含了整个故事情节，并纳入了所有主要角色。鉴于以往的经验，我确实对在舞台上使用这个剧本有所顾虑。

在导演《群魔》期间，我读了一些马茨凯维奇[2]写的《陀思妥耶夫斯基

---

1  波兰戏剧导演。

2  指斯塔尼斯瓦夫·马茨凯维奇，波兰政治专栏作家。

传》。作者对《白痴》的最后一幕分析得十分透彻，他认为这个结局在全世界的文学作品中都算得上是最不可思议的，也是最深刻的。就是这个不可思议的舞台又把我拽了回来。我想，尽管我现在不知道该怎么走下去，但如果顺其自然，我肯定能找到正确的路。这也是我对排练的态度。尽管排练将会异常紧张，演员们也需要鼓起巨大的勇气，我还是做出了一个大胆的决定——邀请观众入场观摩。

刚一开始，饰演罗果仁的杨·诺维茨基就说："如果我们带观众排练，演出时就没人来看了。"这句话差点儿一语成谶。前几次的排练笑话百出。但不管是我们，还是观众，都在努力摸索着相互间和谐共处的方式。很快，陀思妥耶夫斯基就把我们都吸引进去了。

排练开始，这出剧目仅有的两个演员——耶日·拉吉维沃维奇和杨·诺维茨基登场。他们的对白和独白在这种限定性的设置里爆发出强大的力量，让我很快就树立起自信。两个男人在爱慕纳斯塔西亚·菲莉帕夫纳的话题上形成的各种冲突，赋予了此剧更多的空间，他们口中没出现的纳斯塔莉亚更加神秘，比她真正站在观众面前还要引人遐想。这是第一个重要结论。

公众的参与让我们不得不做一些额外的工作，尤其还要向观众讲解观看须知，这在从前压根就没有发生过。但我们很乐意做这些。一则新闻在克拉科夫城悄然流传开来：花上三十五兹罗提（一张戏票的价格）就能现场见证真艺术的诞生过程。很遗憾，诞生出来的并不是真的艺术，而是实实在在的谣言。很久过去了，我都不知道该怎么去解释。很明显我们那时还缺了点儿什么。事实是，缺的恰恰是我们的畏惧。本来演员、导演和舞台设计是在空荡荡的大厅里，面对着几百张椅子排练上几个星期，自然而然地会对未来充满忐忑，到最后才怀着畏惧的心情将整台演出奉献到观众们面前。可现在排练大厅里涌进了人潮，都是买了票的观众，而且都已经对我们的表演相当满意了！几次排练过后，我真想把观众们请出去，请他们在门外等到我们准备好的那一刻。因为我觉得，我们就站在那个临界点上了。遗憾的是，在全克拉科夫都张贴着宣传海报——陀思妥耶夫斯基作品《白痴》二十七次彩排即将上演。

克拉科夫是一座小城，在这儿没办法保守什么秘密，老剧院发生的事就更不用提了。因此我必须得冒个险。深夜时分，诺维茨基、拉奇维诺维奇、克里斯蒂娜、马切依·卡尔品斯基[1]和我悄悄地来到排练厅，没有告诉任何人。我们想弄清楚一件事：我们到底是要用《白痴》表达什么，还是只是消磨观众和我们自己的时间？

那几个小时在我的记忆里就像是一场最美丽的梦。演员们已经能记住大段的台词，对角色也有很好的理解，是时候让他们进行即兴表演了。我讨厌那些为了表达自己的想法总是打断演员表演的导演，他们的这些提示基本上都没什么用。如果我是演员，我肯定会把这样的导演千刀万剐。但我还是希望能以某种方式加入到他们的排练中。拉奇维诺维奇和诺维茨基在我们面前开始了即兴发挥，没有被打断过，当我觉得他们的表演恰到好处时，我会喜滋滋地用一个小的银铃铛给他们发出信号。马切依·卡尔品斯基努力记住全过程，并用笔记记录下台词顺序以及表演特征等等。

真是个令人振奋、让人难忘的美妙夜晚。拂晓，我们走了出来，围城公园笼罩在早春的晨霭之中。我们解放啦！我们再也不在乎与观众的互动了，已经可以做到就像他们不在场一般。在彩排时，尽管他们都在看着，我们仍在仔细分析晚上的那次即兴表演，寻找着更多的可能性。我们也不想再偷偷地进行晚间排练了，我们想留住这些满怀自信的观众，因为他们相信自己见证了《白痴》这部剧诞生的全过程。

综合目前的素材，做出以下决定：

1. 整出剧只有一个场景，那就是梅什金和罗果仁在纳斯塔西亚·菲莉帕夫纳尸体旁的最后一次见面。

2. 所有对白都要取自陀思妥耶夫斯基的原著，用对白勾勒出两个男人无法抑制的爱慕杀死了纳斯塔西亚的故事。

3. 她不出现，她的死亡完全由表演中的对白呈现出来。

4. 在排练厅演出，观众也坐在这里，他们的座位设置类似于以往二十七次排练时观众在场时那样。

5. 没有固定对白，允许演员即兴发挥（他们能记住两个小时左右的台

---

1  波兰散文作家、话剧编剧和电影编剧。

词）。他们可以根据自己的需要和想法，在每个晚上使用不同的素材。

6. 我和舞台设计师克里斯蒂娜·扎赫瓦托维奇确信，电是这出戏的敌人，因为天花板下方光秃秃的灯泡给我们的二十七次排练带来了不小的麻烦。因此，在演出时我们使用了煤油灯和蜡烛。它们压抑的味道能让人联想到熏香，熏香的烟可以让戏剧的画面不那么生硬。另外我们将三扇带拱形的大窗户用白色的窗帘遮住，从外面，也就是从马路上打过来闪烁的灯光，在上面倒映出演员的影子。大厅里笼罩着的一片阴暗，与明亮的窗户形成强烈的对比，给人一种身处彼得堡[1]的白夜之中的感觉。


这些决定就发生在闭门期间，也就是和参加公开排练的铁杆观众们分开的几天里。

我始终相信，今天要寻求突破的剧院，如果想以新的模式让演出者和观众们建立起更多的联系，首先必须要明确几个问题：究竟什么是排练？排练真的不能成为独立的演出活动吗？那些羞于让观众看见的东西，对我们这些舞台工作者来说却是难忘的、记忆深刻的经历，这些真的不能同样也打动公众吗？表演逐渐立起来的过程难道不比最终的结果更重要吗？ 正是基于上述思考，我才有了这二十七次公开排练的想法。

在陀思妥耶夫斯基的作品中，羞怯之事同样会公之于众，这能引起大家极大的兴趣。更重要的是，我们开创了从没有过的尝试，并在此过程中越来越确信，这一版本的《白痴》可以仅限定在两个人物、一个地点和一出场景，即小说的最后一幕里。

上午和下午的场次都挤满了观众。他们对这种戏剧形式感到十分新鲜，不吝赞美之词。我收到了很多来信，从信中才知道，他们对我们的付出观察得多么细致。我们对待每一个字、每一处细节的耐心和严谨，让他们深感惊讶。我认为，对公众开放的公开式排练确实具有不容置疑的重大意义。

在排练时安排观众观摩，并没有所谓的让大众来检验艺术行为的目的，

---

1 指圣彼得堡，因为地理位置的缘故，每年六月中旬到七月中旬的夜晚天不会完全暗下去，因此这段期间称为"白夜"。陀思妥耶夫斯基的作品中有一篇题为《白夜》的中篇小说。

他们就只是观众而已。如果一个导演，他感觉不到在他孤独的背后坐着庞大的观众群，这样的导演就不配留在这个行当里。还有，如果他只会对那些完成的、准备好的作品或者是最终的结果进行比较，不会反复揣摩回顾创作过程，那他也只有永远地孤独地走下去了。

那么我自己收获了些什么呢？一些只能自己才体会到的心路历程，还有，剧场的彩排离不开观众的参与。以前我只是大概想过，而今天我则十分肯定这一点，这可是有本质区别的。用二十七个夜晚换得这样宝贵的经验是很值得的。


在一次《纳斯塔西亚·菲莉帕夫纳》的演出中，观众席里突然站起来一位年轻姑娘，她的话让演员们大吃一惊，她说她就是他们口中的那个纳斯塔莉亚。

这次意外让我重新思考，在演出陀思妥耶夫斯基的这部小说时能不能再添加一些别的元素。我甚至想过让被害的姑娘突然从床上坐起来，然后加入到这场男人戏中，这样会增添许多幽默元素。后来，在我再次访问日本时，我无意间在上演《茶花女》的剧场入口处看见了一张巨幅的女性海报，而这漂亮的姑娘是由歌舞伎男演员坂东玉三郎[1]扮演的。以前我对所有的日本传统舞台剧形式做了解。但在欧洲戏剧中使用"女形[2]"，让男演员扮演女性角色——这对我来说是个新发现。

于是，第二天上午我和克里斯蒂娜来到了这家剧院。这里挤满了热情的姑娘，男演员的每一次精彩亮相都让她们如痴如狂。坂东玉三郎不愧为大师，他成功地塑造了法国戏剧中这个多愁善感的女主角形象。还有更不可思议的，和他一起演出的那些女演员们，那些女人看起来怎么都比他丑。走出剧院后，我恍然大悟，刚才我看见了一个活生生的纳斯塔西亚啊。但是，我也知道，要在舞台上实现我的想法还有一段很长的路要走。

在日本我还算是有些名气，那里曾经上映过我的几部电影，其中《灰烬

---

1　日本歌舞伎艺术大师，日本现役女形最具代表性人物之一，同时也是演员和电影导演。

2　女形，原文为 onnagata，在日语中是男舞者模仿女人形态之意的简称，是日本歌舞伎的一个重要组成部分。

与钻石》中齐布尔斯基那有些日式风格的打扮，用现在的话来说，产生了偶像级效应。我给坂东玉三郎写了封信，然后收到了一封精美的纯日式回信，有意思的是，他用的是日本女士常用的假名文字。要知道，在日本的文学作品中，女性的社会地位常常被贬得非常低。日本女性创造出了自己的专属文字，这些文字流传至今，那些大公司里优雅高贵的女士们仍在使用它们。

回信中，这位优秀的男演员原则上没有拒绝与我见面，但他的日程太满，见面只能安排在很久之后。也许我应该放弃继续联络他，但一个日本朋友告诉我说，一切仍有可能。在这件事情上，这位朋友的判断可能还不够全面。在新改编的舞台剧《纳斯塔西亚》中将出现三个角色，也就是梅什金、纳斯塔西亚和罗果仁，坂东玉三郎要一人分饰二角，在观众面前由男性转变成女性角色。女形男演员常年保持着女性的造型，这位日本演员那时候并不太确定，他能不能破了这个规矩，以男性角色出现。他确实需要时间认真考虑一下。

开始彩排新剧已经是在我写信几年之后的事了。对于我来说，那真是一段难忘的经历。在我看来，这种反串角色简直完美极了。我这才明白，在京都剧院里的女粉丝们为什么那样的如痴如醉。他用每一个手势、动作、步法、笑容甚至是嗔怒，塑造出了这个女性异常丰满的人物性格和特征。我在欧洲、美国见过扮演女人的男演员，他们一般是采用夸张模仿式的滑稽手法，但这种拙劣的暗示让人难以忍受。日本演员带来的女性角色干净又纯粹，他那无与伦比的美丽容貌与男人的截然不同。

我还搞清楚了另一个问题，是什么让《茶花女》中坂东玉三郎身边的女演员们显得那么丑陋。她们始终处在本能的状态，而他奉献出的是戏里的角色。他的演技自然而流畅，令人侧目动容，而她们只是演出了她们自己本来的模样罢了。我目不转睛地看着他，几个小时，一边看着他表演男性的角色，一边等待着转折的那一刻。这时，坂东玉三郎脱下了那套整出戏都穿着的男装戏服，还有围巾，戴上耳环，拿出扇子，变成了一个女人，那么美丽绝伦，魅惑人心。

对于出演梅什金公爵这一角色，他的困扰只出现过一次，还是在刚刚开始排练时。那是他第一次身着男装走上舞台。他问克里斯蒂娜："我穿成这样不好笑吗?"这一版《纳斯塔西亚》先后在东京、大阪演出超过百场。我们的合作成果后来在华沙拍成了电影。这次特别的碰撞被永久地保存在胶片上。

## 《罪与罚》

要想仁慈,必先凶残。

——威廉·莎士比亚,《哈姆雷特》

就要开始排练《罪与罚》了。我又一次被陀思妥耶夫斯基揭示出的残酷真相所震撼,我心生希望,但愿我们的作品亦能产生同样的效果。耶日·拉吉维沃维奇这位演员,尽管他拍过我的两部电影,我们在戏剧舞台上也合作过多次,但他给我的印象总是很神秘。这位演员完全有能力表现出那种具有高贵气质但又饱受痛苦折磨的感觉,他的表演可以深深打动观众,将观众带入到委屈又羞愧的情景。因此,他是扮演拉斯柯尔尼科夫[1]的最佳人选。但是,耶日还有他的另一面。他的人生非常幸运和成功,他热爱生活,对自己的命运很满足。这种状态下,他的自满情绪在前几次的排练中流露了出来。看着他诠释的角色,我深感绝望,我真想对我的导演生涯破口大骂,因为以往的任何经验现在都救不了它。生活在流淌,人与人之间的关系也在不断发生着改变。

拉斯柯尔尼科夫憎恶人性,尽管他因为穷困饱受轻视和羞辱,但他还是觉得自己比其他人都强。他撰写并发表了一篇关于犯罪的文章,号召那些不平凡的人踏过血泊! 这自负简直和拉吉维沃维奇一模一样,我想想都觉得可怕,他和角色之间竟然这么相像! 我知道,在这样的情况下,导演已经起不到任何作用了,除非有奇迹才能救得了他。因此,我找了个借口中断了排练,我不确定,我到底在等待着什么。一周后,在排练大厅的门口出现了一个陌生人:很瘦弱,脸上带着巴掌印,胡子拉碴又神经兮兮。他走到导演席前,

---

1 拉斯柯尔尼科夫,小说《罪与罚》中的主要角色。

167

放下书包，拿出了一把斧子，低声咕哝着："在这儿放一下，会用得着……"我吓得半死。我面前站着一个装在耶日·拉吉维沃维奇身体里的活生生的罗季·罗曼尼茨·拉斯柯尔尼科夫。我不知道这几天里发生了什么，我也不想知道。

鉴于以往的经验我知道，要把陀思妥耶夫斯基的作品搬上舞台，就不能跟着小说的脉络走。书中描述故事的方式分散又颠倒，其中还夹叙着作者大段大段的评论，如果照搬原样，根本无法产生戏剧效果。这是事实，米哈伊尔·巴赫金[1]在关于陀思妥耶夫斯基作品角色的意识分析中提到过这一点。这些文学诠释一般是很客观的，它往往仅从写作的角度对作品进行分析。同时，以对话的形式揭示角色的内心活动，可以让读者感同身受，并且分辨出哪些是角色，哪些是作者的意识。在《陀思妥耶夫斯基诗学诸问题》一书中，巴赫金解释说，"陀氏的写作特点就是将作品解构成多个不同的声部，使作品从基本上、一定程度上不可避免地具有复调特征[2]。这种多声部的写作方式，以及复调之间的相互作用对作者来说具有重大的意义。"

哈姆雷特说："要想仁慈，必先凶残。"我对此话的理解让我义无反顾地放弃了小说中的大部分片段，只选读了那些最具有戏剧性的情节，不看对犯罪细节的描写，只看罪犯与倾听者、罪犯与探长之间的言语冲突。当读到这三大段对话时，犯罪的过程不需要另外描述就已经历历在目了。欧洲戏剧的诞生其实就来源于对话，希腊式——莎士比亚——契诃夫走得都是这个路线。我们这个时代的剧院画家、制作人、设计师创作出的精美舞台，不过是戏剧作品中昙花一现的小插曲，要真正成就一出戏，还得启用和发扬老传统。陀思妥耶夫斯基的对话极具戏剧性，将罪犯拉斯柯尔尼科夫与探长之间的相互试探描写得淋漓尽致。波尔菲里假装很天真，偶尔才会暴露自己真正的嘴脸。

照搬小说中拉斯柯尔尼科夫和波尔菲里这段对话时，总感觉缺了点什

---

1 出生于俄国，是现代文学理论与文学批评重要理论家。

2 复调小说是巴赫金创设的概念。"复调"也叫"多声部"，本为音乐术语。巴赫金借用这一术语来概括陀斯妥耶夫斯基小说的诗学特征，用来区别那种基本上属于独白型（单旋律）的已经定型的欧洲小说模式。

么。简单地说——少了姑娘啊！从行为对称的角度来看，如果不算相互认识的那场戏，我们要安排拉斯柯尔尼科夫和索尼娅有三段对话。所有要瞒着波尔菲里的事，他都会毫无保留地向索尼娅坦白。也许对他来说做这些坦白是有必要的，这样他就可以提前准备好如何应付审讯中的那些刁钻的问题了！

通过选取的这些素材，我们能了解整部《罪与罚》的梗概。几十页的对白正正好好构成了两个小时的话剧台本。当然可以再精简，或者增加其他角色和场景，但这么做只会犯下大错。因为只要把这些对白全都演出来，就能够带出强烈的戏剧效果，我们在刚开始排练时就认识到了。我们试着勾掉了一些"不太重要"的话，但马上就感觉到，波尔菲里与拉斯柯尔尼科夫的殊死搏斗显得非常平淡乏味；就是两个想解决麻烦的男人，和其他犯罪片感觉差不多。

《罪与罚》讲述了犯罪的心理动机。拉斯柯尔尼科夫将犯罪动机写在了他的文章中，在与探长漫长的交谈过程中，他对此还进行了解释说明。这篇文章本身以及他在波尔菲里·彼得洛维奇面前的演绎，直到今天仍是这部小说中最让我震撼的部分。我太熟悉这种论调了！不管是希特勒的死亡集中营还是最近的那些政治谋杀案，都打着"同意流血"的旗号，号称是需要，甚至是"为了全人类的进步"有必要这样做。"好吧，您只是杀死了一个老女人罢了，因为您的想法更加恐怖……"探长对谋杀犯说道。不幸的是，在我们这个时代有些人想了并做了比这要恐怖得多的坏事。

陀思妥耶夫斯基竟然能够洞察出，在杀死这个"对谁都无关痛痒"的放高利贷的老女人背后，竟然隐藏着远大的理想抱负和道德结论，实在是让人惊讶。我想，如果没有对《福音书》，甚至是对陀思妥耶夫斯基的深刻理解，这个作品就不会走得这么远、这么持久。也因此，我不遗余力地在剧中加入了拉撒路[1]复活的神奇故事，又用收场白再重复了一遍。

陀思妥耶夫斯基从描述犯罪现场讲起，因此当拉斯柯尔尼科夫和朋友一

---

1  拉撒路是《圣经·约翰福音》中的架空人物，他病危时没等到耶稣的救治就死了，但耶稣一口断定他将复活，四天后拉撒路果然从山洞里走出来，证明了耶稣的神迹。

起出现在探长家里时，即使他表现得再无辜，读者也先入为主地认定他就是罪犯。小说并没有问是谁杀了人，但读者自己会寻找答案——为什么?! 我们的戏也必须要演出这样的效果。为了客观地呈现拉斯柯尔尼科夫的罪行，我决定加入一些目击者：如偶然来借钱的顾客"科赫"，他是虔诚的教徒和狂热的宗派主义者；和平画家"米柯乌坎"，他先认了罪，因为他应该遭这份罪，"特别是当权者需要他遭这份罪"。想当然的,凶手就是这个长期"渗透"进来的令人怀疑的资产阶级分子。直到他来到警察局揭发了事实，他才解除嫌疑。现在我已经平静下来了。不管是在小说中还是在现实世界里，犯罪既不是波尔菲里·彼得洛维奇的推测，也不是大学生拉斯柯尔尼科夫的幻想。想杀人和杀人有着本质的区别，特别是在当今这个幻想与现实交织的世界。

《罪与罚》的排练放在曾经表演《纳斯塔西亚·菲莉帕夫纳》的演出厅里。制作团队眼前的这个演出厅里，满是斑驳的绿墙面、污垢、废物、一些旧装饰还有摇摇欲坠的家具——竟然与陀思妥耶夫斯基的作品形成了天然的契合。工作期间，我几次离开导演台走近演员，以此方式为未来的观众们摸索着欣赏他们的最佳距离。这个距离，能让观众清晰地看到演员们的面部表情，也是最普遍地用于长镜头特写的距离。与观众如此亲密的关系有点像拍电视节目，还有点像在演播室里制作电视戏剧。我对待所有的观众都一视同仁，这是导演的天性使然。我受够了那些在最后几排和楼上三层过道站着看戏的年轻人，他们仅仅是因为没有钱买好位置的票！这次，我将观众席的数量限制在了七十人。

我和克莉斯蒂娜最终决定还在老剧场演出。这里舞台高，表演空间被涂成黑色，幕绳厢仍保留着原来的装备，地板也有破损。中间一面墙上有一个开口，能把舞台拉深个几米。在这里演出还有一个好处，给演员打光很方便，因为灯具就悬挂在演员的头顶上，和在电视演播厅里一样。

克里斯蒂娜将划定的表演区域用带有大玻璃或小玻璃的隔墙分割开，并放置好相应的家具，家具的确切位置早在演员排练时就已经确定了。克莉斯蒂娜在分派布景任务时再三强调一个词——偷窥感！是的，在陀思妥耶夫斯基的很多小说中偷听和偷窥扮演着重要的角色。我们的观众也会沉浸在一种异常兴奋又无比羞耻的感觉中，就像他们看了不该看的东西那样。因此我们大胆地将隔墙搬上了舞台，演员们在墙后面孤芳自赏般地表演，并不面向观众。从之前几次演出的效果来看，观众们完全领会了导演的意图，并没有认为这些墙是不小心放在那里的。

积累了多次演出陀思妥耶夫斯基剧目的经验后，我们认识到，在舞台设计方面，戏服和道具必须要非常真实，且应具有时代特征。细节上要经得起观众们近距离观察的推敲。克里斯蒂娜·扎赫瓦托维奇在这方面表现出的精湛技艺来源于她对各类文献的刻苦研究。可不是包含图例的戏装教材，也不是看不清楚细节的老照片，而是那个时代的绘画作品，这才是最有用的资料。尤其是列宾[1]的画作。在他的肖像画中，我们好像看见了很多陀思妥耶夫斯基作品里的面孔。


耶日·斯图赫尔[2]力劝我同意在老剧院上演《罪与罚》。他声称，这出戏里波尔菲里的角色非他莫属。他不仅和波尔菲里刚好同龄，而且他的外貌与陀思妥耶夫斯基笔下的这个人物相当吻合。波尔菲里从不犯错，善于发现肉体与对应的精神之间的关联，因此戏剧舞台上的波尔菲里一般都由年长的演员担纲，因为这个角色太经典了。但是，不管是罪犯还是探长，其实都是年轻人。波尔菲里最终取胜，正是因为他不墨守成规，因为他理解和欣赏拉斯柯尔尼科夫的行为，他甚至说："我实在是太了解我们年轻人的这种被压抑的焦虑了！"斯图赫尔对他也是很理解的。他在拍摄基耶斯洛夫斯基[3]的多部电影作品和"道德焦虑电影"的过程中不断成熟，为了诠释好自己梦想中的角色每天都在全力以赴地努力，这种精神在我漫长的导演生涯中确实少见。

日记摘录：


1992 年 8 月 21 日，彼得堡，陀思妥耶夫斯基街区

---

1 指伊利亚·叶菲莫维奇·列宾，俄罗斯现实主义画家，巡回展览画派的主要代表人物。

2 波兰戏剧演员、电影演员、导演、教育家和作家。

3 指克里什托夫·基耶斯洛夫斯基，波兰电影导演、编剧，著作有《蓝白红三部曲》《两生花》《十诫》等。

我参观了《罪与罚》中那个老女人的房子。走上楼梯，我找到了她的家门。栏杆、台阶，所有这些都和陀思妥耶夫斯基看到的一样；除了一些门，按莫斯科的习惯，从外侧被包裹上了隔音垫。拉斯柯尔尼科夫就藏在楼上一层的房间里，那里曾是画家的工作室。这个房间也有的。

从老女人的家到自己的家，拉斯柯尔尼科夫要走七百四十步。真该建得大一些，这样才和本地的专家们在议案中提到的杀人案不断增加相符。房顶上那间加盖的屋子，只有一扇窗，非常原始，也不怎么用。这就是他的小屋，今天已损毁严重，根本不能进入。楼下装有门禁电话。几十个小按钮保护着这里的住户免遭陀思妥耶夫斯基的爱好者们骚扰，他们经常结伴来此。我念着住户的名字，从中并没发现什么故事，只发现少了罗蒂奥·拉斯柯尔尼科夫。我得出一个无可辩驳的结论：陀思妥耶夫斯基笔下人物的生活要比这些不露面的人们的生活更加具体生动，这些住户利用门禁电话将自己与文学人物分割开来，但这个虚构的人物会永远和他们生活在同一屋檐下。关于他们，我们什么也不会知道。但对他，我们深深了解。要证明"艺术高于生活"，还有比这更具说服力的证据吗？

# 神秘的 "X" 和 "道德焦虑"

我是波兰最伟大的电影创作者，在世界上也名列前茅。

我曾挺过了……部长们的刁难，这个我也能熬过去。

二十五年后谁还会记得，维（海尔米）[1] 先生是谁？

但百科全书中肯定会有我的位置。

他们不能把我怎么样！

这段话为阿格涅斯卡·霍兰[2]原创，悬挂在 "X" 电影制片厂的墙上。

1982 年 "X" 电影制片厂被关闭，《审讯》[3]《孤独的女人》[4]《伟大长跑》[5]《国王的母亲》[6]和《忠实的河流》[7]等影片一时都无法上映。多年后，它们不仅都登上了大银幕，而且纷纷获得国内和国际的各种奖项。甚至重建电影制片厂也不会再被盘查了。

是什么促使这些初出茅庐的新人们聚在一起，彼此间成了志同道合的朋友，多年下来可以一直精诚合作呢？

---

1 指罗曼·维海尔米，波兰戏剧演员、电影演员。在电影《不要麻醉》中扮演角色。

2 波兰电影、电视导演。

3 政治电影，雷沙德·布嘎伊斯基导演、编剧，1982 年摄制，1989 年上映。曾被当局定性为 "波兰人民共和国历史上最反共的一部电影"，瓦伊达的 "X" 电影制片厂因此遭到解散。

4 《孤独的女人》，1981 年摄制，1987 年上映，阿格涅斯卡·霍兰导演。

5 《伟大长跑》，1981 年摄制，1987 年上映，耶日·多马拉兹基导演。

6 《国王的母亲》，1982 年摄制，1987 年上映，杨努什·扎奥尔斯基导演。

7 《忠诚河流》，1983 年摄制，1987 年上映，塔戴乌什·赫梅莱夫斯基导演。

1968 年，电影业遭到严重的冲击，我们很多电影人移民去了国外，而成立于 20 世纪 50 年代中期的各个电影制片厂的管委会也交了出去。

当初成立电影制片厂的想法是亚历山大·福特、万达·雅库波夫斯卡[1] 和斯坦尼斯瓦夫·沃赫勒[2] 提出来的。国家可以是投资方，但必须委派他人担任制作人。什么人能比电影人自己更胜任制作人一职呢？基于这种理念，做电影的肯定是指"导演"，他们的职责就带领团队拍摄电影，他们有更广泛的视野，还可以提携新人。

不排除出现过某种担忧，因为每个艺术家都十分爱护自己的成果，如果当领导的话就容易与其他人的好想法起冲突。但奇怪的是，在过去三十年里，我至少在四个制片厂拍过片子，从来没有发现过这种事。对他人电影的嫉妒反而最后都促进了领导能力的提高。


1968 年 3 月之后，我们并没有就此甘心接受改变。但由于新上任的管委会任期到 1972 年才结束，所以我只能以纯粹的私人身份去接触一些老电影制片厂的领导人，希望能重新组建电影制片厂。我的这个做法无形中增强了整个电影圈的凝聚力。所有人都赞同，我们应该回到初衷，并且由受组员们信任的导演继续领导制片厂工作。1968 年—1972 年，可以说是我们电影事业最黑暗、最无望的一段时期，也许政权机关那时也在寻找着出路。

因为我倡议废除"三月"电影制片厂，同事们给了我一次机会，让我试着管理领导一个新的制片厂。我并没有自信能实现这个想法，我知道，这是项艰巨的任务。我不是党员，也没有设备资源。没有拍摄设备的话，小组活动就无法实际开展起来。不久后我就要开始工作了，有这些担心并不为过。

最终我还是从苦恼中走出来了。我十分自信，因为我的制片厂里聚集了那么多有意思的导演，他们充满了雄心壮志。但是，我衷心喜欢的这些人中，竟然没有一个表现出希望与我合作的欲望。今天我可以很容易地对此做出解释：我那时有些出了名的妄自尊大，但凡有些经验的电影人，肯定不愿意被

---

1 波兰电影导演、剧作家。

2 波兰电影制片人、编剧和导演。

我专横的想法和"艺术领导力"洗脑。

我知道，只有芭芭拉·派茨－西莱西茨卡[1]有足够的组织能力，她能够领导整个制片厂。我曾与她合作过多部电影，对她百分之百信任。还有其他和我一起工作的人，特别是我的助理们，都在努力推动着制片厂的组建工作，他们当然也在制片厂中寻找着适合自己的位置。另一方面，我又不希望，我的制片厂中只聚集了一群初出茅庐的新手和刚刚从电影学院毕业的初级导演。从不见我的那些导演系的同学光临我们在普瓦夫斯卡[2]大街的办公室，他们都分属于不同的电影制片厂，开始带年轻人了。

塔戴乌什·孔维茨基向我推荐了阿格涅斯卡·霍兰，让我看看她在布拉格电影学院拍的电影。菲利克斯·法尔克[3]也对我说过同样的话。后来我们与罗兹电影学院合作拍摄电影《未完待续》[4]，一下子又出现了三位候选人：兹比格涅夫·卡敏斯基、保罗·肯捷尔斯基[5]和拉多斯瓦夫·皮沃瓦尔斯基[6]。他们这些人再逐渐拉进来一些同学，慢慢就形成了我们这个电影制片厂的全班人马——全都是从未公开亮过相的电影导演。


起步阶段非常困难。电影审查机关明确表态，禁止我参加与之相关的任何活动。在"X"电影制片厂成立一年后，我在报告中除了自己的电影，竟不能提到任何其他的事。并不是我们没有想法、缺乏创造力——恰恰相反！——是所有送上去审批的项目和剧本都被毙掉了。

我总在想，波兰戏剧导演、画家和记者们潜意识里存在着某种愿望，他们也想做电影，但是还没有人帮他们实现。因此，我做了一份长长的名单，向每个人征求意见和建议。我的积极鼓动被现实狠狠地浇了一盆冷水……最后我们小组只有康拉德·斯韦纳尔斯基拍摄了一部根据斯坦尼斯瓦夫·维斯皮安斯基的话剧改编的电影《法官》。

---

1　芭芭拉·派茨－西莱西茨卡在"X"电影小组一直担任制作总监。

2　华沙最长的街道之一。

3　波兰电影导演、戏剧导演、编剧和剧作家。

4　集锦电影，1976年上映。

5　波兰电影导演、纪录片制作人。

6　波兰电影导演、编剧和演员。

我的积极性坠入低谷，就算有一个好剧本也救不了我。马切依·叔莫夫斯基[1]给我写了个剧本，他甚至说可以立刻过来参加电影拍摄，因为他有着丰富的电视纪录片制作经验。可惜的是，他的剧本描写了在一个不大的城镇里，当地政府贪污和腐败的现象；所有内容都来源于当局绝不会承认的真实素材。这可以算是"道德焦虑"电影的第一个剧本。但这类电影现在推出还为时尚早！

这些思想斗争并没有波及我个人的创作。在"X"电影制片厂成立初期，我完成了《婚礼》（在小组成立前就已经开始制作）和《福地》两部影片。我始终坚持自己的电影路线，从来没有把电影小组的事务和自己的私事混为一谈。几年以后，我的路线才算与我们制片厂年轻人的路线相交叉，那时他们已经成长为独当一面的团队，而我也需要寻找一些现代题材。我们合作了《不要麻醉》[2]和《指挥》[3]两部电影。

当时有个规矩，新手必须从拍摄短片开始，因为短片的财务风险更低。这类电影有两种制作途径：一种是短片集锦，即一部上映影片中包含着几个短故事；另一种是电视电影。观众们从来就不喜欢集锦类的影片，而为这类影片找一个统一的主题似乎也是不可能完成的任务。"X"电影制片厂的文学部主任博莱斯瓦夫·米哈外克[4]跳出了这种固定思维，找到了解决方法。年轻人也可以在合作片中为自己正名，因为大家都确定，合作片就是随意地将几个人的作品拼凑在一起。这种莫名其妙的组合让大家很难去和谁较劲，但他们之间的竞争将来肯定会发生……

当阿格涅斯卡·霍兰、耶日·多马拉兹基[5]和保罗·肯捷尔斯基的电影《试照》[6]登上大荧幕时，转折终于发生了。这是"X"电影制片厂第一部成功的作品。晚上，阿格涅斯卡给我打来电话，"安杰伊先生，大家在'露娜'电影院排着队看我们的电影呢！"听得出来，她很高兴，还有点上不来气。"从

---

1　波兰记者、电影纪录片导演。

2　《不要麻醉》，1978 年上映，安杰伊·瓦伊达导演，安杰伊·瓦伊达、阿格涅斯卡·霍兰编剧。

3　《指挥》，1980 年上映，安杰伊·瓦伊达导演，安杰伊·基尤夫斯基编剧。

4　波兰编剧、电影评论家和外交官。

5　波兰导演、编剧。

6　集锦电影，1977 年上映。

这一刻起，你们就是我的同事了，你们可以直接叫我的名字。"我回答道。这一天，年轻的导演们终于明白了，电影本身并不能带来什么，只有观众的认可才能让我们获得满足感，才能让我们欣喜若狂，而这就是我们拍电影的目的。

糟糕的是，我们还有其他的麻烦。电视台不愿意订购单一的影片，更愿意选择系列剧，而系列剧又大多由职业的电视剧团队制作。在多次尝试后，他们总算同意让菲利克斯·法尔克制作电视电影《过夜》[1]，这部电影也给我们开了一个好头。在本片上电视之前，我曾寄语观众，希望他们能提前对"法尔克"这个姓产生印象，因为在不久的将来肯定会不止一次地用到它。我的话很快就得到了应验，我们小组的这位导演后来创作了《司仪》[2]这部电影。

当我们组的年轻人能开始制作电视电影时，又有困难不期而遇。年轻的同僚想拍他们最想拍的当代影片，但电视台那时候将当代题材视为洪水猛兽。就在寻找出路的时候，我们的目光聚焦到了雅罗斯瓦夫·伊瓦什凯维奇[3]的作品上。他的文章是绝妙的电影素材，但的确，对新人导演来说不容易。他们必须切换到久远之前的时代背景中，去拍摄那个与我们的生活完全不一样的世界。叙事结构也是摆在年轻人面前的难题。在伊瓦什凯维奇笔下那些娓娓道来的故事，很难照搬到荧幕上。同时，在青年电影人看来，这些故事情节都太老套，所以他们用尽所有方法，去打乱伊瓦什凯维奇作品中那些最美好的片段。

博莱斯瓦夫·米哈外克打算将这位大师的知名小说组成一个系列：阿格涅斯卡·霍兰拍摄了《阿波顿家的夜晚》[4]，芭芭拉·兹朵尔特[5]拍摄了《姑娘和鸽子》[6]，而第一个上映的，引领整部系列的电影是由杨努什·玛耶夫斯基[7]

---

1　电视电影，1974年上映，菲利克斯·法尔克导演、编剧。

2　1978年上映，菲利克斯·法尔克导演、编剧。

3　波兰散文作家、诗人、随笔作家、翻译和歌词作家。

4　电视电影，1976年上映。

5　波兰电影、电视导演和编剧。

6　电视电影，1974年上映。

7　波兰电影导演、话剧编剧和编剧。

根据小说拍摄的《失去的夜》[1]。他加入到这个项目中确实是有一点为年轻人保驾护航的意味，还可以说服电视台，这个系列绝对能够成功。

《试照》是我们组最后一部也是唯一一部大获成功的集锦影片。此前我们还制作了前文提到过的在电影学院引起轰动的短片集《未完待续》，以及根据《都市》杂志《生活片段》专栏的文章制作的电影《生活画面》[2]。这不是个很理想的主意，因为根据专栏拍电影比拍伊瓦什凯维奇的散文难度更大，需要有伍迪·艾伦[3]那样的天才。我们的导演不是过分改编，在一部电影里放不进所有的内容，就是恰恰相反，做出来的东西太简单，让人对这部电影要讲什么摸不着头脑。专栏中那些绝妙的或者可笑的点，在电影里却啰嗦得索然无味。这可能是我们制作的最糟糕的电影了。但这些经验教训帮助我们后来在拍摄《家庭处境》[4]系列剧时避免了所有的类似状况。


1972—1974 年间，除了《婚礼》和《福地》两部影片，我们没有产出其他的大银幕作品。尽管我们做了几部小的电视电影，但这并不能填满摄影团队的工作量，我们最好的合作成员随时都有辞职的可能。因此我们接下了《四十岁》[5]这部电视连续剧，由耶日·格鲁扎[6]与克里斯托弗·托埃普里茨[7]共同编剧。我们的年轻人表现得很消极，他们觉得此类电影根本不属于我们这个地方。我这才发现，他们个人的目标已经和整个团队的目标紧密地联在一起，他们也都认识到了电影制片厂在个人艺术创作中存在的必要性。

为了领导电影制片厂，我也立下了规矩。这个规矩我也一直遵守直到制片厂解散。我会向年轻的同事们大声解说我对他们电影的看法，而不是对他们个人的偏见。如果我欣赏哪部电影，我就会表扬得多一些，甚至比正常表扬还要多。但如果我不喜欢哪部电影，我就会挑剔批评得更加严苛。这样的

---

1　电视电影，1974 年上映。

2　集锦电影，1976 年上映。

3　美国电影导演、编剧、演员和作家。

4　电视电影系列，1979 年上映。

5　二十一集电视剧，1974—1977 年制作，1975 年上映。

6　波兰导演、编剧，偶尔客串演员。

7　波兰记者、作家和政治活动家。

指责很显然没有人会喜欢。每个人都希望自己的缺点能被忽略掉，哪怕表扬少一点也行。但既然我是艺术总监，我就得这么做。我知道，年轻人必须承认我的权威，也必须仰仗我的权威，就算他们根本不必喜欢我这个人。这样做能让我们之间的关系更加干净和单纯。同时也能敦促他们，必须更加刻苦地学习怎么去拍电影，否则的话就会被归入到失败者的行列，然后被保护起来——但肯定不会是免费的午餐。

我常常会想，"X"电影制片厂的工作多少有些参考了耶日·博萨科的"镜头"电影制片厂。博萨科的电影比他编的剧更广为人知。他是世界电影的领军人物，独立的思想者。他制作的电影纪录片通常具有严肃的主题。对我们来说是绝对的权威。安杰伊·蒙克、编剧耶日·斯塔文斯基[1]、沃依切赫·哈斯[2]和我都曾是这个制片厂的成员。在制片厂里的讨论和交流对我们的创作产生了非常大的影响。博萨科做过多年记者，他能将自己的想法轻而易举地写成优美的文章，也曾经把他对《大理石人》《早春》[3]和《一切可售》的看法寄给我，他的观点确实值得借鉴学习。我从"镜头"电影制片厂带过来的一些好做法让我的制片厂受益无穷，不仅是编剧方面，而且还有《婚礼》《福地》和《大理石人》的创作灵感……几年后这几部电影都上映了。


"X"电影制片厂的成员越来越多（1977年，即成立五年后，已有二十多人），我希望这个团队能从各方面都整合在一起。我们组织了几场研讨会，有时会持续几天时间。主题演讲通常涉及世界电影现状或者如何看待国内电影等内容，然后再举行专题讨论。尽管在研讨会后我们常常感到，什么都没有发生过，我们也没有取得什么成果，但总聊胜于无。

博莱斯瓦夫·米哈外克在整合过程中起到了无法估量的作用。整个上午他都坐在组员中间，用他的耐心和热情引导和鼓励着年轻人，让大家与其他

---

1 波兰作家、编剧和电影导演，波兰学院派电影创始人之一。

2 波兰电影导演、编剧和制作人。

3 斯特凡·热罗姆斯基的小说，写于1922年。描写波兰独立和苏联的社会主义革命，书中抱民族主义立场，反映了独立后劳动人民的境遇没有得到根本改善。安杰伊·瓦伊达曾想将该小说搬上荧幕。

人交流，倾诉烦恼和困惑，畅谈自己的计划。如果计划很简单——马上就被大伙儿毙了，如果不切实际——我们也不会迎合它的提出者，只是建议他做些修改，以便能有机会通过电影机关的审查。电影制片厂从来就没有得到过独立立项的权利。从有电影制片厂以来，只发生过一次例外情况。也就是，我个人，利用那次自由的错觉批准了《审讯》这个剧本。我也为此付出了代价，最后解散了"X"电影制片厂。

我们也曾做出过各种妥协。从今天的视角回过头来看，那些为了挽救电影制片厂，使它挺过难关而做出的让步，都无甚必要。根本就没必要制作《四十岁》，没必要硬拉那些老导演一把，他们对这个年轻的组织起不到什么作用，只是相互将就，直到我们制片厂历练得更加坚强为止。但是，电影制片厂不是空谈俱乐部，是制作电影的地方，就像每个行业一样也有高潮期和低谷期。幸运的是，我们的新人团队会写剧本，这恰恰就是"X"电影制片厂有别于其他制片厂的关键点。法尔克、阿格涅斯卡·霍兰、卡敏斯基、皮沃瓦尔斯基、布嘎伊斯基、兹加德沃[1]可以说是那些年波兰最有才华的电影编剧。他们有的更善于导演，有的更善于编剧。他们的电影常常能触及生活中的某些真相，忠实记录了我们那时候周遭的一切。

1970年代是波兰小说创作的枯竭期，我一直在努力尝试将这些剧本编辑成《"X"电影制片厂故事集》出版。这里面也包含了一些没有制作成电影的文章。但遗憾的是，克拉科夫的文学出版社出于某些方面的考虑拒绝了这个项目。我们和其他小组的另一个区别是，我们在艺术创作领域坚持着广泛的民主原则。每一个青年组员如果对我的电影有什么想法，都可以直接讲出来，没人会生气，谁也不用藏着掖着。在我们办公室里，也没有人不敢大声谈论政治。每一个命名日、生日和电影首映式都成为了在我家聚会的由头。这样拉近了我们的距离。克里斯蒂娜也会精心准备每一次的聚会大餐。

我忙于拍摄自己的电影，只能将部分时间和精力用在制片厂工作上——实际上为这个制片厂奉献最多的是像母亲般细心的芭芭拉和像父亲般仁慈的博莱斯瓦夫。他们对待各项事务的耐心和热心让我们在那段最困难的时期

---

1　指托马斯·兹加德沃，波兰电影、戏剧导演和编剧。

克服了各种困难——用他们的行动告诉年轻人，一个人并不总是另一个人的敌人。

电影行业最大的痛点就是刚从电影学院毕业的年轻人如何向职业化过渡的问题。非常多的人遇到过这样的难题，让他们束手无策，因为没有人在拍电影时会安排新手做他们对口的工作，只会让他们担任资历深的老人的助理。多年糟心的助理工作将完全磨平他们的灵感和勇气。这些怀揣灵感的年轻人需要的正是我们这样的电影制片厂。我们带着他们拍摄了《未完待续》，带着马尔采勒·沃金斯基[1]完成了电影《如何生活》[2]，开始在"电影纪录片工厂"[3]拍片，辅导杨努什·基尤夫斯基[4]完成《索引》[5]的校园首映。我几次前往电影学院向学生们解读，什么才是我们电影人的目标。虽然我们没有一个人给学生们上过课，但那些年我们确实对罗兹电影学院倾注了相当多的心血。

我们三个人——芭芭拉·派茨－西莱西茨卡、博莱斯瓦夫·米哈外克和我——一直都是被挑剔的对象。我们的这个电影制片厂自然也不受电影圈待见，更不能指望能得到什么关照。因此我们的财务经费比起其他地方来被监管得更加厉害，而监管我们的正是我们自己，就算收到了国外资金也不敢用。财政审计员来过好几次；我们不能出现任何纰漏，因为任何纰漏都可能成为取缔我们的借口。

我们制片厂各种花销较为便宜，资金分配方面也不存在"勾心斗角"（其他很多电影制片厂都有这种情况），工作开展得有条不紊，因此日子也还算过得去。运行高效的电影制作厂应该配有两组平行工作的拍摄队，一个导演接一个导演，一部电影接一部电影，这样一年时间他们就可以各拍出四部影片。要雇用两组这样的拍摄队，必须先要为每一组提前准备好四部电影——四部截然不同的作品。我们的拍摄队较为成熟，而且经验丰富，对年轻导演来说非常有帮助。

---

1　波兰导演。

2　波兰电影，1977年拍摄，1981年上映。

3　指波兰电影纪录片和故事片工厂，1949年成立于华沙。初期仅制作电影纪录片，后来开始拍摄故事片。

4　波兰导演。

5　波兰电影，1977年拍摄，1981年上映，是杨努什·基尤夫斯基的毕业作品。

1981 年底到 1982 年初是我们制片厂成果的井喷期：有阿格涅斯卡·霍兰拍摄的《孤独的女人》，多马拉兹基拍摄的《伟大长跑》，赫梅莱夫斯基[1]拍摄的《忠实的河流》，布嘎伊斯基拍摄的《审讯》——在我看来它是波兰电影史上最伟大的处女作之一，和杨努什·扎奥尔斯基[2]拍摄的优秀影片《国王的母亲》。当宣布进入战时状态时，我们手里拿着的可是真正的宝藏。12 月 3 日那天，电影工作室、冲印室和我一直担任主席的电影工作者协会被封上了大门，所有与电影相关的工作都被禁止了，而把这些影片留存到最后成了我那时最重要的任务，我要一直等到它们公映的那一刻。

我认为《审讯》是一部优秀的电影，克里斯蒂娜·杨达用高超的演技塑造了波兰电影中最有力量的角色，完全可以媲美茨布尔斯基在《灰烬与钻石》里的角色。布嘎伊斯基的电影称得上是我制片生涯的顶峰，我已经准备好为它牺牲一切——站在我对立面的，我那时就认为，只是一只半死不活的怪物，它的牙齿都掉——光——了！

尽管"X"小组解散了，可它的剧本、灵感、导演一直都在。阿格涅什卡·霍兰、兹比格涅夫·卡敏斯基、杨努什·基尤夫斯基去了国外，雷沙德·布嘎伊斯基出走他乡，剩下的人也都去了其他电影制片厂。但不管是到哪儿他们都不是两手空空，他们带着在我们制片厂时形成的剧本还有好的想法，总有一天这些会变成现实。

后来的事堪称一出"亡灵复仇记"[3]。扎奥尔斯基凭借电影《博登湖》[4]荣获洛迦诺电影节[5]金奖。皮沃瓦尔斯基在"X"电影制片厂解散后根据我们

---

1　指塔戴乌什·赫梅莱夫斯基，波兰导演、编剧和电影制作人。

2　波兰编剧、导演和电影制作人。

3　法国和意大利合拍电影，1957 年上映。

4　杨努什·扎奥尔斯基导演作品，1986 年上映。

5　洛迦诺电影节创办于 1946 年，每年八月在瑞士洛迦诺市举行，在世界影坛上是历史较长的国际电影节之一。

的剧本拍摄的《昨天》在威尼斯电影节 [2] 和圣塞巴斯蒂安电影节 [3] 获奖。1986年格但斯克电影节 [4] 将大奖颁发给耶日·多马拉兹基的解禁影片《忠诚河流》和菲利克斯·法尔克的影片《老爵士》[5]。十年来我们小组孕育和汇聚着日益强大的潜力，在它被取缔后依然结出了丰硕成果。这些将我们的灵感公之于世的导演们，肯定是也学会了与别人共事的能耐，不然导演电影就是对他们自己也是对别人的痛苦折磨。

我潜意识里认为，"X"电影制片厂还应该成为一所培养电影制片厂领导人的学校。因此，在我缺席期间（不是休息而是还有自己的电影要拍），我会请年轻人轮流替代我。替代者要与同学们探讨各种剧本，逼着他除了自己的作品以外还要关心其他人的创作。因此他就必须抛弃自私自利的想法，做一个公正的顾问。菲利克斯·法尔克、阿格涅什卡·霍兰、兹比格涅夫·卡敏斯基、杨努什·扎奥尔斯基、安杰伊·考特考夫斯基 [6]、杨努什·基尤夫斯基都承担过这个任务。我真的希望，大多数人都能有机会获得这样的经验。我深信，成立电影制片厂的做法，和我们电影业的命运如何发展并无多大关系，但是如果没有电影小组，在那样的体制下电影根本就不复存在——在新的体制下，电影制片厂这个模式依然可以成为艺术家团体的样板。

1  拉多斯瓦夫·皮沃瓦尔斯基导演作品，1985 年上映。

2  威尼斯电影节创办于 1932 年，每年八月至九月在意大利威尼斯举行，是欧洲三大电影节之一。

3  圣塞巴斯蒂安电影节创办于 1958 年，每年九月在西班牙圣塞巴斯蒂安举行，是世界上历史最悠久、影响力最大的电影节之一。

4  格但斯克电影节创办于 1974 年，每年在波兰北部滨海省格但斯克市举行，1982 年和 1983年因波兰处于战时状态未举行，后迁址至格丁尼亚市举行，改名为格丁尼亚电影节。

5  菲利克斯·法尔克导演作品，1981 年拍摄，1984 年上映。

6  波兰导演、编剧和电影演员。

# 梦想更动人

安杰伊·瓦伊达有过并且还有许多的电影构思。有一些他已经放弃了，另一些他还在想办法实现。就像他说的："梦想往往比拍成的电影还要动人。"这就是我写此书的灵感来源……

1970 年 8 月 20 日开始，我们花了几天时间访问这位成功人士。对话内容录成了磁带，后来再笔录下来，打印了差不多两百页纸。我们将第一部分《安杰伊·瓦伊达的电影梦》刊发在《电影》月刊上，竟然没能引起一家出版社出书的兴趣……

安杰伊·瓦伊达那时正在制作他的下一部电影，还在导演戏剧，他的艺术成就在国内外获得了越来越热烈的反响。有时我会遇见他，一起心酸地回忆起我们那个未实现的电影构思……到了 1981 年秋天，我们决定再次尝试完成它。遗憾的是，就隔了一个月，那起历史事件发生了，这次尝试又失败了。

——斯塔尼斯瓦夫·雅尼茨基[1]

这篇心酸的杂感是斯塔尼斯瓦夫·雅尼茨基于 1985 年写的，尽管文章的结尾没有暗含任何政治隐喻，但此时距离那本对话录已经过去十五年了。说是电影梦，实在是因为剧本难度大、缺少演员或者拍摄方面等等的问题。大部分梦想尚在计划阶段就夭折了，还有一些，比如说《早春》，1989 年前尝试了几次都没有成功——但别忘了，在新闻出版电影局眼中我们的书可

---

1　波兰作家、记者、编剧和电影评论家。

不是一无是处。所以肯定还有其他原因。

1989 年 6 月起我成为参议院文化委员会的一员。1991 年文化委员会接到警告通知，因为实行了自由市场法，全国最大的图书仓库就要腾空，里面的书全作废纸处理。希特勒烧过书，在我们这里，硬书皮被捣烂成纸浆，从那时起书籍对我们来说变得非常神圣，成为一种自由的象征。我们随时准备像保卫解放胜利那样保护好书籍。

我们曾经以书库为荣！那里成排成排地摆放着科学文献，主要是马克思主义理论方面的著作；还有政治家们的博士论文印了上万册，根本就没人看，可能就是为了给作者支付高昂的稿费吧。在这里能找到国内出版社不愿发行《电影梦》的真正原因吗？是缺纸还是那时所谓的生产力问题……

我们和斯塔尼斯瓦夫·杨尼茨基谈过六十部电影的构思，后来我完成了其中的六部，还有十六部——是其他导演制作完成的。这些电影可不是什么脱离现实的题材。其中有几部还获得了巨大的反响，这也证明了，我的拍摄选择没有错。

我的电影题材非常广泛；它们并没有集中在某一个特定的领域，而是每一部都别出心裁。做这样的变化是因为我相信，下一部电影要想取得成功，就必须去寻找新的素材，启用另一个编剧、新的演员，重复只会导致失败。因此在拍完了战争片之后，我便拍当代题材片（《无辜的驱魔人》），随后拍拿破仑时期的故事（《灰烬》）；在《福地》获得成功后，我毫不迟疑地拍摄了难度很大的《大理石人》。我这样做还有一个原因。我想拍出无可争议的优秀电影，不管是选材还是制作都要如此。如果对前一部电影不满意，我就马上扑到下一部片子中，因为我深信，这次我能让自己满意。

1970 年 9 月 14 日是斯塔尼斯瓦夫·杨尼茨基访问的最后一天。计划中的书仍没有落实，今后也不会再落实。我们交流中谈到了一些电影构思，不久后我又有了很多新的想法。在此我选出其中的几个，分析说明我的电影梦想总是无法实现的原因。

## 打猎

我一直想拍一部发生在森林里的故事片，讲述某个想逃离城市，逃离生活，逃离失败……的人。我不知道自己是否热爱大自然，但也许正因为这样，我才懂得怎样去更好地展现它。狩猎大型动物多少有些让人心潮澎湃，就比方说鹿吧。以浪漫主义的手法展现它死前最后的喘息，将非常动人，与此同时，再揭开背后的那些肮脏故事……

　　打猎也许更适合年轻一代已站在身后欲取而代之的中年男人。第一次凝息闭气……我没打过猎，这从来就不是我的爱好。但博格丹·柴什科是一个敏锐的猎人，而我也希望他能为我写这个剧本。于是我和他一起去打猎。我们屏住呼吸，搜寻着可能隐藏在森林深处的野鹿。我问："博格丹，我们来这里做什么？"他顽皮地回答："我们就是狼！"多有诗意的回答，而且这个解释还很合理——森林里的动物自然生长，只有强壮的才能生存下来；所有那些逃脱不掉的弱小动物会被我们，也就是猎人，像狼一样地捕杀掉。想到这儿，我的头皮一阵发麻，但头皮下面却产生了电影的灵感。

　　我的主题是回归。我仿佛看到了老游击队员的世界。这么多年过去了，他们又一次回到森林，寻找着过去的足迹，与此同时他们也很明白，自己的生活已经在别处了。我和博格丹聊过这个话题，但结果不了了之；后来安杰伊[1]的父亲米罗斯瓦夫·茹瓦夫斯基[2]也试过将我的想法落在纸上；我还有一个伊莱丁斯基[3]的剧本。但其中没有一个让我感到满意。看来不可能在波兰的剧作家中找到合适的人选了。就在我要放弃这个计划时，一位列宁格勒[4]的作家——亚历山大·戈尔曼[5]引起了我的注意，米哈伊乌·罗姆[6]根据他的剧本拍摄了一部非常好看的电影《一年中的九天》[7]。我向苏联电影部提出申请，请戈尔曼到华沙来，他们同意了。过了一段时间，他给我寄来了剧本，而我则动身前往列宁格勒。

---

1　指安杰伊·茹瓦夫斯基。

2　波兰作家、外交官。

3　指伊莱奈乌什·伊莱丁斯基，波兰散文家、戏剧家、诗人和编剧。

4　苏联城市，现称"圣彼得堡"。

5　俄罗斯剧作家、电影编剧。

6　苏联导演、编剧、教育家和社会活动家。

7　苏联电影，1962 年上映。

我收到的所有剧本都有一个通病——缺少清晰的故事情节，既无法让电影充分展现森林狩猎的精彩画面，也没有深刻触及人的命运。戈尔曼的剧本也没有让我兴奋起来。我把我的想法告诉了戈尔曼，一天后他答复我说："其实你知道，以这个题材能制作出一部真正的电影。你想象一下：五个男人带着太太来到森林。影片开始就说明，这五个人是党的高级官员。他们特意到边远地区来讨论好计划，主要是关于人事变动的问题，带着太太是为了让别人以为他们是来游玩打猎的。男人们在森林小屋中召开闭门会议——他们的镜头仅限于此。早就准备好的猎枪留在了小屋外面，而最重要的是，年轻英俊、精力充沛的护林员说服了太太们，用丈夫们的猎枪去打猎。有些人会点儿射击，另一些人则完全不会，但不管怎么样，大家都认为这是个好消遣。于是她们向所有的活物开枪射击，与此同时还向英俊的护林员邀功。护林员克制住了自己的怒火，尽管非常恼怒她们的滥杀行为，但他也非常知道分寸。当她们出了森林走近小屋时，看见内务人民委员会的车停在那里；她们的丈夫，戴着手铐，在守卫的看管下，坐着囚车消失了。"

当戈尔曼讲完这个故事时，我就明白了，他是一位在伟大的文学作品中成长起来的纯正的俄罗斯作家——驾驭故事的能力，塑造出的人物形象，还有对环境的渲染……堪称大师。他多少有些顽皮地指出了我的尴尬，因为他知道，不管在波兰，还是在苏联，我都不能找出类似的剧本了。当然，我还可以带着这个想法去南美，但那里不会有人对这样的电影感兴趣。

我认为，还有一个好故事从未搬上过银幕。这个故事我在莫斯科的同仁那里听过很多遍，而且往往都是这样开头："你还能拍电影吗？……"讲述者假装调侃着，望着这个拍摄了《灰烬与钻石》的人。不得不承认，如果他指的是我的下一部电影的构思，那他多少还是说对了。


公羊酒吧
——给安杰伊的祈祷词


今天早晨醒来时
我发现，过去的事

比未来竟多了许多。

天父啊，我们不要这样的

觉醒。

让我们，过的每一天

都如云彩般新鲜。

让我们，过的每一天

都如天气般变幻。

就让我们，过的每一天

都永恒似天空。

阿格涅什卡

1971 年 2 月 13 日于克拉科夫

阿格涅什卡·奥谢茨卡[1]的构思就算放在今时今日也称得上精妙绝伦，我一直都在想办法将它拍成电影。但是故事的主角，彼得·思科日奈茨基[2]，现在已经不在了。阿格涅什卡也不在了。

我和彼得·思科日奈茨基是好朋友，我熟悉几乎所有的酒吧节目，也非常欣赏演员们那些令人难忘的表演。很早以前我就盘算着把公羊酒吧拍成电影。很多很多年前的某一天，阿格涅什卡·奥谢茨卡告诉我，受莎士比亚的《仲夏夜之梦》的启发，她有了一个故事灵感。故事发生在夏夜里的克拉科夫。电影的开头拍的是公羊酒吧里接近尾声的歌舞表演、掌声，还有陆续走出来的人们。

彼得如往常般在公羊酒吧门厅外的广场上与观众们道别，他不时地邀请其中的几位到雅尼娜·加里茨卡的店里再喝上几杯。那家店一般营业到深夜，人们喜欢在那里喝酒聊天……他经常还会邀请一些完全陌生的人，这样就营造出了一种非常奇妙的社交氛围，当然也只有他才能掌控住。

---

1　阿格涅什卡·奥谢茨卡，波兰女诗人、歌词作家、戏曲和电视导演。

2　波兰导演、编剧和公羊酒吧歌舞表演的主持人。

在阿格涅什卡的故事里有两个住在克拉科夫城外的年轻人，没有名字。他们来到公羊酒吧，欣赏了歌舞表演后，在准备离开时告诉彼得，他们看了一场精彩绝伦、此生难忘的演出。彼得当时并没有认识到，他们并不是一对恋人。但他施下的魔法就如《仲夏夜之梦》一般，让两个年轻人对彼此产生了兴趣。他们感觉到，就在这个晚上找到了命中注定的另一半。住在瓦维尔城堡下、维斯瓦河畔的彼得那不可思议的魔力，还有克拉科夫的夜，简直像极了《魔法马车》[1]中那个美妙的世界。在这个神奇的夜晚，我们这一对儿坠入爱河。

夜晚过后，晨曦来临，年轻的伴侣仍然沉浸在爱情中，深信他们不应该就此分离。他们来到火车站，登上了同一辆火车，尽管他们本来来自不同的方向。但现实世界中的这辆破旧的早班城郊火车很快就让这对恋人从彼得的魔法中清醒过来。小伙子意识到，那个躺在车厢角落里打着呼噜的姑娘，可不是他真正的爱人。火车转弯的时候，稍微慢下来一点儿，小伙子抓住机会跳下车——跳进了无边的田野，逃离了这段匪夷所思的命运安排，那个夜晚奇遇的姑娘还在熟睡，火车已渐行渐远。

当然，彼得是这部电影里不可缺少的人物，但彼得已经变成了一个神话形象。我在屏幕上看到过他很多次，我甚至想，他把他的秘密全都带进了坟墓里，再也说不清了。认识他的人里，没有一个能回答出，他的力量究竟来自哪里。他是那么高尚、那么正直的一个人，这样的人还会遇到事故简直让人无法相信，他可从来没有做过过分的事啊——也许正因如此他才总能带动那些不经意来到酒吧的人的情绪。酒吧里曾来过几个附近夜总会的脱衣舞娘，她们突然就在舞台上表演起来；还来过几次疯子，就是那种刚刚逃离疯人院的人……不管是谁，彼得都能机智地化解，而他们竟然也会完全变了个人似的，表演出一场精彩的演出。

我总在想，要把这部片子拍出来；这不仅是一个美妙的、不可思议的、细腻浪漫的故事，还是这家古老酒吧的历史。艾娃·德玛尔契克[2]、克里斯蒂

<hr />

1　波兰诗人康斯坦汀·噶鸟琴斯基的一首脍炙人口的叙事诗。

2　波兰女歌手。

娜·扎赫瓦托维奇、克里希·利特温[1]、维耶斯瓦夫·德姆尼[2]，还有许多伟大的、知名的艺术家都曾经在这里演出过。

谁能代替我们的彼得呢？有时我想，沃依泰克·波舍尼亚克也许可以扮演这个角色。

## 索尔仁尼琴[3]——坦克了解真相

我认为，我在巴黎拍摄《丹顿事件》[4]要比我在俄罗斯拍一部关于俄罗斯的电影容易许多。波兰没有陀思妥耶夫斯基这样的作家，也许因此我才花了很多时间将陀思妥耶夫斯基的作品搬上戏剧舞台。他是最了解俄罗斯民族精神的，因此我想去了解他的内心深处。波兰人要想拍摄一部俄罗斯电影，恐怕需要更大的勇气。那些我们之间所谓的共性，都是谎言。我们离老毛子朋友的距离可比离欧洲要远得多。在欧洲就算我们可能会觉得低人一等，但是我们还有立场可言。

我不会忘记，20世纪50年代罗兹电影制片厂的经理从莫斯科回来时对我说："你能想象吗，我竟然教他们打领带？遇到我他们才知道，怎样正确地打领带！"我们经理教会的只是莫斯科电影厂的机关人员，但我想，这也许就是我们，波兰人，能教会老毛子兄弟的唯——件事了。还有，我曾经有一个拍摄俄罗斯电影的机会，但是我没有把握住。直到今天我的良心上还过不去。

1982年我在巴黎拍摄《丹顿事件》时，遇到了两位美国制片人，他们告诉我一个索尔仁尼琴托付的大秘密。索尔仁尼琴那时住在美国，他希望我能将他的剧本《坦克了解真相》拍成电影。这是一个关于在苏联劳改营里发生叛乱的故事，这段历史被内务人民委员会的军队掩盖起来。故事中的男女

---

1 波兰演员。

2 波兰画家、演员、电影编剧和诗人，公羊酒吧合伙人。

3 指亚历山大·伊萨耶维奇·索尔仁尼琴，苏联—俄罗斯杰出作家。苏联时期最著名的持不同政见者。诺贝尔文学奖获得者，俄罗斯科学院院士。

4 法国剧情片，1983年上映，安杰伊·瓦伊达导演作品。

人物形象动人又相当震撼，令人印象深刻，故事情节完美而不做作。两位制片人虽然没有过多地透露自己的身份，但他们坚定地表示，他们有在美国拍摄英语电影的强大资源。对我来说，有机会认识索尔仁尼琴并非全无意义，我此前从来没有见过他。但我更看重的是他们口中说的——这位伟大的作家选择了我拍摄他的第一个剧本。

为什么索尔仁尼琴让我而不是让他的俄罗斯朋友来拍摄电影，这个问题的答案对我非常重要。俄罗斯的导演们那时都还困在苏联，而我却在巴黎享受着自由。因此他合理地推断，我这个自由人有能力接受另一个自由人的建议，比如说他，那时他已经移民美国快十年了。

我可以拍摄这部电影，我甚至知道怎样去导它，因为剧本真的太精彩了。但同时我也必须做出选择。如果我拍了它，我就再也回不去祖国了，波兰政府绝不会宽恕这种行为。我的整个生活会因此颠覆——这是我不想看到的。另外我还必须——我认为——变成一个美国的、法国的，总之是外国的导演。当《灰烬与钻石》在美国上映时，我就有机会成为美国人，那时我就可能重新开始我的导演生涯，然后对自己说："你在波兰迈出了第一步，现在继续走下去吧。"但是，我始终是为波兰观众而生的。我相信，尽管我拍摄的是波兰的故事，依然可以将我冠名为欧洲的导演，甚至是世界的导演。在《地下水道》和《灰烬与钻石》上映之后，我对此更加深信不疑。这是我的底线！

如果在国外——我又能讲述谁的故事？每个电气工，每个摄影助理都会比我这个移民导演更了解当地的现实需要。我就不得不迅速地转型成一个奔波忙碌的自由职业者，拍摄一些三流电影，直到最后成为一名职业的电视剧导演。可是我从来就不认为自己只是一名职业导演。我很自信——我觉得自己是个艺术家，我与观众对话，观众也需要听到我的声音。这种感觉在我拍摄《地下水道》《灰烬与钻石》《大理石人》《福地》《婚礼》等影片时越来越强烈。我有能力判断，不管在这儿，还是在波兰，我需要的到底是谁。

我迟迟没有答复，我不愿意说"NO"，而制片人还在耐心地等待着。克里斯蒂娜坚定地支持我的决定。我确实认为，那时我们最重要的事就是回到波兰。不会因为我拍摄了索尔仁尼琴的剧本就发生什么巨变，但我却会因此出走他乡。尽管我知道我的理由非常充分，但我有时也会后悔，错失了这次机会。

日记节选：

米沙·亥莱尔[1] 游说我考虑拍摄这部电影，他说："现在，拍完了《丹顿事件》后，你手上只有一项任务了：成为俄罗斯导演。"米沙还强调，这部电影应该用俄语，用俄罗斯演员。

在俄语中有一个专门的词用来描述因不堪痛苦（如拔指甲）而揭发的真相："指甲真相"。

## 使命——回归

有些电影没做成我非常惋惜，但这部电影直到今天回想起来还会让我痛心。它的灵感完全来源于一场偶遇。

1977 年 1 月，我在克拉科夫老剧场排演第一版陀思妥耶夫斯基的《白痴》。我们那时决定，在正式公演之前所有排练向观众开放。这实在是我人生中的一个坏主意。在每次排练都出现的观众中间有一个年轻人，他在间歇时问我："您不过来和我们聊聊吗？"我感觉，他可能是雅盖隆大学的一个学生。我不假思索地回答道："那就聊吧，请在便条上写下见面的地址、日期和时间，然后把便条放在桌子上。"

在约定的那天，我沿着三先知大街找到了便条上的地址。然后，我突然意识到，我站到了西里西亚神学院的门前。年轻的小伙子已经等在门口——他这时的装扮，一看就是神学院学生的样子——他带着我来到了院长室。他把我介绍给西里西亚主教海尔波特·百德诺日[2]神父，并告诉我，主教也会参加此次交流。主教挽起我的手，一起走进大厅。我本以为只是小范围的对话，十几个人，最多几十个人会希望和我交流陀思妥耶夫斯基的作品——

---

1 俄罗斯历史学家，以研究苏联和俄罗斯历史闻名。

2 波兰卡托维兹教区主教。

但那里坐着三百位年轻的神学院修士。

这一天，命运神奇地安排我走进了一个完全未知的世界。这次会面后我才知道还有"工人僧侣"这个理念。对这个理念，教会组织反应各异，但百德诺日主教坚持在本教区推行，并在这间神学院里不断强化这一理念。每一个神学院的学生在学完两年的课程后必须暂时放弃学业，回到自己的故乡——他们大部分都是来自西里西亚省的小伙子——到矿山、钢铁厂和工人们一起工作一年时间。

我问道："这么做的目的是什么呢？这些小伙子都来自工人家庭，他们的父亲、兄长从事体力劳动，都了解工作的艰辛啊。"主教和神学院的院长回答说："这个决定有两方面原因。第一，那些不确定自己志向的人因此能获得退出神职的机会。他们不会再回到神学院，而我们也因此知道，这不会成为他们的使命。第二，未来牧师的父亲每天早晨五点起床去下井，但儿子此时却在上中学，这是事实。牧师应该更深入地了解这些人，这些在地下的人，应该学会他们的语言，今后才能为他们提供更好的帮助。在西里西亚地区工作的神父必须要清楚地知道，西里西亚人除了家庭和琐碎杂事以外的另一半生活。"

我想了解更多的情况，于是我又一次来到克拉科夫，专程拜访神学院里经历过这次体验的学生们。他们告诉我，矿工们非常不愿意接纳他们，认为他们是被派来监视工作的人——因为他们又不得不隐藏自己是神学院学生的事实！——获得这些被生活所累的工人们的信任也非常困难。学生们回到神学院时彻底变了一个人——但差不多所有人都回来了……

我认真想过，用这个题材能拍出一部非常好看的电影。杨努什·基尤夫斯基和爱德华·热博洛夫斯基[1]应我的要求写了一个剧本，内容关于两个神学院学生。演员我都想好了，第一个学生由欧罗·乌卡舍维奇[2]扮演，他一口流利的西里西亚话，第二个学生让尤莱克·拉吉沃维奇[3]扮演，他学语言特别快，学西里西亚土话更没问题。剧本是这样的，在神学院校外度过

---

1　波兰导演、编剧、电影演员。

2　指欧勒盖尔德·乌卡舍维德，波兰电影演员、喜剧演员。"欧罗"是名字的爱称。

3　指耶日·拉吉维沃维奇，"尤莱克"是名字的爱称。

的这一年里，两位主角都认清了自己的前途方向。一个没有回学校，他为自己找到了其他的使命。拍一部关于神学院学生的大电影几乎没有可能，但我成功地将它"捣腾"成了电视片，现在我都不记得是怎么干的了。我去了西里西亚，做好了文件记录，找到了拍摄地点，还找到许多愿意和我一起拍片的人。那是在1979年，我拍了《大理石人》之后……

直到今天我都想不通，一点儿都没有头绪，为什么，我会突然觉得卡托维茨竟然那么陌生，就好像我来到另一个国度。我知道，这很荒唐，因为卡托维茨和外国根本不沾边，而且演员都就位了。剧本也许不够惊心动魄，但足够真实，也准备得非常完整。我到底怎么了，这种情况以前从来没发生过。我想过置之死地而后生！我们甚至拍了第一组镜头——故事主角离开神学院前往西里西亚——但这时我越发地对这部电影失去信心，只好放弃它，所有的前期努力都付诸东流了。与此同时，新时代的号角正准备吹响。这部电影原本的目的就是告诉大家，在呼唤人们团结起来时，教会将扮演着至关重要的角色。

我把剧本寄给过百德诺日主教，后来专程前往他位于卡托维茨的官邸拜访；真是这次的交流让我产生了放弃的想法。首先是主教秘书走到窗前，那里放着一个巨大的广播设备——20世纪50年代那种老古董——随后喇叭里发出不可思议的刺耳的撕裂声。主教认为，我们的剧本存在很多问题。教会总是非常谨慎的，主教强调只从剧本的文学表述中，他很难想象出电影将会拍成什么样。我那时真应该坚持住的，因为这部电影一定会非常有影响力，而且意义深远。大错特错，我竟然没拍它；除了我的不确定之外，这部电影一点儿都没遇到障碍。但是主教本人那时也没有鼓励我的意愿。他大概是担心，就算我拍出一部真诚的电影，电影也会被用作他用。也许他还不愿意将这件事公之于众，在克拉科夫迈进西里西亚神学院的大门后，我就已经隐隐感觉到了。

# 未来学大会

　　由科别拉[1]担纲主角的瓦伊达导演作品《夹心蛋糕》[2]，也许是我这篇文章里唯一的一个电影版本。我对这部电影非常满意。首先我满意电影的叙事结构。瓦伊达向我承认，他曾尝试改动剧本的段落顺序，对剧本解构重组，然后就发现这样做完全行不通；这让我对自己讲故事的能力非常满意。第二是，多年来历史科幻作品的代言人越来越少了。《夹心蛋糕》——应该说——为科幻界贡献了一位才华横溢的演员，那就是博古米乌·科别拉，而电影的内容——以段落形式表现赛车手的故事——交互重置他在车祸中临近死亡的场景，更显悲剧色彩。

　　后来瓦伊达还想拍摄我的《未来学大会》[3]，他甚至在美国找好了能当拍摄场地的宾馆，但终因资金问题作罢。我有点担心这个构思：那时还没有如今的电影中广泛使用的动画技术，而没有动画技术，《大会》这个剧本将难以实现。

——斯坦尼斯瓦夫·莱姆（摘选自《宇宙周刊》

登载的《瓦伊达电影导读》）

　　斯坦尼斯瓦夫·莱姆的《未来学大会》是一部奇异又非常搞笑的小说。故事发生在一家宾馆，这里正在举行未来学大会。与此同时，在同一家宾馆里还有另外一场聚会，莱姆调皮地称之为"开放书报发行人聚会"——实际上就是一群淫秽刊物的出版人。科幻与淫秽混在一起，场面相当逗趣。两个大会在一个城市撞期了——还可以设想，故事就发生在南美——接着爆发了一场革命运动。两个大会的主办者决定想办法避免冲突——或者最好的办法是：来参会的国内外来宾互不影响。他们在水里加了强力迷幻剂。但是

---

1　波兰戏剧、电影演员。

2　波兰科幻电影。

3　波兰科幻小说家斯坦尼斯瓦夫·莱姆的作品，2013年由以色列导演阿里·福尔曼搬上银幕。

小说的主人公是个谨小慎微的人，一口水都没喝，因此将这令人震惊的一切尽收眼底。故事地点接着转移到下水道，大多数的未来学家和淫秽专家要么深陷在幻象里无法自拔，要么死去，主人公也在这里，也许下个世纪来临时我们才能唤醒他们。

纽约彻底沦陷了，成了一片废墟。没有人搬走死者，没有人清理街道，这个城市拥挤进太多的人，根本无法控制住这巨大的破坏性局面。唯一能够逃离现实的方法就是服用政府发放的致幻药，它的作用就是让大家将不可思议的现实看成正常的世界……

这当然是对现实的嘲讽和暗示。我们的舆论就是在引导我们相信，现实很美好，我们正走在通向更美好的前程的大道上。舆论还告诉我们，我们的世界是最优越的，太阳的光芒永远照耀我们的生活。这生活就像……后来，过了很多年，莱姆的这个精彩构思多次出现在美国编剧和导演的电影里，电影都非常好看，但遗憾的是，我的这部电影只能出现在我的幻觉里。

## 与斯皮尔伯格相约

当史蒂芬·斯皮尔伯格准备拍摄《辛德勒的名单》时，我与他约在克拉科夫见了一面。莱夫·里温 [1] 以前告诉过他，我认为《辛德勒的名单》应该拍成一部黑白电影。见面时斯皮尔伯格问我，为什么会这样想。我觉得，我当时的解释马上说服了他。我说："如果您决定拍一部反映欧洲犹太人的悲剧电影，那这部电影就必须与您此前所有的影片划清界限。只有这样观众才会明白，您要告诉他们的是完全不同的事。"

他心悦诚服地看着我，又问道："您知道辛德勒的眼睛是蓝色的吗？""对。"我回答："我知道，我本来要自己拍《辛德勒的名单》，这个剧本我也拿到了……"斯皮尔伯格转身走到桌子另一边，问他的制作人："要不我们拍一部全黑白电影，只有辛德勒的眼睛是蓝色的，如何？"

在几千米的黑白胶片上，只把辛德勒的眼睛涂上蓝色，这个成本大概相

---

1　波兰电影制作人、电影演员。

当于整个波兰电影业几年的预算吧。制作人并没有反对。而斯皮尔伯格甚至还想把党卫军制服肩章的军衔涂成红色，尽管它们本来是全黑的。过了一会儿，他就把这事抛诸脑后，我们已经讨论起应该把哪部分的剧本放在克拉科夫拍摄了。

坐在我面前的是一个全能的人，对他来说，没有什么是不可能的。这是真的。每一个导演都是某种程度上的"神"，当然这个程度是多少要看电影的预算有多少。可那时，在克拉科夫，我见到了一位电影"真神"，他只知道一个词：就这么干！

日记摘录：

> 1992 年 5 月 4 日，华沙
>
> 波兰可谓戏剧艺术作家的摇篮。自莎士比亚时代起，戏剧的基础就是对白。丹尼尔·奥尔布雷赫斯基打电话来问我："安杰伊，我刚读完斯托帕德[1]的新作。你说，我是不是非得在华沙的剧院里表演老牛仔呢，还是真的没有人能为我将国内，这里，发生的事写成精彩的对白呢？"
>
> 不是不能写，我看是不会写。
>
> 今天我和阿兰·斯塔尔斯基、安杰伊·考特考夫斯基去看《鹰冠上的戒指》拍摄场地，是一个院子。"W"时[2]，华沙起义从这里开始。场地很完美，墙上的灰泥在 1939 年时就全掉光了。院子中间有一棵大树。我们放了一尊圣母石膏像，然后准备开始"起义"。
>
> 突然一个三十岁左右的年轻人闯了进来，他刚喝了些酒，怀里抱着一只巨大的玩具熊。玩具熊有半个人那么高。
>
> "你们不想买这只玩具熊吗？"
>
> 我们嘀咕说不买。"你们在找瓦匠（停顿一下），泥水匠？"

---

1　指汤姆·斯托帕德，英国剧作家，曾获奥斯卡最佳编剧。

2　华沙起义行动开始的暗号，指 1944 年 8 月 1 日 17：00 时。

还是没有回应……

看起来他知道我们对院墙感兴趣，所以才以卖玩具熊为由来问我们。

"我必须卖掉它，它太大了……"

如果一个三流的美国编剧当时在场，他肯定只会认为——这段对话在街头很常见。给我一点点时间，我要把这对话原原本本记下来。

1992 年 5 月 8 日，华沙

昨天在纳古尔斯基[1]家雅采克·库隆[2]讲了一段历史，每个英文作家都可以试试将它写成一部精彩的戏剧。

多年来跟踪他的只有一个军官，在这个过程中，还从上尉升到了上校。当然了，1989 年后内务部准备将这个军官除名，但是雅采克救了他，在处理他的案子时安排了一些自己人。最后上校亲自送给他一份礼物——一瓶威士忌。

"雅采克先生，我在苏格兰场受过训练，我必须和您喝一杯！"

双人剧。剧目：正宗苏格兰人。话剧时长正好等于两个男人喝光一瓶威士忌的时间。

1992 年 5 月 15 日，华沙

今日关机，原本小型的告别仪式竟很快地变成了一个几十人参加的派对。与此同时，在旁边的走廊里，我们还必须拍摄最后一组画面：锯掉戒指上的鹰冠！这些镜头对我们的《戒指》来说几乎只是点缀。

我看着周围发生的一切，想到一个题材。剧目：关机派对。

---

1 指安德鲁·纳古尔斯基，出生于苏格兰，父母为波兰人，后来移民美国。

2 波兰政治家。

派对还在持续，变成了宴会，在旁边的走廊里却正拍着什么电影，与华沙起义切割开的历史一锯，等等，对制作和拍摄这部电影的人们来说根本没有太大的意义，他们已经享受活在当下。

这是个现代电影的题材。遗憾啊……

尽管我常常回忆起那些未完成的电影项目，但我从来没细数过它们的数量。后来我和斯坦尼斯瓦夫·雅尼茨基一起拍了一部三小时的电视电影，题目就叫《梦想更动人》。如果认真统计从业四十五年来所有未完成的项目，肯定有几百个之多，也就是每一部拍成的影片背后大概有五至七个没实现的电影。

如果这些未实现的电影中有几部做成了，哪怕是做得差一些，又或者只是不那么精彩，我又会有什么不同呢？——这种想法本身就多余。唯一能肯定的就是，巨量的、多样的电影构思帮助我度过，甚至是熬过了波兰人民共和国时期的那些浮浮沉沉。不是所有的构思都是禁片题材。大多数原因还是缺乏剧本。我不遗余力地在"X"电影制片厂的青年导演中寻找和培养可堪重任的编剧；我自己，改编了《福地》，还创作了唯一一部原创剧本《一切可售》，但除此以外，我只能算个文学爱好者而已。而作家们似乎不太乐意参与编剧工作；而就算编剧有个好题材，也不代表电影就能成功，电影的成败还是要看导演的本事。

今时今日的情况又如何？

奇怪的是，波兰国内有这么多伟大的作家，但是为电影写剧本的编剧还是一如既往地少得可怜。

# 费里尼的座椅

这种具有意大利、地中海地区特色的，并带有浓厚传统风格的表演形式，同时又是流行文化和现代大众传媒喜爱的表演形式，让费里尼既焦虑又着迷。我想，让他着迷的正是表演本身的矛盾性、通俗性和它那令人浮想联翩的力量。他着了魔般地反复拍着相同的画面，就好像他要从中找到解开谜语的钥匙，找到某个密码。他还非常关注那些欣喜若狂的片段，因为这种时候总能让他展现出作品粗俗的一面。这几乎是他信仰般的、纯粹的爱好。婉达[1]对幻想中酋长的痴迷，还有弱智的杰尔索米娜[2]的爱恋都是如此。费里尼觉得，银幕上放射出的光影与观众的情感温度相碰撞，才是电影的魔力所在。

——玛利亚·柯尔娜托夫斯卡[3]，《费里尼》

1997 年 12 月 10 日是我导演生涯中一个幸福的时刻，这一天巴黎艺术学院将我列入"终身"院士的行列。这个名称的由来可以追溯到古代。波斯国王的禁卫军由固定人数的"终身"士兵组成；一名士兵战死后，会自动补

---

1　婉达是电影《白酋长》中的主要角色。《白酋长》是费里尼第一部单独导演的作品，1952 年上映。影片讲述了婉达和新婚丈夫在罗马度蜜月，却爱上了摄影书里的"白酋长"的故事。

2　杰尔索米娜是电影《大路》中的重要角色。《大路》，费里尼导演作品，1954 年上映。影片讲述的是弱智女子杰尔索米娜跟随流浪艺人藏巴诺漂泊卖艺，却被其遗弃的故事。影片获得威尼斯电影节银狮奖、奥斯卡最佳外语片奖和金球奖最佳外语片奖。

3　波兰剧评家，波兰国家电影、电视和戏剧学院讲师。

充一个人替代他的位置。根据类似的规则，1795年8月22日法国颁布了法令——成立了由五所学院的各四十名院士组成的法兰西学院。艺术学院位列五所学院之列。费德里科·费里尼过世后，艺术学院的一把院士椅空了出来。他们将这把椅子给了我，这是我莫大的殊荣。

仪式非常隆重，鼓声震撼，院士们穿着的院士袍上绣着绿色的棕榈叶；而我的院士袍上绣的是传统的克拉科夫花边。在赞美曲的伴奏下，法国作曲家让·普罗德罗米迪斯[1]引导我走进大厅。仪式上的某些说辞——比如将我的电影与戈雅[2]的那些历史画做比较——让我相当不舒服。而另一些内容，对社会主义制度国家中具有共产主义特征的电影摄影艺术表达了理解和肯定，则让我欢欣鼓舞。比如对《福地》的点评：

> 对那些能读懂诗、会欣赏画的人来说，这部电影还有另一层意思。20世纪70年代，一手遮天的波兰官僚机构将整个国家推向无望的混沌之中，在这样的体制下人皆为公，每一种创意都被扼杀在萌芽状态，创业精神尽失。影片聚焦于20世纪三个年轻的投机商人的冒险故事[3]，归根结底就一句话："我什么都没有，你什么都没有，他什么都没有……那么我们就盖一座工厂！"寓言意味明显，即借影片对沉闷压抑的政治体制提出了控诉。为什么以前可以做到，现在却不可以呢？噢，毫无疑问，是审查制度认为不可以，但审查制度不也常常有盲点可寻吗？

新院士晋升时，应该向他的前任致敬，说一些赞美的话。其实根本无须我的赞誉，因为费里尼本身就是一位真正的大师，因此我底气十足地说了这

---

1　法国作曲家。

2　指弗朗西斯科·戈雅，西班牙浪漫主义画派画家。曾创作了《战争的灾难》系列版画，用画作记录战争。

3　《福地》改编自诺贝尔文学奖获得者弗瓦迪斯瓦夫·莱蒙特的同名小说，聚焦20世纪初期三个年轻人——分别是德国、波兰和犹太人，合力创办纺织工厂的故事。

这位卓越的导演辞世后，电影界彻底变了一副模样，那个他创作了《大路》《甜蜜的生活》[1]《八部半》[2]《我记得》[3]等杰作的辉煌时代再也不会重现了。费里尼展现在银幕上的故事，是那么的绚丽多姿、丰富多彩，令人拍案叫绝！我有时候会想，这些影片就好像来自于几位不同的优秀导演之手，其实是我们这位大师有意为之。

"我想要做的是，让我的每一新片都与此前的完全不同。我认为，只有这样才能做出好的电影。"

从这段直白的宣言中，我们可以一窥费里尼的创作力量。他绝对相信，凭借着他的意愿和天分，他能让接下来的每部电影都与他此前的优秀作品截然不同。同样的意思费里尼还说过另外一段话："当形成了固定的风格，或者表现形式大于故事内容时，观众就会从相同的模式中游离出去，这样的作品是失败的。"——这段话应该用金色的大字刻在每家电影学院的入口。

费里尼一路走来，成绩斐然，从 1954 年的《大路》开始，到后来的《浪荡儿》[4]《卡比利亚之夜》[5]《甜蜜的生活》。他的电影深深地打动了我，让我从早期的挫折中站了起来，给予了我重新开始的勇气。《三艳嬉春》[6]和《八部半》简直就是我们所有电影人的心理分析教材。在他之后，我们这些电影导演中，再也没有人还能回到从前的自我满足和四平八稳的工作中。从题

---

1 《甜蜜的生活》，1960 年上映。获戛纳电影节金棕榈奖、金球奖最佳外语片奖。

2 《八部半》（8½），1963 年上映。获奥斯卡最佳外语片奖、金球奖最佳外语片奖。

3 《我记得》，1973 年上映。获奥斯卡最佳外语片奖、金球奖最佳外语片奖和意大利大卫奖。

4 《浪荡儿》，1953 年上映。获威尼斯电影节银狮奖（金狮奖空缺）。

5 《卡比利亚之夜》，1957 年上映。获奥斯卡最佳外语片奖。

6 《三艳嬉春》，1962 年上映。

材各异的《朱丽叶与魔鬼》[1]《小丑》[2]和《罗马风情画》[3]，到《我记得》《卡萨诺瓦》[4]《船续前行》[5]《舞国》[6]，再到最后一部电影《月吟》[7]——自始至终我们看到的都是一个费里尼。

不必大惊小怪，他在回忆录中承认道："拍电影时我才活出自我。那时的我最男人。不仅精力爆棚，还能够胜任所有角色，自己就能做完所有工作，从来不感觉到累。不管前一天几点钟结束，我都等不到第二天就想开始。拍电影是我的生命。工作让我觉得我还活着。"

拍了这么多年电影，我明白，导演迸发出的激情最终会呈现在银幕上，而且是这种激情引起了观众的共鸣，并不是电影题材和内容的功劳。看到费里尼电影的第一帧时就能感觉到，创作的快乐透过他的作品弥漫开来，让我们，也是观众们，沉浸在愉悦的心情之中。

我那杰出的师弟克什施托夫·基耶斯洛夫斯基不久前写道："我一想到现代电影，眼前常常会浮现出墓地的画面。墓碑边上斜倚着几个行动迟缓的老男人，在他们边上有一条高速公路，很多很多车在路上全速奔驰着，技术精湛，但车子看起来都差不多，和两滴水似的没有任何区别。"我想，这位刚刚过世的波兰导演提到的墓碑之中，写着费德里科·费里尼名字的那块肯定会对这条高速运行的道路发出最严肃的质疑和最尖锐的谴责。今天的电影圈就像这条路一样，越来越疯狂。于是我意识到，今天我们谈论的这个人，在他的领域里是最伟大的，绝对不可能被任何人所取代。

---

1 《朱丽叶与魔鬼》，1965 年上映。

2 《小丑》，1970 年上映。

3 《罗马风情画》，1972 年上映。

4 《卡萨诺瓦》，1976 年上映。

5 《船续前行》，1983 年上映。

6 《舞国》，1986 年上映。

7 《月吟》，1990 年上映。

费德里科·费里尼幻想中的花花世界包含两个主要的虚构要素，这两个要素经过时间的打磨越来越像，逐渐合为一体。第一个要素是海滨小城里米尼。1920 年 1 月 20 日他出生于此。在里米尼，他度过了童年和青年时光，那时还没有时髦的欧洲美容按摩 [1]。生活在这慵懒的城镇，节奏缓慢，不禁会开始思考人生。这个偏安一隅的地方小镇，为未来的大导演提供了一个良好的教育氛围。他的所有幻想从这里萌发，他的各种人生仪式在这里完成，他早期的 20 世纪 50 年代拍的电影讲述的也都是这里发生的故事。有一部那时候的影片——《白酋长》，尽管故事发生在罗马，但在这个罗马的街道上有军乐队，还有表演吞火把戏的，完全是一幅小镇风情。

　　费里尼的幻想中第二个虚构的要素正是罗马。罗马是他从小就梦想着的地方。离开里米尼后，他还在佛罗伦萨短暂地停留过一段时间。1939 年春天搬到罗马，并在此定居了下来，直到 1993 年 10 月 31 日在翁贝托一世医院病逝。1959 年拍摄的《甜蜜的生活》是一个转折点，自此片开始，他的电影创作越来越多地围绕罗马这座著名的历史名城展开。罗马和其他的现代都市很不一样。我们中没有谁居住在像罗马这样具有深厚历史积淀的城市里。费里尼用他自己的名字冠名了两部电影——《费里尼 - 爱情神话》和《费里尼 - 罗马》。他用这两部电影清晰地展示了罗马悠久的历史。电影中那段通往古罗马地下室的阶梯的著名镜头，最好地证明了与他同时代的电影人中，没有一个像他那样，对生活的地方竟能有着如此深刻的认识。

　　也因此，因为费里尼的幻想是为了创作出一个关于别样世界的故事，这个世界里的乡土人情又是那么的自然天成，所以他的作品让我倍感亲近。我工作的初衷就是想表现独一无二又

---

1　指 SPA。

2　《爱情神话》，1969 年上映。

别具一格的波兰问题。我记得我和这位创作大师第一次的接触就发生在这里，在巴黎，四十三年前我在巴黎的电影院观看了《大路》。我想和大家分享一下，用波兰视角是如何看待费德里科·费里尼的作品的。

我个人的看法是，他的创作充满了强烈的个人色彩；作为导演的我，对他十分推崇。如果我对费里尼的新现实主义一无所知，我可能根本拍不出来我的处女作——《一代人》。如果不是受他几年前拍摄的《八部半》的影响，我也不敢去拍《一切可售》这部自我反思式的电影。如果不是看过《管弦乐队的彩排》，我可能也不会去拍《指挥》。因此，费德里科·费里尼对于我来说，是无以为报的恩人，不是我评头论足的对象。

接下来的演说词中我引用了波兰国内对这位大师的研究成果，分别摘自玛利亚·柯尔娜托夫斯卡和格热高什·克鲁里凯维奇的书。我还讲了一个关于他最后一部作品的有趣构思，这部作品并没有拍成，因为菲利浦·巴庸[1]还没来得及告诉费里尼。演讲的最后我向如今的电影界发出这样的责问——

堕落，就像基耶斯洛夫斯基看到过的那样，如伟大墓碑边上的那条快速公路，尽管车技精湛、全速奔驰，但所有车都如两滴水般地雷同近似。

我们看到，不管是那些交口称赞的电影，还是观众热捧的电影，都有这样的情况，在欧洲的电影银幕上可谓滥竽充数。它们讲述什么现实问题了吗？它们把什么样的世界呈现在我们眼前？在费里尼的电影里我们了解到神圣与世俗的矛盾，那是不是我们看到的就只有世俗呢？当然不是。因为神圣的反面还

---

1　波兰作家、编剧、电影导演和戏剧导演。

可能是平庸，彼得·科沃车夫斯基[1]神父在关于灵性的专著中有所提及。到底是什么打动了观影的人们？也许是脱离了形而上学的肉欲世界，也许是没有罪恶的世界。他在电影里呈现的暴力，如在嬉笑中拍死苍蝇一般，而这样的暴力却为观众带来了愉悦。这与另一位大导演——路易斯·布努埃尔[2]的示范完全背离。布努埃尔的理念告诉我们，银幕上的死亡应该要描绘出杀戮的残酷、血腥，就像谋杀犯附体一般。透过画面让观众觉得在精神层面上真的经历过一样，而不是仅仅想当然就死了。

今时今日，疑惑再现。欧洲电影该往何处去？如今的波兰电影、匈牙利电影在哪里？意大利电影在哪里？每年都会涌现出一批有趣、好看又卖座的电影，但我们的电影拍摄艺术中却找不到民族性的东西了，也因此丧失了与无聊的外国影视剧相抗衡的能力。

我不认为，我们可以把造成现在这种事态的全部责任都推到具有创新精神和经济实惠的美国电影制造产业上。如果这样做，最后只会将观众们都推向播放美国电影的影厅。因此还产生了新的疑问，是不是拯救国产电影的唯一出路就是模仿美国电影呢？模仿题材，抑或是"跟上"娱乐我们苦难岁月的笑点，我们到底错在哪儿呢？

其实，每一天，我们都怀着欧洲电影复兴的期待，观看着青年导演的电影。但费里尼的例子告诉我们，这样的奇迹只在电影创造高潮时才会发生。罗塞里尼[3]、拉图阿达[4]、德西嘉[5]和萨

---

1 这里可能是作者笔误。彼得·科沃车夫斯基是波兰作家、文学史家，不是神父。作者可能是指安杰伊·科沃车夫斯基，20世纪80年代著名的学术牧师、神学家。安杰伊·科沃车夫斯基的哥哥是彼得·科沃车夫斯基的父亲。

2 西班牙国宝级电影导演。

3 指罗伯托·罗塞里尼，意大利电影导演，新现实主义的重要成员之一。

4 指阿尔伯特·拉图阿达，意大利电影导演。

5 指维多利奥·德西嘉，意大利著名导演。

瓦提尼[1]是我们这位大师的领路人，但费里尼的疯狂构思却与他们拍的新现实主义影片形成了强烈的对比。费里尼的电影完全是另外一种全新的电影拍摄手法。

在如今这个没有大师的时代，青年导演该将自己的创作和谁联系起来呢？和我们吗？我们可是一群生活在过去的阴影里，对电影的未来不抱什么希望的老家伙。问题提出来了，回答它却需要更大的勇气。现实已经走在了电影的前面，我们可能已经与真相背道而驰。可以肯定的是，电视剧和电影只是犯罪的诱因，并不是说今天这个世界就失去了道德规范。

这是个不用承担责任，没有惩罚，也就没有罪恶的世界——我们波兰人的意识里也萌生出这种想法了。不久前报纸上刊登了一则新闻，说两个初中生杀死了一名同班同学。当审讯他们的警官问话时，他们十分坦白地回答："因为在波兰有自由。"

这个回答和他们耳濡目染的电影、电视还有彩印杂志脱不了干系。那些精神食粮不停地鼓噪着："解放了，只有傻瓜和蠢蛋才不会享受自由"，终于在青年谋杀犯这里得到了延续。而这种道德相对论并不符合我们欧洲的传统观念。

究竟发生了什么？为什么几个世纪以来将欧洲紧密连接在一起的道德和精神纽带，今天竟如此不堪一击？欧洲的联盟可不是仅仅依靠欧洲银行、经济利益共同体和欧元机制就能实现的。

欧洲是否再也无法承受什么了？所以干脆就在文物专家们精心看护的辉煌遗迹中停下脚步，开始享受美景了？要是这样，那么我的祖国就得承认，如果说这段过去的五十年历史还有意义的话，那么意义就在于我们希望重新拥抱欧洲高尚的精神价值体系。

---

1　指切萨雷·萨瓦提尼，意大利编剧，是意大利电影新现实主义运动的首批理论家和支持者。

# 自由之花
## ——从京都到克拉科夫

　　我常听到这样的提问，为什么是日本让我产生了如此浓厚的兴趣？为什么明明有许多其他选择，我却关注这个遥远的国度？

　　我想，答案再简单不过。在日本我遇到了惺惺相惜的人啊！尽管我不会他们的语言，也不熟悉他们的习惯，但我还是认为，我非常了解他们。他们身上有着我毕生为之追求与呵护的所有高尚品格——勇敢、担当、荣誉感还有传统信念。

　　遇见日本我才知道，这些高尚的品格并不只是我的想象。我才知道，这些品格真的存在。

——摘录自采访片段

1997 年 7 月 20 日于华沙

　　高松宫妃[1]的官邸位于东京皇家花园领地内，那里城壕宽阔，围墙高耸。建筑外表平淡无奇，让人不禁联想起 20 世纪 30 年代的平房。内部的家具和装饰也是欧式的。那是 1996 年的事。在帝国奖获奖者庆祝午宴正式开始前，我们先在宽敞的内厅聚集寒暄。三个身穿西装的年轻人端着盛满绢花的大盘子，请我们从缤纷多样的小花束中自由挑选。我并没多想，挑了一束银莲花。大家又聊了一会儿后，大门徐徐敞开，我们由此步入餐厅。

---

1　日本高松宫宣仁亲王之王妃，原名德川喜久子。

在这张三十人座的餐桌上，每一个位置上都放着一束花。很容易就能想明白，我们自己挑选的花就代表着就餐的座次。女主人的位置位于餐桌的正中，她的右手边是法国雕塑家塞萨尔[1]，克里斯蒂娜带着她的法式花束坐在这位雕塑家的旁边，而我——坐在宫妃的正对面。从分配花朵到打开大门不过短短几分钟时间。

也许就是因为宫妃官邸的这次午宴，让我联想起过去几年的种种，才明白了为什么仅仅凭借着美好心愿，我们京都－克拉科夫基金会就能够实现目标，并在克拉科夫建起来芒加文化中心。


这一切要从高野悦子[2]小姐说起。高野悦子小姐是我电影的日本发行方。她为了促成我参选日本最高大奖——京都奖[3]，做了大量的准备工作。在电影类别奖方面，在我之前有费里尼、伯格曼获此殊荣，在我之后还有黑泽明拿到这个奖。

荣获此奖我感到无比荣耀；同时还颁发给我一笔三万五千美元的巨额奖金，这让我完全没想到。我已经拍了二十多部电影，还有两倍于此的戏剧和电视剧，从来没有挣过这么多钱。1987年，未来的情形还不甚明了，所以用这些钱去做什么也不是个简单决定，而需要花钱的地方——着实有很多很多。我有了一个想法，就是将这笔钱用在克拉科夫的日本收藏上。1926年菲利克斯·雅谢斯基[4]曾将这些藏品捐赠给国家博物馆，但它们却极少公开亮相，我印象里只短暂出现过一次机会，让人领略到它们的风采——那还是在1944年德军占领期间的事。那时我躲在克拉科夫的叔叔家里，经常几个星期都不出门，但纺织会所展出日本藏品我却一定要去看一看。那时我才十七岁，战争爆发的三年来我一直痴迷于绘画，却还未曾看过任何一场艺术展。那是我人生中第一次参观此类展览。葛饰北斋[5]的《神奈川冲浪里》、

1　法国现代雕塑家。

2　日本电影制作人、作家。

3　京都奖是一个颁发给科学、技术和文化领域有重大贡献的国际奖项，从1984年开始颁发。安杰伊·瓦伊达于1987年获奖。

4　波兰艺术评论家、收藏家。

5　葛饰北斋本名中岛时太郎，是日本江户时代后期的浮世绘大师。

喜多川歌麿[1]的美人画还有歌川广重[2]的《大桥安宅骤雨》深深地烙印在我的脑海中，彻底地变成了我的精神财富，跟随我一生。1987 年 11 月 10 日我在京都领奖时，也提及了此事：

　　从主席先生手中接过京都奖奖杯时，我不禁回忆起过去一段不平凡的经历，在最黑暗的战争年代，在德国侵略期间，我参观了在克拉科夫举行的日本艺术展。展出的作品规整、亮度明快、光线柔和，充满和谐之美，我此前见所未见——这是我人生中第一次见到真正的艺术品。

　　遗憾的是，从 1944 年直到今天我再也没见过这些藏品。它们就像奇幻的梦境一般消失得无影无踪，这六十年来可能一直藏在某个柜子或者抽屉里。这些日本艺术品是克拉科夫的宝贵财富，1926 年——也就是我出生的那一年，由狂热的日本艺术爱好者和鉴赏家菲利克斯·雅谢斯基捐赠给这座城市。多达几千件的藏品有些是他本人购买的，有些来自其他收藏家的馈赠，有木雕、服饰、陶瓷和军用品等，丰富多样，数量惊人。

　　我们生命中最绚丽华彩的部分就要数青年时代的经历和爱好了。回味这些幸运的时刻，我多么希望，其他人也能和当时的我一样，有幸欣赏到日本古代艺术大师的杰作。因此，我要把刚刚拿到的奖金全部用在克拉科夫国家博物馆的日本收藏品上。我希望，这里，在日本，能找到钟爱这些艺术的人们，我希望他们也能加入到我的倡议中——在克拉科夫重建一座博物馆，让这些默默等待了六十年的收藏品重见天日，在全世界面前展现它们的风采。

　　我脑海中浮现出一幢漂亮的日式建筑，就在克拉科夫。我还听说，克拉科夫市就要和京都市结成姐妹城市。我仿佛看见

---

1　日本浮世绘最著名的大师之一，善画美人画。

2　日本浮世绘著名画家之一。

一个年轻人走了进去，他可能是画家、诗人或者电影人，就像1944 年的我一般——人生中第一次遇见日本艺术品，这次遇见对他的艺术观和审美产生了深远的影响。

如果我还能看到，经过很多年、很多年的努力工作，他成为了下一个获得京都奖的波兰人，这样的想象是否太过遥远了呢？

我是幸运的。今天我获得的京都奖不仅在波日之间架起了一座桥，同时这座桥还将借助克拉科夫日本艺术博物馆的构想，连接起 20 世纪和未来的 21 世纪。

伟大的日本作品应该久存，必须有人肩负起这项使命。克里斯蒂娜兴奋地支持我的这个计划。我其实也没有想太多，因为在我表态之前，我从没在国内，或者在日本讲过、做过这件事。当然，我感受到了日本朋友们的善意。在京都参加过颁奖典礼后，我们前往东京。在那里一路照顾我的天使，悦子小姐，拜访了矶崎新 [1]，结果令我们大感惊奇。因为，这位享誉世界的建筑师不仅对我们的倡议表现出兴趣，还要为我们的基金会（我后来的决定）捐赠建筑设计方案。克拉科夫著名的建筑师克里斯托弗·因噶尔顿 [2] 也参与了建筑设计，他那时正在矶崎新的纽约事务所工作，并注意到了这个计划。

就是这个时刻——今天我仍坚信——开启了这个项目的成功之路。矶崎新是日本公认的本土世界级艺术家之一，他用他的态度为我们的这个理念注入了力量，将它从虚幻的想象转变为了现实。

我们在克拉科夫成立了基金会，但要获得国家博物馆的支持可不那么容易。克拉科夫政府并不待见瓦伊达－扎赫瓦托维奇的倡议，同时文化和艺术部长还要求博物馆领导想办法迫使我们出资，为落成了几十年的新大楼安装空调。可笑的是，华沙的日本大使馆对基金会也持保留态度，他们将我们

---

1  日本著名建筑师。
2  波兰建筑师，协助矶崎新完成了克拉科夫芒加中心的设计方案。

两个人当成是异见分子，也就是当时不合法的人士。

但幸运还是眷顾了我们。塔戴乌什·赫鲁西奇茨基接任博物馆经理后，事情开始发生转机。经过展览策划人左霞·阿勒柏洛娃博士的不懈努力，克拉科夫的这些日本藏品得以在东京展出。亲眼所见后，严谨的日本人终于相信了，规划中的建筑确实将用作展示他们国家的古代艺术品，另外他们还能在这里看到很多在日本都看不到的作品。

与此同时，我存在东京银行的奖金因为利息的原因也在增长，但要用来造房子还有些杯水车薪。1988 年 8 月矶崎新来到克拉科夫为中心选址，正巧赶上了克拉科夫阴沉多雨的日子，天地混沌在一片灰蒙蒙之中。我和克里斯蒂娜、克里斯托弗·因噶尔顿陪着我们的艺术家，惊讶地发现，他竟然一下子就找到了市政府在地图上标记出的几个地点，并说出它们各自的适用性。在秋季讨厌的雨水天气里，从瓦维尔宫望向维斯瓦河的对岸，映入眼帘的只有最糟糕的风景——两幢破旧的凯尔采路政公司的平房。可我们的客人却能看到更多。

在我漫长的一生中遇到过几位天赋异禀的艺术家。塔戴乌什·康托尔绝对算得上其中之一，第二位就是矶崎新——他在这样一个阴暗糟糕的日子里寻找着所有有用的东西，帮助他做出选址的决定。我想，有两个因素发挥着决定性的作用——河水和瓦维尔山。克拉科夫日本艺术与技术博物馆可谓是占尽地利：维斯瓦河对岸，正对瓦维尔宫。

尽管我们的基金会一直没有注册登记，公务上的麻烦不断，但后来时机却发生了变化。新的时代开始了。1989 年 6 月我当选为波兰民主共和国第一届参议员，这个身份令我与日本驻波兰大使长野兵库的联系方便了很多，他现在成了我们这个项目的正宗盟友。而由塔戴乌什·马佐维耶斯基[1] 任命的克拉科夫省省长塔戴乌什·皮埃卡日[2] 热情地帮助我们寻找可供建造的土地。市里也不再冷眼旁观了。尤瑟夫·拉索塔[3] 市长让本地的公务机关给我们开了不止一次后门。所有前期的准备工作都接上了正轨，开始施工的时机

---

1　波兰作家、记者和政治家，1989 年当选波兰总理。

2　波兰经济学家，1990—1995 年任克拉科夫省省长。

3　波兰政治家，1992—1998 年任克拉科夫市市长。

到了。

但在此之前，仍有必要对我们的项目进行一些公开宣传。1991 年 7 月从东京运过来的建筑模型在纺织会所展出。不久后在华沙的国家博物馆又举行了一次类似的展览，维托尔德·卢托斯瓦夫斯基[1] 曾去参观过。我记得那时候我舌头都有点儿打结了，就像普通人见到大艺术家时，往往会特别注意谈吐优雅、措辞严谨。两次展览日本大使都来了，看得相当认真。两次活动结出了丰硕的成果。在雅采克·撒里乌什 – 沃勒斯基部长的努力下，第二年日本政府就从波日基金会向我们这个项目拨款资助了三百万美元。

接着我们的日本朋友又捐赠了一百万美元，让我们距离目标越来越近了。但是整体资金还缺一百万。东日本联盟的铁路工人们募捐出这最后一笔钱。

从 1980 年拍摄《铁人》开始，我和克里斯蒂娜就加入到运动中。现在，我们搭乘新干线列车前往日本南部，参观由松崎明[2] 铁路工会领导的工厂时，看着机车仓库、维修车间、火车司机宿舍和休息室，又一次置身于我们的老朋友——工人和工会成员的世界里。他们纷纷慷慨解囊，还在车站发起捐款活动。车站里，我身披挂带，手拿一个铁罐子，喇叭里还不时广播出这样的一段话："《大理石人》和《铁人》的波兰导演为克拉科夫日本艺术博物馆募捐！"——就这样我们补上了缺口，资金总量达到了五百五十万美元。

工程成功竣工要归功于 1993 年春天做出的三项决定：一是委托日本建筑企业"竹中工务店"施工；二是定于 1993 年 5 月奠基；三是将中心开放的时间定于 1994 年 11 月 30 日。

工程竞标时实际上是一家波兰建筑公司赢了。但我清楚地记得，我在佐利博茨区[3] 的家门前盖车库的时候，早上十点钟就开始喝酒的泥瓦匠用了几个星期才糊弄了事。因此我决定，以发起人的身份跳过竞标的结果，以中心

---

1　波兰著名作曲家、指挥家。

2　日本工人运动活动家，曾任日本铁路工会主席。

3　华沙的行政区之一。

投资人的身份指定日本人获得工程。

这是一个明智的决定。竹中工务店[1]起源于 18 世纪，业务遍及全世界。这项工程交由他们的杜塞尔多夫分公司执行施工。我终于松了一口气，因为我知道，他们多次建造过矶崎新的设计作品，也希望今后能继续在日本参与他的项目。而且他们明白，皇室代表将莅临开幕仪式，这就意味着施工期不能有拖延。

看着建筑一天天高起来，是一件特别开心的事。日式的管理模式与波式的施工执行构成了一对非常有效率的组合。每天工程监理亨里克·特兰巴茨——他是我们投资人的现场代表，他有自己的公司，在克拉科夫的建筑工地上浸染了很多年，了解工程前前后后所有的内情——都会事无巨细地向我们报告工程的实际状况。

奠基仪式于 5 月 28 日举行。日本铁路工会代表团和神社祭司共同出席了仪式。祭司向所有原本居住在这里，也就是我们大楼未来所在地的灵魂们传递出一段优美的讯息，希望它们继续留下来，并且不会惊扰它们的存在。我们不无激动地观看着这场在瓦维尔山丘的映衬下举行的精神交流仪式。

自此刻起，施工正式开始。嵌进地下十几米深处的拉森钢板桩为这幢维斯瓦河沿边的建筑提供了有力的支撑。由于早早就定下了中心开放的时间，我们知道，留给我们的施工期只有十五个月，而且我们的一举一动都在东京严密的关注之下，建造资金也达到了锱铢必较的地步。在波兰人民共和国的那段漫长岁月里，波兰建筑企业就靠着施工赚钱，往往会将每一项投资的施工期拖上好几年，还把工程完工当作坏事，因为一旦完工就必须去寻找下一个工程。但实际上预算才是建筑企业的资金来源，而不是施工本身。现在我知道了，竹中工务店将先利用自有资金建造这座中心，而基金会会根据工程进度情况分期支付款项。只要有可能，他们就会尽快完工，不会遇到任何麻烦。

在波兰，众所周知一些特定的日期与民族传统纪念日有关。一月是 1863 年起义纪念日，三月在 1968 年爆发过激烈的反犹太主义，五月常会让

---

1　日本一家大型建筑公司。

人纠结于 5 月 1 日重要还是 5 月 3 日 [1] 更重要。在七月要庆祝波兰人民共和国国庆节，八月中有三个周年纪念日，分别是：维斯瓦河的奇迹 [2]、华沙起义和入侵捷克斯洛伐克 [3]，然后还有——纪念 1980 年大罢工。九月会联想到 1939 年 [4] 大灾难。十月：布尔什维克革命运动。十一月：又是起义，发生在 1830 年 11 月 [5] 的夜里——又一次失败了。这张单子还能写得更长……

克里斯蒂娜几乎绝望地寻找着最合适的开幕日期。她最后决定选在 11 月 30 日，也就是我的守护神圣安得烈 [6] 的纪念日。要实现我的夙愿，挑这个日子最合适不过。我的愿望也确实实现了。

尽管已经在土方中立起了建筑外墙，但屋顶方案一直悬而未决。我还清楚地记得那会儿，当矶崎新站在瓦维尔城堡的平台上，望向维斯瓦河对岸那块待建造的空地时，就已经在考虑这个作品的外形了。有一点是清楚的，屋顶——也就是芒加中心的第五个面——最好能从瓦维尔城堡这边看得见。当他拿来一个过于技术化的外形设计时，我有点失望。我希望看到一个与葛饰北斋的《神奈川冲浪里》更加相像的方案。于是我把我的疑问告诉给克里斯托弗·因噶尔顿，他再将这些疑问转达到东京那边。除了文字描述外，我还大胆地附上了一张素描。我这样做的时候，还回忆起一桩拍电影时的往事，那时我们团队里的有个人，尽管完全没有经验，还是给了我一个好点子……大建筑师肯定参考过我的建议。结果就是屋顶改成了今天这般模样，在东西两面各加上了一排窗户，让屋顶的线条更加丰富，仿佛就是葛饰北斋作品中的日本波浪一般。1944 那年我第一次被这样的波浪所震撼。

哈姆雷特对波隆尼尔说过："天地之间有许多事情，是你的睿智所无法触及的。"这其中的一件我亲眼见着了。波浪的峰谷造型要用到复杂的木梁结构。精确地计算木梁的长度倒没什么，但谁也不能保证能做出这种拼接木

---

1　5 月 3 日是波兰宪法日。

2　指 1920 年 8 月华沙战役，是波苏战争中的决定性战役，波兰取得胜利。

3　为镇压"布拉格之春"运动，1968 年 8 月 20 日苏联和华约成员国武装入侵捷克斯洛伐克。

4　1939 年 9 月 1 日德军入侵波兰，引发第二次世界大战。

5　1830 年 11 月波兰人民为争取民族独立爆发起义，遭到俄罗斯镇压而失败。1863 年 1 月再次武装起义，起义持续的时间比 1830 年更长，但仍以失败告终。

6　圣安得烈是耶稣基督的第一个门徒。

质的效果。我们的日本专家无法解决这个问题。我想，是时候请出扎科帕内地区的山里人了，他们对木工活驾轻就熟。我之所以这样自信，是因为他们曾为我的电影定做过装饰品。他们只是用一种熟悉的方法切割开木梁，但是速度却特别快，就像是麦收季节赶着抢收似的，就这样完成了这个奇妙的构造。

开幕那天的清晨，矶崎新和他的妻子——雕塑家宫肋爱子，克里斯蒂娜还有我，我们四个人隔着维斯瓦河望着我们共同的作品。在晨雾中，屋顶的轮廓和墙面的线条与河面上泛起的波浪相映成趣，浑然一体。这种感觉在五十年以前，在德国占领克拉科夫期间举行的展览上我也曾强烈地感受过。葛饰北斋那令人难忘的海浪，意气风发又温文尔雅，完美地呈现在瓦维尔宫对面的那幢日式建筑上。

奇怪的是，克拉科夫市也接受并认可了芒加中心。只有个别人——主要是市议会里的一些人——提出抗议，不厌其烦地重复着，瓦维尔宫对面的土地是留给"波兰人"的。这声音很快又销声匿迹了。

克拉科夫历史悠久，文化灿烂，比其他城市更具包容性。很久以来，经常在这里盖房子的外国人有德国人、意大利人，偶尔还有法国人和荷兰人。今天，所有的东西都是我们自己的，烙印着国家的过去。在瓦维尔城堡旁有这样一个地方，用来展示伟大的日本艺术家的作品，这有什么好奇怪的？

王子夫妇站在第一级台阶处。请高圆宫王子[1]为我们中心揭幕并非没有原因。他的父亲，已故前任天皇的弟弟，七年前将京都奖颁给我，这才引出了整个故事。一大群天鹅悠然游弋在瓦维尔城堡的倒影中，欢迎着王子和我们基金会成员的到来，为这激动人心的时刻烘托出更多尊贵的气氛。我的导演生涯中从未取得过如此这般杰出的成绩。我很幸运。我们建成了日本艺术与科技博物馆，并在此迎来了皇室的代表，隔了一会又迎来了波兰总统——工人莱赫·瓦文萨。

---

1　指高圆宫宪仁亲王，日本皇室成员，父亲为三笠宫崇仁亲王。

在这个理想变为现实的美妙时分，我忽然想起来，当我在高松宫官邸的宴会上完全不经意地拿起银莲花时，可能有一只手已经悄悄地将它放在了合适的座位上。我突然发现，我与身边这些人的交集竟有无限种可能。

在开幕这天，高野小姐告诉克里斯蒂娜，她想告祭一年前亡故的妈妈。那时我们在东京，第一次也是唯一的一次走进了我们这位日本朋友的家。她的妈妈躺在鲜花丛中，告别的人们围坐在她身边，悲痛欲绝。这场景很美，令人难忘。

"我妈妈一定会为我们的成功感到高兴的！"我们这位朋友说道，"我想给她送些花……在日本白色代表死亡。"于是我们买了一些白兰花。在维斯瓦河边，就在我们这幢建筑脚下，高野小姐将花束扔到水面上，然后克里斯蒂娜跟着她也将花束扔到水里，因为她的妈妈也已经离开了这个世界。花束渐渐飘走了。当它们消失在我们视线里时，游过来一群白天鹅，就好像要告诉我们，两位女士的心意已经送到了。


我们还需要一个日语学校，但芒加大楼里已经没有空间了。中心是一家国有机构，还不足以投资一项新的工程，于是我与日本铁路工会说好，由我卖给他们一百幅我的素描，有电影的、戏剧演出的，还有旅行中画的。用这笔钱我盖了一所学校，除了语言课之外，还开设丰富多彩的实践课，和一家盆景俱乐部。在日本首相访问波兰期间，他的夫人曾在这里用日语与我们的学生交流过一番。

我的克拉科夫"芒加"日本艺术与科技博物馆如今已经十九岁了。我真幸运，抓住了迈进自由新时代的契机。

2013 年 7 月，也就是二十周年庆的前一年，举行了一场激动人心的典礼——克里斯蒂娜从日本大使手中接过日本帝国旭日小绶章[1]。这种情况很少见，因为通常这个国家只将这项荣誉授予夫妻中的一人，而我在博物馆开幕时就已经获此绶章。

---

1 旭日章为日本最著名的勋章之一，以表彰对日本社会做出重大贡献的人物。旭日章分为八等，其中旭日小绶章（带玫瑰纹饰的金色光芒的旭日章）为第四等。

如今我们没必要对这些成果夸夸其谈。我们最好还是牢记住那些困难吧。等到1989年后这些困难都被克服了。克里斯蒂娜用她那强硬的态度一路敦促着我。后来她全身心地投入到京都－华沙基金会的业务中。在获勋致答词时，她无不幽默地讲了一个关于日本太太的小故事：

> 女权主义者，一个欧洲女人，带着轻蔑的语气惊诧地问一位日本女士："您是如何做到，不顾自己的工作，就坐在家里等丈夫回来呢？竟然还准备好了晚饭？"日本女士反问道："那您知道，您的丈夫现在在哪里吗？""他早上就出去了，我可不知道他在做什么。""但我能详细地告诉您，我的丈夫现在在哪儿，他在做什么，他什么时候回来。然后我会很愉快地准备迎接他回来。"
>
> 我也在努力，尽我所能，成为一个日式的太太。而且我知道，我的丈夫现在在哪儿。

# 走向光明

如果再拍一次《白色战马》，应该加上一些更生活化的东西，这样电影就会更加伤感，还会增添一抹契诃夫式的梦幻色彩……拍一些这个国家的果实、果园、金色的桦树、秋日里满天的紫霞……渐行渐远的画面。

我甚至常常会想，应该将它拍成一部关于我父母亲的电影。拍我的父亲上战场，拍我的母亲留下来照顾孩子，然后到了1939年9月，为了躲避德国人她带着孩子们逃跑。他们走散了——再也没有重聚或者只是恍惚间再见过彼此……

我渴望拍一部好看的电影。我觉得我老了，太会模仿也太会文过饰非。我想回到童年。

我想，再过十五年，我会有机会拍这样一部电影……

在河里游泳；

我骑着马——还有父亲，母亲；

骑士乐团；

片头字幕；

贵族夫人套上马具——骑上它检阅冲锋的将士们……

或者——父亲教我骑马；

阅兵和士兵的葬礼（掩体后面举行）；

骑兵炮手赶到发射位置；

挥舞着马刀和长矛；

片头字幕后——舞会；

我们（和兄弟）在帐篷里带着军帽；

郊游——父亲和母亲在松树林里；

葬礼赶上了婚礼……；

结尾：雪中的白马还有流血的脚掌。

——摘自 1966 年的笔记

20 世纪 60 年代初我经常跑去南斯拉夫。在一次回国的途中，我在飞机上遇到了耶日·格洛托夫斯基[1]。这是我第一次与他长谈。他那时正在导演一部戏，这部戏就是后来的《启示录变相》。我问他，在这部戏里运用了哪些文本，他坦诚地回答道："没有，还没到研究文字的时候……"

我又问格洛托夫斯基，"戏剧实验所"到底在摸索什么。他的回答让我印象深刻，而且一遍遍地重现在脑海里。"我们的存在和我们的未来就像戏剧一般，"格洛托夫斯基说，"取决于我们能否从黑暗中走出来，走向光明……"

《启示录》[2] 已经将黑暗描述到了极致，但未来仍需要被光明点亮。遗憾的是，艺术界欣欣向荣的日子因两次战争的破坏而终结。最后一次大战的经历夺去了我们对人性本善的信仰。但格洛托夫斯基认为，我们每个人都本能地渴望着从黑暗走向光明，而戏剧这面反映时间与精神的镜子，要想不再继续沉沦在无谓的重复之中，就必须要达到这种光明的境界。

我曾将斯泰凡·热罗姆斯基的《早春》改编成剧本。当我写完其中的一段话时，我想起了这些关于戏剧的思考。《早春》是语文课文，因此应该可以搬上银幕，但这么多年过去了，这观点却毫无用处。后来改编的剧本就堆在我的柜子里，一直放到自由来临，再也不必去提请什么人的批准了。此时，我甚至相信，电影院里就要出现《早春》中纳夫沃奇庄园发生的美好景象了。就是这儿，一派乡村风光之中，在一座老庄园里发生的故事，远比这部伟大

---

1 波兰戏剧导演、戏剧理论家。

2 《启示录》为耶稣门徒圣约翰所写，是《新约》收录的最后一个作品。主要描述了对末日世界的预言和人类将面临的"最后的审判"。《启示录变相》是格洛托夫斯基重要的剧场作品之一。

小说中其他章节的那些政治揶揄更加吸引我。

纳夫沃奇庄园与密茨凯维奇[1]的索普利措沃庄园相比，简直就是索普利措沃庄园的某种再现，从中可以看到复兴中的波兰新面貌。该去做事了——1995年1月初，我第一次拿起《塔杜施先生》，一边读一边想怎么将它拍成电影。就这样，怀着敬畏之心，我走上了通往光明的道路。格洛托夫斯基在几年前就告诉我了，这是无法回避的自然规律。


改编有三条基本原则：电影对白直接摘自原诗，不许添加任何额外的字眼。第二条：围绕"袭击"这一章，密茨凯维奇的书中对此描述得相当细致，就像电影画面一般；事实上，雅采克·索普利察才是大家的英雄。第三条原则是在电影中加入史诗最后两章中出现的"叙事人"的声音，这个人可能就是作者本人。我不能想象，《塔杜施先生》没有了"跋诗"中的词句："在巴黎的大街上陷入对此的沉思……"在拍电影的过程中我们始终坚持这些原则。

1995年3月的一天，我把第一稿剧本拿给莱夫·里温，我想在波兰的电影制作人中只有他一个能完成这样的大制作。我怀着极度沮丧的心情奉上了这个剧本，因为我担心，在美国电影泛滥的影院里，在模仿美国电影的大量波兰电影之中，《塔杜施先生》过于独树一帜，他与现实是那么的格格不入。可莱夫愉快地接受了这个项目，并希望将它打造成波兰的汤姆·琼斯[2]——此事到此暂告一个段落。

第二年，在为波兰Canal+电视台拍摄五集电视电影《我的历史笔记》时，我和米哈乌·科维钦斯基[3]有过多次交流，也是在这段其间，我又一次想起拍摄《塔杜施先生》的计划。我的挚友、无可取代的博莱斯瓦夫·米哈外克问了我几个问题，不仅让我重新审视过去拍摄的几部电影，还让我思索，当历史事件、政治转型和转制为导演创造了贴近观众、了解观众的机遇时，我

---

1 指亚当·密茨凯维奇，波兰浪漫主义代表诗人。索普利措沃庄园是他的代表作《塔杜施先生》中出现的庄园。《塔杜施先生》是密茨凯维奇的代表作之一，长篇诗体小说。

2 英国威尔士歌手，出道以来出售超过一亿张唱片。

3 波兰编剧、导演和电影制作人。

的这些电影引发的社会效应。近几年，我没有感觉到和观众的亲近；相反地，接连的挫败让我不禁猜到，我已经与观众们没了联系。

1997年12月我着手撰写第二稿剧本。转年三月，我与克拉科夫电影学院的学生们见了一面。我希望能在他们那里找到能够启动这个项目的确定答案。但是一开始我就抛出了我的怀疑，讲了不拍《塔杜施先生》的理由。文学是一种语言艺术，由这些语言勾勒出的画面，全取决于我们这些读者的个人理解和想象。因此，将语言优美、诗意盎然的诗体小说搬上银幕，导演会如何展现出它的史诗性、民族性和教育性呢？

我还讲了我的担心。时至今日，没人会期待这样的电影。大量的电视观众认为，"教育性"是"愚蠢"的代名词，"史诗性"意味着"无聊"，而对"民族性"他们本来就持有怀疑态度。将这部惊世之作拍给大众看值得吗？将它转化成屏幕语言，导演得承担多么大的责任啊！如果仅用画面替代诗句，最后会是个什么样子？是与佐霞的婚礼结束了塔杜施先生的罗曼史吗？

我还预见到了其他的不利因素：很多人并没有读过《塔杜施先生》这本书，因此他们对这个故事只是一知半解。看完了银幕版的诗作——他们才会摆脱这样的纠结。是否有过那么一段时间，《塔杜施先生》风靡一时，取代了畅销读物，让懂得阅读真文学、懂得品味最优秀诗篇的人群，也就是精英们对它爱不释手？这是个大胆的猜测，但却源于对大众文化现状的理解。

我也介绍了"拍"的理由。文学仅仅只是语言吗？不是的，归根结底语言生成的是意义、特征和浮现在我们脑海中的画面，生成的是人与人之间的共鸣。古时候的诗人用心去感受我们的感觉。也许那里才是我应该去寻找答案的地方，到底要不要拍摄《塔杜施先生》的答案？拍摄它的难度不言而喻，但从拍第一行诗开始就要坚信，这件事肯定可以做成。

还有一个无情的事实摆在面前。波兰电影已经失去了本土观众的支持。他们会回归吗？我必须相信他们会。也许这很奇怪，但确实是我的两个影迷——博古斯瓦夫·林达和马莱克·康德拉特的到来，帮我下定了决心。我最期待也最先征求的就是他们的意见。他们立刻双手赞成："就拍这部电影，我们的银幕上还没有这样的作品！"还有，米哈乌·科维钦斯基也是一门心思地重复着说，应该拍摄《塔杜施先生》，这样我拍摄的文学作品类别才够全面。我想，也许未来有一天，可以实现回到过去，那么就可以解开自己的疑惑了。我们是谁？要往何处去？所有的标识都已经英文化了，我们还要用自己的语言吗？这种对政客没有任何利用价值的故事，还有存在的意义吗？

每次当我试着猜测观众想要什么时，我的电影就会偏离主题。以前，我一拍完电影，就会自己跑到电影院里去看一看——《灰烬与钻石》《大理石人》还有《铁人》我都看过——从来没有出过岔子。现在，我的电影生涯已经走过了最黑暗和最困难的时期——就像美术史学家写道的那样——我感觉我应该用些亮丽的颜色了。密茨凯维奇的诗作，充满了生机勃勃的色彩，尽管晦涩难懂但却弥漫着栩栩如生的温柔嘲讽，让我有了改变的机会。就这样我开始了通往光明的道路。


我很愿意接受支持拍摄《塔杜施先生》的人的观点，而且支持它的人与日俱增，但我还是有不安的感觉。我要归纳出这部民族史诗的伟大含义——可谁赋予了我这样做的权利？电影中的对白不仅仅取自于的原文，还有很多对上下文的演绎——如何完成这样大胆的操作？我了解诗句在屏幕上的力量，我在拍摄电影版的《婚礼》时就能体会出来，但《婚礼》的对白灵感来自戏剧舞台上的台词！也很难说这部电影该拍多长。两个小时已是今天电影观众所能接受的最长时限——有谁，用什么方法才可以在一百二十分钟内讲完这个"那些年的欢乐和争斗"的丰富多彩的故事呢？

尽管情绪起起伏伏，我还是开始朝着拍摄去努力。在统计预算的时候，我又迟疑了，但莱夫·里温在波兰之外找到了实施这个疯狂项目的资金，让我非常惊讶。一些人过来帮了我了，有可靠的阿兰·斯塔尔斯基[1]，过去一直未能如愿合作的保罗·艾德曼[2]，还有米哈乌·史柴尔彼茨[3]和他那历经千锤百

---

1 阿兰·斯塔尔斯基担任《塔杜施先生》的布景。

2 波兰摄影师，担任《塔杜施先生》的摄像。

3 波兰电影制片人，担任《塔杜施先生》制片主任。

炼的团队。因此我不用再去考虑一些零零碎碎的杂事，而可以把主要精力放在挑选演员、拍摄地和服装等具体细节方面。

我知道，我必须再弄一遍剧本。和谁一起呢？在筹备初期帮助过我的彼得·外莱希尼亚克[1]为剧情对白带来了一股年轻的风尚，但他现在在忙着自己的电影处女座。我就剩下忧心忡忡的自己了。就在这时，发生了一件难以置信的事。我总是和学生们讲，没有幸运，不成导演。这句话再次得到了验证。

有一天，米哈乌·科维钦斯基告诉我说，华沙来了一位波兰移民，他在大洋彼岸从事着一项波兰没有的职业"Script Doctor"，也就是剧本医生。时间不多了，因为"医生"已经买好了返回加拿大的机票，于是我们赶紧进入正题。彼得·诺维那·扎日茨基将剧本材料分成五条线索，每一条线索用一种颜色表示，然后做一张大表，用图钉将颜色卡片按照故事顺序依次钉在表上。红色代表爱情线：塔杜施——特莉美娜——佐霞，紫色代表罗巴克神父，天蓝色代表叙事人，也就是密茨凯维奇本人。从这张表中可以轻而易举地分辨出各种颜色是如何排列的，哪一种颜色出现的次数频繁，哪一种又久久没有出现，就像它们不想出现在我们的故事里那样。

这个过程在我看来正如庖丁解牛一般，将生动的《塔杜施先生》层层分解开来。然而，我们的"医生"，医治过诸如《七宗罪》[2]等电影的专家，并没有偏离密茨凯维奇作品的主旨。相反的，是他让"叙事人"的角色更加突出，向我证明了在电影一开场就要引入这个角色的必要性。而我也早就想到，让老了十几岁的故事主角——塔杜施、佐霞、赫拉比亚、波德科莫日、沃依斯基和普罗塔兹——以听众的形式出现在密茨凯维奇的会客厅里，我很容易就能联想出他们聚在一起时的画面。锘维那·扎日茨基还要求，在密茨凯维奇的声音中加入一些描绘性的文字。不管是"这波兰味道的咖啡在哪个国家也找不到"，还是桦树林中反复出现的香榭丽舍大街的影子，都是他的神来之笔，为电影增添了诗的气息。

---

1  波兰导演、编剧。《塔杜施先生》编剧之一。

2  美国电影，大卫·芬奇导演作品，1955 年上映。

我将 1966 年的困惑放于本章节之题首，今天读来相当可笑。竟然是过了三个十年后我才明白，我曾经寻找的不仅是世间万物，还有我自己，还有我父母的《塔杜施先生》。拍摄电影期间，我完全沉浸在作品描述的历史风情之中。这情境正是那时，也就是我三十六岁时就希望寻找到的，现在的我已年迈憔悴，疲于模仿和用语言再次表达出来了。

　　在保罗二世第一次访问波兰之前，克里斯托弗·扎努西告诉我，他参加了梅契斯瓦夫·拉考夫斯基召集的特别委员会，几个人在一起讨论了教皇的访问可能引发的影响。他建议，要重点宣传教皇在保卫世界和平中发挥的作用。有人问，是否没有注意到，教皇作为信仰的守护者还有其他的目的。他回答："嗯，也许你们没想过，他相信世间万物，因为他是个聪明人。"

　　这令人尴尬的对话让我不禁回忆起，就是否拍摄《塔杜施先生》而展开的第一次师生问答。聪明的电影导演相信存在这样一个如此不同的、遥远的世界吗？相信的，要是没有真实的、深刻的信仰，根本就不能拍出这部电影。

　　犹太人信《圣经》，波兰人有《塔杜施先生》《先人祭》《科尔迪安》《解放》和《婚礼》[3]。他们生活在非现实之中。波兰人常常和上帝对话，尽管他们并不相信上帝的存在。有些人认为，上帝只有在和他们对话时才存在。要想找出一个真正的波兰人，堂吉诃德的形象最为接近。只有当我走过了漫长且迂回的道路之后，我才明白，原来在童年时代就有一本波兰的堂吉诃德摆在过我的面前，书名就是《塔杜施先生》。我们都想不起来，书中那些描写我们民族天性的或令人啼笑皆非或嗤之以鼻的画面。现在我才感觉到，是时候，在自由胜利十年左右后，来回答自己：我们从哪里来，我们是谁，我们要到哪里去。

　　尽管我已经拍了近四十年的电影，但在拍摄《塔杜施先生》的过程中，还是发生了一些让我吃惊的事。就比如所有参加拍摄的人员，他们的行为举止皆异于往常。镜头下他们用密茨凯维奇的方式说话，过后也没有用回他们

---

1　亚当·密茨凯维奇经典作品之一。

2　波兰诗人、剧作家尤里乌什·斯瓦沃夫斯基的经典诗剧。斯瓦沃夫斯基与密茨凯维奇、克拉辛斯基共同领导了波兰的浪漫主义运动。

3　《解放》和《婚礼》均为波兰剧作家斯坦尼斯瓦夫·维斯皮安斯基的剧作。

日常常用的语言。他们对自己提出了要求，不到最后不能跳出自己的角色。就像他们真的不想跳出角色似的。我们所有人都觉得，至今为止我们还从没有拍过类似的电影。不是指艺术上的感觉。我说的是，我们可以在一段时间内活在一个与我们的日常生活完全不同的世界中。

《塔杜施先生》中的世界非常和谐圆满。我最大的问题并不在于将特别有画面感的诗句拍成图像；而是电影剧本中很少有这样高密度的冲突和事件组合。引导角色也不是问题。最难的是要与密茨凯维奇诗中忘我的境界相融合。因为《塔杜施先生》是一部叙事性的作品，诗中包含着大量的故事情节。而在整个叙事过程中最优美的就属它的无利害性，作家借此得以俯瞰他创造的世界。如果我能再现这个世界的和谐圆满，那么它将会成为电影中最重要的因素。

每一个想理解诗作的人，都必须去亲眼看看诗人所说的地方。但电影《塔杜施先生》的取景拍摄地只能选在密茨凯维奇的家乡吗？关于这个问题的争论将会一直继续下去，不会停止，因为这个地方是"童年的国度"——"记忆中没有令人不安的错误／幻想中没有丢失希望／潺潺流水中记录着生活的变化"。

可以说，我就出生在密茨凯维奇描写的地方，因为苏瓦乌基镇也曾是立陶宛的。所以我不难回忆起书中称颂的——"丰硕的果实让这里的土地如画卷一般"的景致。老实说，就在不久前，我作为苏瓦乌基地区的议员多次前往此地。还在旅途中看到过这样的景色。

有些聪明人天生讨厌观光赏景，特别是不喜欢去那些风景优美的地方。我从不附和这种生活方式。我从埃菲尔铁塔上俯瞰巴黎全景，那时就可以乘电梯登顶了。我还看过科罗拉多大峡谷，还有瓦拉纳西城的圣河——恒河。在斯莫尔尼克镇[1]，我轻而易举地发现两个景点。我记得很清楚，在附近的教堂里教区的唱诗班为葛莱麦克[2]教授和我祈福，特别创作了一首唱诗："众议

---

1　位于波兰东南边境处的一个城镇。
2　指布罗尼斯瓦夫·葛莱麦克，波兰历史学家、政治家和人类学教授。

员和参议员们，祝你们长命百岁，祝……"

我也清楚地记得那里美丽的风景，还有就是，去那里的交通很方便。因此我把整个摄制团队带到斯莫尔尼克镇……

我为《塔杜施先生》挑选的演员都是些幸运儿。他们是林达[1]、康德拉特[2]、赛文雷恩[3]、奥尔布雷赫斯基[4]。《塔杜施先生》中的主角人物非常生动，他们毫不纠结，想怎么活就怎么活。闷闷不乐的演员可演不好他们。我们不想去责问大众：你们凭什么不喜欢《塔杜施先生》？只有当我们自己感受到作品的力量时，我们才能将它奉献给别人。只有当我们相信，我们自己就是索普利措沃庄园的人时才可以。

刚开始的时候，我认为需要给全体演员们集体培训一下。就像戏剧电视直播那样，在开拍前应该彩排几轮。但根本就不可能做到。沙波沃夫斯卡[5]人在洛杉矶，林达去登山了，奥尔布雷赫斯基在国外，康德拉特刚拍完另一部电影。似乎没有办法把他们聚在一起。但一切就是那么幸运！他们每个人本来会以自己的理解去塑造形象，用自己的方式演绎台词——但是共同的排练将他们彼此的表演融合在了一起，让他们收敛起自己的个性，完全沉浸在密茨凯维奇的诗句之中。

这部电影对演员意味着什么呢？我很难代表他们来回答。另外我也很纳闷，他们竟然那么快就进入了密茨凯维奇笔下的角色。根本就不用学。他们的表演与《塔杜施先生》中那最美最纯粹的波兰语节奏相辅相承。那时所有人都认为，我们要做的是一件不可能完成的任务。因为在镜头下只有将诗式的对白完全清楚地表达出来，才能最终呈现在银幕上。我感觉到演员们对此很兴奋，他们要做的事竟会如此与众不同，与平日的习惯完全背道而驰。特别是与他们常常表演的大众电影反差巨大。

---

1　指博古斯瓦夫·林达，饰演雅采克（即罗巴克神父）。

2　指马莱克·康德拉特，饰演赫拉比亚。

3　指安杰伊·赛文雷恩，饰演法官。

4　指丹尼尔·奥尔布雷赫斯基，饰演盖尔瓦兹。

5　指格拉日娜·沙波沃夫斯卡，饰演特莉美娜。

我要和一群动作片演员一起拍《塔杜施先生》。我没有干涉他们，也没有留意到我们应该强行引导观众进入片中的时代背景，并开始以另一种语境去思考。密茨凯维奇为广大读者书写自己的作品，写的时候并没有说这本书不适合现代人；我们拍电影是要给今天进电影院的观众们看的。用现代观众们能理解的语言去讲述一段不一样的历史，和他们熟悉的那种不一样。甚至可以说是非常不一样。但是我们不会强调这种隔阂，因为历史本来就不存在区别。

拍摄期间我一直有种感觉，就好像我曾经拍过某些片段。因为波兰艺术界从未间断对《塔杜施先生》的改编和呈现。密茨凯维奇世界中的所有元素，或人物、或情景、或语言，都曾多姿多彩地出现过。就拿波罗乃兹[1]来说吧。20世纪末波兰艺术界对这种舞蹈的认定与密茨凯维奇书中的描述完全不一样。可不是一起跳"我们彼此相爱吧"，而是表示无能为力。在马勒柴夫斯基和维斯皮安斯基看来，波罗乃兹是一种着了魔的循环舞蹈，是走投无路的象征。就像落幕之前，用这种绝望的方式来结束一场没有结局的演出。而《灰烬与钻石》中波罗乃兹成了一个讽刺团结的漫画。

在制作《塔杜施先生》期间，我无时无刻不在想着，以后的人，特别是21世纪的人将如何看待这部电影。我有种感觉，在自由的国家里我已经无须承担以往压在我身上的责任了。我并不想借助《塔杜施先生》与政治或者历史做个了断，也不想利用它去达到某种目的：如与左派或与右派开战，与过去的错误或与现在的脆弱交锋。我没有在这部电影里寻找开启新时代的钥匙。现在有国会，那里才是政治问题的角力场。现在有自由市场，更好或者更糟地调节着经济。电影也是自由的。

什么意思呢？简单地说：今天我是以一个自由人的身份来阅读密茨凯维奇的作品，也会这样介绍他的作品。几年以前，我读他的书完全是另外一种感觉。如今我带着崇拜的心情看这本书。我将它当成过去社会的画卷，当成

---

1 16世纪以来波兰流行的一种民间舞蹈，不似"玛祖卡"舞蹈那样富有民间风俗性，而常具有庄重、华丽的波兰贵族气息。

重量级的史诗杰作。也就是说，这本书并没有要反对愚蠢的贵族行动，也没有要反对可笑的土地领主，更谈不上反对那个左右逢源的大法官。他在书中说："给我好处，我就拿"，但谁给了他好处呢？塔尔哥维察[1]……

我做过大量的戏仿[2]、肢体语言，运用过大量的哈哈镜式的镜头。人不能总是高山流水。维特卡茨[3]的力量、贡布罗维奇的力量，都体现在游刃于正统文化的边缘。与那时候的主流品味和价值观相抗衡需要他们拼出极大的努力，也需要保持绝对的自信。时至今日，因为大众喜欢恶搞的东西，甚至期待恶搞，大家就都在扮鬼脸，这么做也不需要任何勇气。与此同时，大家又想批判恶搞，往往反对的声音又会给艺术家们带来片刻的认同感。现在寻找严肃的论调需要更巨大的勇气了。也许我为人成熟，在导演方面拥有足够的自信去完成不可能完成的任务。因为没有合理的理由可以解释我要拍摄《塔杜施先生》的决定。


于是我把《塔杜施先生》看成一部优美的、无功利心的艺术品，它能让人们沉浸在童年之中——如今每个人都想沉浸在童年之中。如果我们要去拜访一个欧洲人，每个人都会想知道，他叫什么，他说哪种语言，他的父母是谁，他的过去是什么状况——用这种方式将他和其他人稍微区分开来，然后才会走近这个欧洲人。同时，由我的朋友丹尼尔·奥尔布雷赫斯基和安杰伊·赛文雷恩饰演的盖尔瓦茨和法官，却稍稍改变了这个过程。我本人没有想过，他们会过这样的生活，会这样有血性。

坐在摄影机后面，有时候听到这些人对我讲的话，竟然也会情绪激动！是我亲手将剧本交给了他们，我知道每一个词，尽管如此我还是会受到震

---

1　塔尔哥维察是一个小镇的名字，如今位于乌克兰境内。在波兰语中，"塔尔哥维察"意指"波兰民族的叛徒、俄罗斯的走狗"。1792 年 4 月 21 日一些波兰和立陶宛人在圣彼得堡成立了塔尔哥维察联盟，联盟内都是些波兰议会通过的"五三宪法"的反对者，他们尤其反对宪法对贵族特权的限制，背后受到俄罗斯叶卡捷琳娜二世的支持，该联盟将波兰陷入第二次、第三次被瓜分的境地。

2　戏仿是指在自己的作品里对其他作品进行借用，以达到调侃、嘲讽、游戏甚至致敬的作用。

3　指斯坦尼斯瓦夫·维特科维奇，"维特卡茨"是他的化名。波兰作家、画家、哲学家和戏剧家。他创立了"纯粹形式理论"，画风多为超现实主义。1939 年德军入侵波兰后，他离开华沙前往波兰东部的家乡，在得知苏联派兵进入波兰后，割颈自尽。

动。比如这一幕，当法官对罗巴克神父说："我们有用不完的军刀，贵族将骑在马上，我和女婿打头阵，还有吗？——有大事将发生！"……我已经拍了《地下水道》，那部片子说的就是这件事：我们将骑着马，发动起义，然后发生了……

密茨凯维奇的洞察力非常敏锐。毕竟在他看来，对他们这些同时代的移民来说，悲惨的过去已经离他们远去了。命运还能怎么样，再教他们些什么吗？他们失去了自由，失去了疆土辽阔的伟大波兰，历史还能再赋予他们什么教训吗？显然，无药可救。而且一直以来，我们身边看到的波兰民族的性格特征都是一样的，是我们的通病。

那《塔杜施先生》是什么呢？它是一种表达，表达着对重返幸福过去的永恒渴望。波兰人一直都认为，过去才更美好。但也应当记着，今天的光景——就是那时的光景，和密茨凯维奇写诗的时候没什么区别。因此，当我在国外期间数次阅读《塔杜施先生》时，"跋诗"总会让我留下最深刻的印象。而且我一直认为，这本书是最好的参考书。当不幸已经发生时，我们只要躲进我们的完美世界里就行了，它不存在，但对我们来说却是真实的，没有人能再伤害它分毫。也许每天都烦恼的现代观众也能在这里找到慰藉？一切都能在贡布罗维奇告诫我们的作品中找到根源。

《塔杜施先生》的结局，在密茨凯维奇笔下那些可怜的移民者看来，也正是历史的终结。黑暗笼罩着我们的时代，以及那向着莫斯科行进的伟大军队 [1]，历史失去了任何意义。在实行战时状态时，我的感觉和他们一模一样。黑暗在此来临，不知道前途如何，还要持续多少年，怎么才会结束。在这种情况下只能讲讲神话故事，为这片混沌的天地带去些梦幻，为黑暗洒下希望的光亮。

密茨凯维奇并未满足读者们的愿望。齐格蒙特·克拉辛斯基在读过《塔杜施先生》后提笔给父亲写了一封信："独树一帜的杰作，喜剧，丰富的波兰民族生活描写。民族性的作品，彻彻底底的波兰。民族的、乡村的、贵族的。

1 指拿破仑的大军。有大约十万名波兰军人加入拿破仑大军，参加了法俄战争。

波兰的堂吉诃德,伟大天才的证明。在那里一切都存在:波兰的优点和缺点。波兰的天性,我们的内心世界和数不清的荒唐事。我们的革命、习俗、旧贵族和新生代,雅各宾派和教条主义者,一切的一切,跃然纸上,活灵活现,让人想都不敢想。"

这最后一句话才是重点——"让人想都不敢想"。我曾思索,克拉辛斯基说出"我们都是他"时在想些什么。现在我明白了,密茨凯维奇以前用前所未有的手法将整个波兰世界呈现和描述出来,原原本本地——"让人想都不敢想"。我们所有人,后来的人,只是在拼凑着这个世界的一些片段,要或多或少地完善这些片段,《塔杜施先生》就是最重要的参考书。因此我们才会如此震惊,一百六十年前的时候,这本书竟然默默无闻。华沙文学博物馆的第一任馆长亚当·玛乌厄斯伯格[1]告诉过我,他幸运地买到了在巴黎出版的第一版《塔杜施先生》,完整无缺。

这本书没有引发热潮,是因为一些参与过波兰共和国亡国的波兰人是书中的主角。对他们的描写正应验了那句——让人想都不敢想。对波兰陋习的刻画令人生厌,但从艺术的角度来看又非常完美。可能因此让读者无所适从。以讨厌的盖尔瓦茨为例。瞧瞧他这张臭嘴!"无论如何赫拉比亚赢了官司,他得到的法令可不少;那执行吧!以前就是这样的:/法庭写下法令,贵族去完成,/更何况是多布日斯基家的人,那儿可是你们的骄傲/立陶宛土生土长的!"这纯粹是哗众取宠——就好像我们今天在国会中亲身经历过的那样……在我们看来,波兰的无政府主义活脱脱是一出没完没了的大戏。对这种场景的描述,我们的文学作品中没有比本书更到位的了。再也找不到如此鲜活的具有波兰贵族特征的形象了。我觉得,也找不到比丹尼尔·奥尔布雷赫斯基更好的演员了,只有他能把这个角色在电影中诠释出来。

还有,什么是"立陶宛的最后一桩私案"呢?密茨凯维奇添加了注释,第一次说明"私案"是什么意思——因为移民们对此已经没有概念了。他要向他们解释,就是因为没有执行法律,波兰的贵族阶层才彻底消失了。这

---

1　波兰历史学家、文学评论家。

恰恰就是我们如今的状况：有法律，但没有任何执行，无法无天却逍遥法外。

在拍摄《塔杜施先生》期间，我必须要做到，让别人接受我对诗作的理解和观点。我希望，这部电影最好能被理解为艺术片，而不是一种政治行为。任何作品都无法再改变我们现在的体制。政治如今可不关艺术家的事，但愿会一直如此。以密茨凯维奇为榜样，我们要尝试创作经受得住政治冲击的作品，享受它的无功利性。我认为，我很需要没有功利性地沉浸在自己的过去里。这么巨大的政治经济变化造成的不确定性，冲击了很多人。这部电影也许会对他们有帮助。

我们都想成为别人。但要看看，是成为更好的人，还是更糟的人。我认为，密茨凯维奇是想准确地告诉波兰人：好吧，你可以成为其他人，但要做更好的人。他还为波兰人鼓劲：我们失败了，失去了祖国，但我们可不是随便什么人，我们有自己的世界，最重要的是，我们有自己的语言，我们会一直守护着它。

最让我骄傲的是，普罗大众突然从烂片横行的银幕上听到了完全不一样的东西。然后他们可能会捉摸，会去问：他们讲的是什么语言？波兰语吗？奇怪，真奇怪。这才是最重要的，不是政治暗示，不是更新换代，他们关心的仅仅只是语言本身——这优美的、丰富的、灵活的语言，可以用它表达一切。大家总是认为，波兰语很啰唆——你们把它翻译成英文，我们就能明白啰唆是什么意思了。密茨凯维奇的语言则是一种纯净的表达。

有人说，波兰人确实有文化，但不够开化。这话也许有道理。也许对于强调审美功能的艺术来说，波兰需要的正是开化，这样大家就会抱着欣赏的目的在客厅挂上油画，而不是要在画中寻找治疗社会的良方。如果没有发生过那些历史上和政治上的灾难，如果我们国家一贯奉行健全的秩序，这非罗曼蒂克式的"纯粹"艺术也不会在波兰这样的举足轻重了。再说了，尽管只有百分之七的波兰人接受过高等教育，但知识分子的地位却每况愈下，哪儿还会有健全的秩序呢？

这个社会，再也不讲究爱国义务了，也不必再表现出对共同理想的坚持。

但大家却对未来惊慌失措，最主要的是，每个人现在都必须为自己负责。有个给得不多但要得也少的国家，似乎比有个确实给钱，但也要求回报的老板要舒服些。

已故的法国《文化》杂志出版人米哈伊乌·亥莱尔对我说："安杰伊，波兰人民憎恶共产主义不是因为它与波兰人的天性相悖，而是因为它是由东方的刺刀带过来的。"我认为，这个说法一针见血。因为现在再也没有什么地方能够逃避责任了。国家这个大家长不会再保护我们，集体公社也不会保护我们，因为没有了共同的利益，它早就已经分崩离析了。只剩下"童年中的那个国家"还安然无恙。我想说，正是这些焦虑和不安将我们带到了《塔杜施先生》的世界。

《塔杜施先生》是一部多层次的作品。我曾想尽量多抓住一些层次——但电影本身历来就是一种戏剧。如何才能让观众明白，它可不是电视里播放的精巧故事，而是一部娓娓道来的文学作品呢？这全要靠"叙事人"的角色、巴黎的沙龙，戛然而止的情节，还有那听到有人问起"我们这是要赶着去哪里？"时的一声叹息。

密茨凯维奇的伟大之处在于，《塔杜施先生》可以拍成一部巴尔扎克式的剧情电影，也可以拍成一部浪漫主义作品，甚至可以在其中加入一些对浪漫主义的讽刺；尽管特莉美娜与塔杜施这条故事线非常巧妙地描绘了浪漫的爱情。同时，结尾部分——拿破仑大军、波罗乃兹，这些剧情又强烈地震撼着我们。

史诗的情节其实伴随着罗巴克的讲述就已经结束了，但密茨凯维奇又写了两个章节，去鼓励那些已经知道立陶宛最后一桩私案是如何了结的人们。这桩私案，如果我们用自己的话归纳一下会非常无趣：邻居侵占邻居的财产，赢了，强者胜——但书里还有侵略战争。不能片面地看待这场加到剧情中的战争。不共戴天的仇人们联合起来，他们一起加入战争中，挫败了敌人——但最终的胜利当然不可能实现，唯一活命的方式就是尽快遣散所有勇敢战斗、饱受痛苦的人们。"我们免除你们这些不在的人的所有罪行 / 也赦免普特[1]"——也就是那个死去的俄罗斯军官。这其实没有意义,所有人都或多或少地听到了风声,法国人要来了。犹太人杨奇勒警告说:"法国人还远着呐,长路迢迢。"但没有人听他的。

密茨凯维奇也许知道,不能为那些绝望的、焦虑的、寻求着安慰的读者们奉上这样一部沮丧的作品,因此他增加了"1812 年"这一章——希望的象征,后来还有终篇,也就是"让我们相亲相爱"。东征莫斯科——但就算是那些坐在巴黎的人都知道,这支军队不会有好下场。后来的事没法再写了,因为后来又战败了。密茨凯维奇必须要写出大家希望看到的东西。也许米沃什有些道理,他在 1999 年秋天出版的《大众周刊》上首次发表的诗作中这样描述《塔杜施先生》的作者:"他们的良知感动了他,/ 又带着他,牵着他的手不放。"波兰创作者们的命运大抵如此。


经历过高度政治化的年景,波兰人明白了,一切皆有因果;应该去了解这背后的原因是什么。就比如说,某些人把我没有参加《塔杜施先生》在华沙的首映式看成是广告噱头。沿着这个思路,不管是我还是别人要做心脏手术,都要选一个恰当的时机:对待生病的倒霉蛋,评论界肯定会温柔些……更有甚者认为,这个创意只有某个美国广告公司能想出来,而这家公司是电影制作人莱夫·里温特别为此精挑细选出来的。

事实上,这件事完全出乎意料:在首映式的前几天,我的心脏出现了问题,我到医院做检查,结果要紧急安排在卡托维采市进行手术,时间就定在几天后。我那时就知道,华沙的首映式我去不了了,但后面还有克拉科夫的。在手术前我最后说的一些话,是希望我在我的两位医生的陪伴下能出现在斯沃瓦茨基剧院[2]。安杰伊·什柴克里克教授和安杰伊·波汗奈克教授[3],他们——我非常肯定——将挽救我的生命。两位医生已经等在手术室里,我,沉入梦乡,梦里导演着我们共同的亮相……

---

1 普特为《塔杜施先生》中的人物。波兰人,加入俄罗斯军队,驻军在索普利察。

2 位于克拉科夫市的一家剧院,是欧洲著名的巴洛克式剧院建筑之一。

3 瓦伊达的主治医生。

我还是错过了克拉科夫的首映式，还有后来的点映，在医院里住了6个星期让我对我的电影泄了气，以至出院后我都不想去电影院听听观众们对《塔杜施先生》的看法。我知道，反映很好，因为观众的数量接近多年以来都不敢想象的五百万之巨。甚至，在1999年2月22日，多年来一直保持着友好关系的罗特恩镇[1]基础学校杂志《学校通告》的主编用他的笔告诉过我《塔杜施先生》即将首映时的感受："我们中的一些人决定，尽管这本书在教学界并没有好口碑，也要将整部诗搬上讲堂"[2]。

　　很多人同情我，因为在《塔杜施先生》上映期间，我没能亲眼去电影院里看一看。但我认为，应该接受既成事实，这就是命运。经验告诉我，生活总能赋予我们惊喜；我还不知道，我将会因这样的豁达领到巨大的犒赏。

　　"视觉"公司的老板弗沃基梅日·奥图拉克先生负责《塔杜施先生》的电影推广，他多年来一直寻求着在梵蒂冈上映电影的机会。我曾相当怀疑——但1月30日在主教媒体事务委员会的大厅里播映《塔杜施先生》这部电影时，我竟有幸陪在圣父左右。这是我第一次和观众们一起观看电影。

　　对导演来说，每次站在观众面前都是艰难的——更不用提这一次的经历了。因此，保罗二世在放映结束后说到，既是对自己，也是对演员们："密茨凯维奇会满意的！"——我觉得，这是我收到的最大的奖赏。

---

1　位于波兰滨海省，波兰北部的一个镇。

2　《塔杜施先生》电影于1999年10月18日首映。

# 2002—2009 年拍摄的三部电影

我曾寻找一位可以完全塑造出《甜蜜的冲动》[1]中丈夫形象
的成熟男演员。我有幸在电影《卡廷惨案》中见到杨·恩格
勒[2]，那时他深深地吸引了我的注意力。而他，多年以前曾在我
的电影中奉上处女秀。《地下水道》中他穿着短裤走在队伍的
最后面。漫长的生涯让我在多年后与我的艺术家们又相遇了。

——电影《甜蜜的冲动》访谈录，
载于 2009 年第四期《电影》杂志

当我在准备 20 世纪 70 年代拍摄的电影章节时，我有过很多种选择。但
我只讨论了其中四部，放弃了记忆中的很多其他片子。最后十年的情况就简
单多了：我只拍了三部完整的公映影片。我很欣慰，我对这几部电影都很
满意。

## 《复仇》

拍摄电影《复仇》的想法由来已久，但每一次都会给其他片子让路，《复
仇》就这么被我耽搁下来了。这一次，我不会再躲了，《塔杜施先生》的成
功让我重新回到《复仇》这部片子上来。写于移民后的《塔杜施先生》蕴含

---

1 《甜蜜的冲动》，安杰伊·瓦伊达导演作品，2009 年上映。
2 波兰戏剧、电影演员、导演和戏剧教授。

着对那片已经失去的自由热土的渴望。《复仇》以尖锐的、嘲讽的风格，同时还运用了可能是最美的波兰语，展现出一幅包罗各种民族特征的画面，而这些特征正是我们民族遭受无数不幸的根源。也因此，《复仇》中的主角们才成了我关心的对象。并不是说，我要为他们的缺点火上浇油。我们将这部作品完完全全地搬上银幕，没有做任何删节和演绎。我的任务就是为它配上电影的结构，因此我和几位顾问、朋友一起将《复仇》和书中的界墙一起置于冬季的布景之中，置于一座庞大的废弃城堡里，用一道墙将城堡与广袤的雪原分隔开来。我认为，这样惊世骇俗的处理为作品赋予了电影的画面感，体现出了"电影"这个词的真谛。

我希望，《复仇》活泼的喜剧元素能够借助电影这种形式获得更大的释放，不仅体现在演员的表演中，还体现在一系列的故事情节里。而蒙太奇的运用则能将很多不可能的结局搬上银幕。富有表现力的人物形象，还有鲜活的、号称颠覆性的情节不过是电影工作者们孜孜以求的基础要素。因此我并不认为，《复仇》富有文学性、戏剧性的原著版本会怪罪它的银幕版本，就像多年前斯塔尼斯瓦夫·维斯皮安斯基的《婚礼》搬上银幕之后也没有发生过这样的情况。奥格洛杰涅茨城堡[1]也是该片的看点，它可是我们过去最令人骄傲的建筑之一。它形态宏伟，位于森林和广袤的田野之中，地面上随处可见巨大的岩石，在波兰的电影里还没见过如此壮观的美景，更别提它的冬季景致了。

不管是拍摄《复仇》的演员，还是剧组、制作人，都满怀着热情，他们坚信，大量的波兰观众期待着这样的电影上映。就此，观众们在前几年已经给出过证明，那时有40%的电影观众选择观看波兰本土电影，主要为根据文学原著改编的电影。这是真的，所有人，包括我，都期待当代电影，但观看过去并不全是逃避现实。在波兰文学中包含着我们波兰的精神，还有如何解读它的未来线索，因此我并没有把《复仇》看作仅仅是为迎合对现代剧本的需要而拍摄的电影。《复仇》本质上就是一项任务，不平凡又激情澎湃。

---

1　建于14—15世纪，位于波兰西里西亚省，已经损毁，目前是一处观光景点。

在拍摄电影期间，以及后来，还有首映式结束，我收到了很多的提问。这里引用一些问题如下：

问：为什么您决定将《复仇》搬上银幕？

答：首先我非常清楚，如今没人能给我写出比这更好的波兰人形象了，没有人用如此深刻的方式展现我们的民族缺陷，而波兰的电影界半个世纪以来，从成立波兰电影学院时，就一贯坚持要刻画这些缺点。《复仇》是一部喜剧，它甚至用搞笑的方式将痛苦的东西展现出来。《复仇》还带来一些可爱的角色，从这出戏成为波兰的常演剧目那一刻起，一直是我们最好的演员在塑造他们，所以就不奇怪，今天我们顶尖的电影演员这样高兴而且卖力地表演。过去的半个世纪以来，我尝试在波兰电影业中扮演的角色也并非全无意义。我陆续将热罗姆斯基的《灰烬》、雷蒙特的《福地》、普日贝舍夫斯基的《丹顿事件》还有密茨凯维奇的《塔杜施先生》搬上银幕。因为只有对文学作品的电影改编，才有可能让波兰观众回忆起自己的民族根源，才有可能在我们的历史中去寻找，什么才是今天最需要的，尽管如今的电影院更倾向于播映娱乐片。最后，《复仇》是我们的文学著作，而在电影这门艺术出现的一百年时间里，一直与文学相辅相成，很多令人难忘的电影都来源于小说或者戏剧作品。

问：斯塔尼斯瓦夫·皮根[1]对《复仇》的内容进行分析后，得出结论，书中的故事发生在1815年左右。而电影版本却让我们仿佛置身于基多维茨[2]笔下的18世纪波兰。为什么这样决定呢？

答：弗莱德罗在一定程度上被看作是资产阶级作家，因

---

1　波兰文学史家、编辑。
2　指言德热依·基多维茨，波兰历史学家、回忆录作家和政治撰文家。

为 19 世纪的波兰正朝着资本主义的波兰慢慢发生着变化。正是弗莱德罗本人与奥地利当局往来书信，为贵族们争取穿长袍的许可——那时人们已经很少取出长袍来穿了。同时，《复仇》的主角们日常就穿着长袍，它可不是什么旧时代的东西。我们想展示的就是这个样子的贵族。

他们的世界远去了。宏伟的城堡就是过去的象征。他们彼此之间的勾心斗角摧毁了这座城堡，正如弗莱德罗在《复仇》中写的那样。弗莱德罗只是以小见大罢了。"我们像猫头鹰似的住在这里"——伟大和力量消失了，低劣的品性占了上风。

问：您能用几句话评价一下《复仇》的演员吗？

答：罗曼·波兰斯基——我曾问过我自己，他为什么会决定饰演帕普金这个角色。他——这个演员，很少出现在银幕上，哪怕是在自己的电影里。我想，他多年来一直希望能用母语塑造一个波兰戏剧中的经典角色，这个意愿太强烈了。他可能还有一丝情结在，毕竟是《一代人》的导演请他来出演角色，而这部电影让他在四十七年前迈出了进入影坛重要的第一步。

杨努什·加优斯[1]——我从没有掩饰过对这位演员的欣赏，我们不久前在电视戏剧《毕格达加油！》里的合作也证明了我们对彼此深知。车希尼克是一个特别的角色，既有着野蛮的倔强，还带点孩子的天真。杨努什·加优斯决定在拍摄该片期间推掉所有其他工作，让自己全身心地投入到这个人物身上，这可真是闻所未闻！

安杰伊·赛文雷恩[2]——他搬去了巴黎，在那里获得了巨大的成就，也由此引发了关于他多年后还会不会想起波兰影坛的疑问。今天大家知道了，安杰伊·赛文雷恩是波兰电影界无

---

1 波兰戏剧演员、电影演员。

2 安杰伊·塞文雷恩于 1980 年前往法国，并在法国出演了一系列戏剧，是在法国国家大剧院演出的第三位外国人。

可取代的一位演员。因此，在合作过《塔杜施先生》后，我怎么能放弃邀请他饰演雷因特·米勒柴克的机会呢？

卡塔日娜·菲古拉[1]——我很高兴我们在镜头前的这第一次碰撞。波德斯托莉娜在啻啬着笔女性角色的波兰文学作品中，是最漂亮的女性形象之一。因此由一位魅力迷人、气质高贵、个性独特的女演员来扮演她，显得尤为重要。

丹尼尔·奥尔布雷赫斯基——迪达勒斯必须要演成《复仇》里的一个老无产阶级吗？这个问题，我的老朋友给出了答案。在我们漫长的友情岁月里，我和丹尼尔·奥尔布雷赫斯基一起拍了二十部电影；我无数次地被他的独出心裁和天才表演所折服，这一次也不例外，他给我带来了惊喜。

阿加塔·布泽克[2]——几年来我一直在认真观察着这个年轻又多才多艺的女演员，琢磨着她能在我的电影里扮演什么样的角色。克拉拉就像是为她量身打造的。确实，克拉拉常常被演绎成多愁善感的姑娘，但这可不是亚历山大·弗雷德罗伯爵的错。他笔下的克拉拉可是一个又聪明又机智的现代人。阿加塔·布泽克发现了这些特征，以自己的理解演活了克拉拉。

拉法乌·克鲁里科夫斯基[3]——多年后再遇见这位演员让我非常高兴，他在我的电影《鹰冠上的戒指》中初登银幕。我将瓦茨瓦夫这个角色交给他，这可是《复仇》中最难演的角色之一。看起来这是一个浪漫爱人的简单角色，但我却认为，弗雷德罗在这个人物身上埋伏了许多谜团。拉法乌·克鲁里科夫斯基试着解开它们。

如今，什么才是《复仇》里最重要的——尖锐的世界观、可感知的诗句还是人物角色？

能被称为杰作的作品，本身就不只有一种特征……弗雷德

---

1  波兰电影、电视和戏剧演员，20世纪80—90年代的性感偶像。

2  波兰女演员、模特。

3  波兰戏剧、电影演员。

罗的诗句确实令人叹为观止。当我听到演员们念对白的时候，我总会问自己一个问题：怎么可能，我们的语言，用它准确地表达事物是那么难，但弗雷德罗的人物，竟以如此简练的词汇，恰到好处地说着应该说的话。

《复仇》还是一部世界性的作品——这是我们的文学中非常罕见的。曾经，几年前，我想过在日本拍这部电影——我压根就没有担心过，我会遇到文化障碍的问题。在一分为二的城堡里住着两个日本武士，三船敏郎[1]演帕普金，他这个流浪的雇佣兵来到了这座城堡……但这却是黑泽明的一部没有拍的电影！

## 《卡廷惨案》

1989 年，终于允许开始拍摄关于"卡廷事件"的电影了。"罪行是德国人干的。"——戳破这个自 1943 年以来就强加给我们的谎言不再是禁忌了。但又如何解释，需要十八年的时间，这部电影才得以开拍呢？

要回答并不难，只是解释起来不简单。为什么波兰的小说没有一部描写过这个事实？我想，难度并不在于不允许发表关于卡廷事件的小说的审查制度。因为许多波兰作家那时并不住在审查制度的管辖范围内，另外也有机会发行地下出版物。难度在于这个主题本身，在于要为它找到一个虚构的故事。

经过漫长的思考和数次尝试，我非常肯定地认为，第一部关于卡廷事件的电影并不能将揭露整个事件的真相作为目标，尽管这个真相不管从历史还是政治层面都已经被披露出来了。这是对波兰战俘背信弃义的谋杀，应用的法律竟是那些年的各类国际条约；《苏德互不侵犯条约》和 1939 年 9 月 17 日[2]；谎言出现在德国人揭发了卡廷的集体墓地之后，苏联还断绝了与伦敦的波兰政府之间的外交关系；波兰人民共和国时期对卡廷话题的禁忌，还有

---

1　日本影视演员，曾表演日本影史经典名片《山本五十六》《乱》等。

2　1939 年 9 月 17 日，苏联根据《苏德互不侵犯条约》，宣称波兰已无力控制国内局势，《波苏互不侵犯条约》失效，同日苏联红军入侵波兰。

1989 年之后波兰政府得到的文件证实了最终的真相……所有这些对今天的观众来说，可能仅仅只构成故事的背景。人物的命运会如何，只有出现在银幕上的他们才能够打动观众，而不是真实的史料，史料会书写进那个时期的历史里。

我看了那时候所有的剧本样稿，它们的缺点在于——正如我想的那样——将故事地点局限在科泽利斯克[1]战俘营里，发生在罪行的牺牲者们之间。战俘营的生活，审讯，希望流放到西部——所有这些冲突与罪行本身并没有太大关系，因为军官们的任何行为、战俘营的领导层或者守卫，都不会影响到对那些掩埋在卡廷、梅德诺耶[2]和其他地点的上千名波兰军官的处决决定。因为感觉类似的文案并不会成功，我开始另辟蹊径。我记得很清楚，希望与绝望交织在一起的母亲，直到在 1950 年过世时都在等待着父亲的消息——他是斯塔洛别尔斯基战俘营的俘虏。

关于卡廷事件的电影真实主题是秘密和谎言，多年来这一罪行一直被当作禁忌的话题——最后一道"对苏联忠诚"的考验。如果真相大白，俄罗斯政府转交的文件上有斯大林签署的清洗战俘营的命令呢？那么关于此罪行的电影故事的唯一主题可能就不是牺牲者，而是他们家人发出的自我拷问："为什么？"，根本就不存在任何有意义的答案。

鉴于这些考虑，我要拍的卡廷事件电影将会是一个关于家庭离散的故事，一个关于伟大幻想和残酷真相的故事。讲述的是个人的苦难，而不是无处不在的政治。因此我略掉了那些已经有答案的问题，带了一些感情张力更加强烈的画面。安娜的表演让我想起了我的妈妈——从来没有接受父亲不会从战场上归来的事实，不停地寻找着任何符合她愿望的线索。

因此我将自己的这个痛彻心扉的故事写进了剧本。故事的主角不是那些逝去的人，而是女人们。她们等待着，每时每刻靠着希望活，饱受着家人杳

---

1　俄罗斯的一座城市。

2　1990 年戈尔巴乔夫承认是苏林内务人民委员会处决了波兰战俘，同时确认了两个卡廷以外的掩埋地点：梅德诺耶和皮亚季哈特卡。

无音信的痛苦折磨，期待着他们的归来。期待就是故事的主题。她们相信，近乎坚定地确信，只要打开门，她们期待中的男人——丈夫和父亲，就会站在门口！

卡廷惨案不仅波及活下来的人，也波及彼时活着的那些人。因此我将故事的历史背景仅用几组表现 1939 年战争的场景就交代出来了，之后故事情节将转到德军入侵克拉科夫，以及 1945 年的几个星期上。

桥上的场景，就是用在影片开场的，我找到了几句描写它的话。我认为，把它当作卡廷故事的开头再合适不过了。借由《苏德互不侵犯条约》，1939 年 9 月 17 日斯大林在波兰的背后捅了一刀——这极具冲击力。该逃离谁？该回到谁那里？我们的邻国，德国和苏联，已经将波兰瓜分了啊！在电影《卡廷惨案》的开头必须要把这个问题抛出来。这样我也能顺理成章地拍摄安娜与罗特米斯日在小火车站告别的场景。从这里，战俘们——波兰军官——出发前往苏联的战俘营。

前面的场景还表达了军人对军服的忠诚，即使在艰苦的环境下，他们也没有把军服扔掉，军服象征着一种精神，在很多回忆录和纪念簿中都有所提及。今天我们可能认为这种做法很天真，但那些军官们相信，适用于战俘的法律会被遵守的。这样的信心进一步印证了，波兰并没有引发与苏联的战争。在写《卡廷惨案》的剧本时，我做了这样的笔记：

> 序言部分由十几组短场景组成，交代出安娜、安杰伊和耶日的过去，整个事件的背景是 1939 年 9 月 17 日苏军根据《苏德互不侵犯条约》占领东部波兰（也就是波兰军队退守德国的地方），内务人民委员会的军队将我们的军官囚禁起来。
>
> 在科泽利斯克战俘营——我们看到，1940 年军官们被分组带出了大门，像是被释放。然后 1943 年春天德国人揭露了卡廷的罪行，名单上出现了耶日的名字，不是安杰伊……德国拍下了波兰红十字会和德国人一起在卡廷掘尸的影像。后来 1945 年 1 月 18 日红军解放克拉科夫。这一系列回顾镜头以德

国战俘列队行进和斯大林战胜希特勒作结尾。波兰、苏联和德国的关于政治、军事消息的官方电台播报贯穿整个背景片段的始终。

　　从这里开始电影会按照安杰伊·穆拉尔切克[1]的书《死后检查》去拍——从耶日，这个所谓的"死人"，名字本来出现在卡廷遇难者的名单上，却回到克拉科夫，身着波兰军服，成了苏联的支持者开始。他给安娜带来安杰伊已死的消息（安杰伊换上了绣着"耶日"名字的毛衣）——他在波兰红十字会的档案里寻找他的档案袋——在电影的结尾他问道，他是怎么在卡廷被杀死的。这里再放一段回顾性片段——那本在罪行的发生地卡廷森林里发现的，安杰伊写满了字迹的日记本，一页页翻过直到最后一刻。

　　后来剧本被分成了四个关于卡廷的故事，得以让我为电影加入了更多的场景、剧情还有从档案中找到的人物形象。因为包含了更多的东西进来，人物命运的刻画更加丰富、饱满，不再局限于一个家庭的遭遇。同时我也得以放弃那些与主题没有直接联系的内容，还能够将整个故事按照时间的先后顺序排列，这对欣赏影片是十分有利的。

　　如果说卡廷事件是一项针对波兰知识分子的罪行，因为其中除了军官外，绝大多数战俘是医生、教授、多所大学的讲师、初中教师和律师，那么希特勒冲击克拉科夫的雅盖隆大学也可以做此评价。1939 年 11 月 6 日，所有参加穆勒[2]博士讲座的教授们，本以为会听到一场"伟大母校克拉科夫"何去何从的演讲，结果却都被纳粹逮捕并送进了萨科豪森的集中营。

---

1　波兰作家、电影编剧。

2　指布鲁诺·穆勒，德国律师、党卫军指挥官。1939 年 11 月 6 日以宣讲德国在科学和高等教育方面的想法为名召开全体讲师大会，并于会上逮捕了全部与会者，其中一百四十二位是雅盖隆大学的教授。

不管是斯大林还是希特勒，他们都知道，知识分子将妨碍他们实施针对波兰的计划。认识到这一点后，我努力搜集 1939 年 11 月 6 日事件亲历者的描述，将它们搬上了银幕。要在其中一位在参议员大厅参会的教授身上找到骑兵队长安杰伊父亲的原型并不是什么难事。但让我大吃一惊的是，雅盖隆大学博物馆至今还保存着一个纸板箱。这个装着集中营里被谋害的遇难者骨灰的箱子"被归还"给了他们的家人。

这个坚强的将军妻子的原型是我在斯塔尼斯瓦夫·马·杨考夫斯基[1]和爱德华·米什查克[2]的书《回到卡廷》的一个小章节里发现的，书中描写了一位名叫斯摩拉韦斯卡的将军夫人，德国的宣传机构在卢布林播报了卡廷事件的名单后，曾试图强迫她在麦克风前承认。除了这一场景，还有诸如：没有丈夫陪伴的孤单圣诞夜，得到了在占领期间被随从藏起来的将军军刀；训斥耶日——这个在卡廷屠杀中奇迹般获救的军官，现在是波兰人民军的少校等等。所有场景都来源于书中那一小段对这个鲜活人物的描写。我不够幸运未能认识斯摩拉韦斯卡将军夫人，但我能想象得出这个毫不妥协的女人的样子，她全力以赴地寻找着卡廷罪行的真相。

在我的剧本计划里并没有耶日之死——这是经由前面一系列场景的铺垫带来的结果。耶日，偶然从卡廷的流氓手下逃脱，同时也预见到了坏事将要发生。他活了下来，但她们等的并不是他。这可怎么办？后来的相遇中，因为军装他也受到了她们的排斥——因为 1939 年他去参战的时候，穿的可不是这身军装。

对于安杰伊·亥拉[3]扮演的这个角色的命运，我有些犹豫不决，这很让他气馁，可能因此他曾经想要退出本片的拍摄。这件事让我想了很多，并建议增加由弗瓦迪斯瓦夫·帕西科夫斯基精彩描写的耶日自杀的情节。当我犹豫耶日该如何自杀时，我给帕西科夫斯基打了一个电话，他的回答很干脆：

---

1　波兰记者、作家。

2　波兰电视、电台记者。

3　波兰演员。在《卡廷惨案》中扮演耶日。

"去死！"。我也是这样拍的，并为这个画面配上万达·瓦西莱芙斯卡[1]的演讲，我现在都能想起她那激情澎湃的声音，为卡廷谎言的后果再补上了一笔。

我确定，第一部关于卡廷事件的电影里不应该没有森林里的屠杀场景，不仅如此，卡廷附近在内务人民委员会别墅的地下室里也发生着这样的罪行。杀人过程是如何进行的？如果看过红十字会波兰委员会成员的详细描述，就不难回答这个问题了。从挖掘出来的尸体身上也不难辨认出真相。

双手被绳子捆住，脖子上有套索，几乎被同一种方式、同一种子弹和同一种手枪击穿了头盖骨。那些反抗的人，头部被裹上外套。先前那些没完没了的审查、个人材料和登记记录，至今仍没有大白于天下，还锁在人民委员会的档案室里。

关于犯罪时间的争论——是 1940 年还是 1941 年——于 1943 年得出定论。我还记得马里安·布兰迪斯[2]的回忆。他是伍腾堡战俘营的战俘，他还记得那些被德国人带到卡廷参加挖尸的军官同伴们的说法。有一个人说过：站在打开的尸体坑上，一个德国上校问他，他认为这些军官的尸体躺在地里多久了？他给出了一个特别具体的日期。上校问他，怎么会如此肯定。他回答道："因为我是在柏林跟着教授学法医的。"

我非常想把这个至今也没在任何地方写过的场景加到我的电影里，但情节走向就会完全不同，只有遗憾了——就和亲历者们提到的其他故事一样——我必须放弃。

2009 年 1 月 19 日，致克什施托夫·潘德列茨基[3]的一封信：

　　尊敬的克什施托夫，
　　我还记得，多年前在圣彼得堡你指挥的一场音乐会结束之后，我们聊过的话。那时我听到你说，如果有人拍摄卡廷的电

---

1　波兰和苏联共产主义活动家，作家、政治家。

2　波兰历史作家、记者。

3　《卡廷惨案》电影由克里什托夫·潘德列茨基配乐。

影，你随时准备为电影配上自己的音乐。

这马上就要实现了。电影已经到位——拍摄和剪辑都结束了。剩下的在二月和三月也能完成。但首映预计在九月。我还在抓紧完成它，希望能赶得上在戛纳放映《死后检查》。戛纳这个地方——让我难以置信——因为五十年前《地下水道》在这里荣获了银棕榈奖。

在寻找电影音乐部分的方案时，根据你曾给予我的希望，我自行使用了你的第一和第二交响乐的练习版本，因为在我看来，第一和第二交响乐优美连贯，非常具有画面感。此前我没有征求过你的同意，因为我知道你任务繁杂，我担心，你会拒绝我。

你要明白，这只是一个建议，实现的前提只能是，你做出了决定，这样的方式对你来说是可以接受的。

如果你的名字不仅是出现在影片的片头，而且还以音乐的形式推动了这部述说卡廷事件的电影，我真的会很幸运。给我吧，我请求你。不管在何时何地我都能向你展示目前这一版电影，这样你就能做出决定。我会完完全全尊重你的选择。

接受吧，我请求你，真心的。

安杰伊·瓦伊达


我想，甚至可以说我确定，会有人再接着拍关于卡廷的电影，提醒西方世界打破对卡廷壕沟的沉默。首选的方法应该是讲述女人们的故事，这一点是无可争议的，因为这罪行对她们生活的冲击是最大的。

知道真相，但在电影里讲述真相却并不简单。因此我多年来一直在思索卡廷的题材，直到安杰伊·穆拉尔切克的剧本才让我改变了思路，他的剧本让我仿佛看到了后来在电影里出现的人和事。事实是，小说《死后检查》给了电影《卡廷惨案》很多启发。在它的基础上，剧本不仅在筹备阶段，后来在拍摄期间都经过了几次调整。是这部小说让我相信，我可以开始拍摄了，最重要的是，可以去拍一部关于我的电影。

2010 年 4 月 7 日，星期三，我和克里斯蒂娜来到军用机场，从这里我们要——和唐纳德·图斯克[1]还有代表团的其他成员一起——飞往斯摩棱斯克，然后再前往卡廷。我们之所以出现在那里是因为总理办公室发出了邀请。我接到电话，立即答应下来。

唐纳德·图斯克准时出现在机场，他和我们打了招呼。天气很好，斯摩棱斯克的天气——就像我们猜的那样——也不错，于是我们登上飞机。总理和机长打了招呼。我们出发了。

在飞行途中，我们都没有注意到，乘客中有人进入过驾驶舱。降落目的地时没发生任何晃动，我们也没察觉出跑道有任何异常。只是——考虑到军事机场的用途——跑道比民用机场的要长一些，这是为了更好地保障安全。

车已经停在停机坪上了。我们坐在车里等待着普京总理的飞机。在降落后，飞机并排排列，能够一目了然，俄罗斯政府首脑和我们一样飞行顺利。

在卡廷公墓为波兰军官举行了圣弥撒仪式，仪式后普京总理跪在了圣坛前，这是他向受害者展现的姿态。在波兰代表团听布道的时候，两位总理走进森林深处，那里有一座那时建好的东正教纪念碑，纪念被内务人民委员会杀死在这个森林里的苏联公民。我们还在等着和俄罗斯总理告别，但他已经离开卡廷公墓，然后我们——在共进午餐后——搭乘我们的飞机踏上返回华沙的旅途。

日记摘录：

2010 年 4 月 7 日，星期三，斯摩棱斯克

"您对普京讲的话还满意吗？哪里有'对不起'呢？""他单膝跪地，但科尔[2]是双膝跪在犹太人隔离区纪念碑前。""图斯克没有和他告别……"——这些话，就是我那天在卡廷的波

---

1 波兰政治家、历史学家。2007—2014 年担任波兰总理。
2 指赫尔穆特·科尔，德国政治家。

兰军官公墓里听来的。但我是幸运的，因为多年后在卡廷事件上的共同认识和最终态度又一次向前迈进了一步。俄罗斯总理的演讲里关于波兰问题用了一些很久都没听到过的词语。也许俄罗斯在战胜希特勒胜利纪念日的前夕更需要用我们来打压斯大林？

2010 年 4 月 10 日，星期六，华沙

我们的飞机——我们在 4 月 7 日飞往斯摩棱斯克搭乘的那架飞机，今天和九十六名乘客一起在着陆时爆炸了。

莱赫·卡钦斯基[1]邀请我们还有克里斯蒂娜参加这趟旅程，但图斯克总统抢先了。

安杰伊·普舍沃西尼克也死了，还有——我拜托人交给他，写着俄文字幕的——五张《卡廷惨案》电影光盘。


## 《甜蜜的冲动》[2]

拍摄《甜蜜的冲动》是我多年来的梦想。在我的工作笔记本里，雅罗斯瓦夫·伊瓦什凯维奇的以《菖蒲》为书名的爱情故事集，被我记在 2004 年的待办事项上，但那时我正在全力以赴地筹拍电影《卡廷惨案》。我将精力全部集中在这部电影上，而写作《甜蜜的冲动》的剧本则被我拖了一年又一年。我曾以为，尽管在拍摄《卡廷惨案》的过程中出现了很多困难，我还是能拍出《甜蜜的冲动》的。后来我才明白，《卡廷惨案》是一项那么困难、那么严肃，又那么危机重重的项目，我不应该在拍摄它的同时拍摄其他影片。我等待着，直到《卡廷惨案》彻底离我"远去"，然后我才能全身心地扑在雅罗斯瓦夫·伊瓦什凯维奇的散文里。

---

1　波兰政治家，2005—2010 年担任波兰共和国总统。

2　电影《甜蜜的冲动》直译为"菖蒲"。伊瓦什凯维奇于 1960 年发表了以《菖蒲》为书名的短篇小说集。

作家笔下的世界正与我们渐行渐远，但恰恰是雅罗斯瓦夫·伊瓦什凯维奇在自己的文章中表达出来的所有忧伤和细腻，特别是在女性人物身上反映出来的一切美好，可能都为克里斯蒂娜·杨达拍摄这部电影提供了可能。而克里斯蒂娜·杨达本人也是我想拍摄《甜蜜的冲动》这部电影的原因之一。在拍完《大理石人》之后，我们又合作过两次，但我认为，如果我们还能再次站在一起，她会表现得更好——她站在镜头前，我在镜头后——拍一部共同的电影。《甜蜜的冲动》就是能成全我这个想法的小说，也能成全克里斯蒂娜·杨达，因为就在她如今这个年纪，我导演拍摄了根据雅罗斯瓦夫·伊瓦什凯维奇作品改编的几部电影。

难就难在小说原文并不长；不管怎么拍，影片长度都不会超过四十五分钟，哪怕是算上我对伊瓦什凯维奇的故事做一些放慢节奏的处理。最简单的办法是找到这个作家的第二个故事，但一部杰作之所以成为杰作，是因为它本身足够好，不需要其他东西的支撑。于是我有了另一个主意：片中片。多年后老导演在这里遇到了一位女演员，女演员的事业当年就起步于这位导演的影片；他们彼此间将要说的话，可能会很有趣。但这才能占多少电影时间呢？几分钟，也许十几分钟。还缺半个小时。

那时候我想过，可以加入女演员的某个故事，某段破解难题的经历，就比如讲一个要创作角色的艺术家，她要过自己的生活，也有自己的烦恼，有时她和虚构的角色一样富有戏剧性。我还想起一段往事。三十多年前我在莫斯科的当代剧院[1]工作室，有人给我讲了一个故事——关于一位男演员，他在生活中遇见了一个女人，与她在一个普通的城郊居民楼里过了一夜，第二天一早出去买早点，然后他就找不到那个房子了。多年前，耶日·格鲁扎在"X"电影制片厂为我将这个故事写成了剧本。那时我没有拍这部电影，因为剧本太短了，要拍只能拍成电视电影。现在我认为，也许可以把这些连起来了：我们有了扮演《甜蜜的冲动》里玛尔塔的克里斯蒂娜·杨达，还有了有着自己过去的克里斯蒂娜·杨达；杨达的过去会是一个现代故事，发生在新的居

---

1　一座1956年建立的剧院，位于莫斯科。

民区，那里每个人都是无名氏。

　　但纠结又来了，因为女人在现代的遭遇会略有不同。围绕这个主题产生了三个不同的剧本。最后我决定，由奥勒加·托卡尔楚克[1]所创作的第三个剧本，将加入未来的《甜蜜的冲动》（对电影名字我从没犹豫过）中。于是我们开始拍电影了。


　　我当然从伊瓦什凯维奇的故事拍起。新的问题出现了：回到《甜蜜的冲动》故事发生的时间，就意味着回到 20 世纪 50 年代后期。那段时期雅罗斯瓦夫·伊瓦什凯维奇一般在桑多梅日度假，在那里他听来了这段经历。这故事——正如他确定过的那样——是玛尔塔女士告诉他的，以此为基础构成了整个作品。但是如今的桑多梅日[2]是另一个完全不同的城市的名字，因此要找到另一个拍摄地，而且要能重建成 20 世纪 50 年代后期的样子。我们决定选在格鲁琼兹[3]。

　　此外，还得挑选男演员，他们要能在自己身上找到不同于如今社会的地方，他们——用别的词来说——要能演出波兰旧知识分子的感觉。克里斯蒂娜·杨达立刻就让我大吃一惊，她决定扮演自己。以前在电影里她总是试着保留自己的特色，不要让角色盖住自己。这里却完全不同：她坚持，在另一个世界，她要有所变化，眼睛和头发的颜色会不一样。这让我觉得有趣，因为在《甜蜜的冲动》里她也会变成一个女演员。而且形象也有区别：她本身是一个富有创造力、与现实不断斗争的女人，这里她要扮演一个专注于日常事务的女人。

　　我期待中的小伙子，博古斯，不能由任何一个知名的，经常上电视、拍电视剧的年轻男演员来扮演。因此我们决定选一个远一点的演员，从美国选。这实际上也是在埃克森工作室[4]掌管选角工作的艾娃·布洛兹卡[5]的主意。她

1　波兰女作家。
2　位于波兰东南部的一座城市。
3　位于波兰北部的一座城市。
4　埃克森工作室成立于 1992 年，位于华沙，是制作故事片、纪录片、舞台剧和电视节目的公司。
5　波兰电影制作人，著名的选角导演。

建议请一个美籍波兰裔演员，这样可以解决我们演员圈里奇怪的代沟问题。也许听起来很奇怪，但当平日里总演美国电影的保罗·沙伊达[1] 突然出现在华沙时，我立刻就觉得，他是从战前的银幕里走出来的，都能在艾盖纽什·博多[2] 身边拍戏了。

我也立刻明白了，影片中的丈夫并不能演成一个令人厌恶的、不被需要的或者只是忙于工作的人，如果这样演，这个角色就被简单地样板化了。最让我高兴的是，在筹备阶段我与杨·恩格莱尔特[3] 又见了一面，他的表演感觉特别好，知道如何将自己的形象与别人的联系在一起。因为在伊万施凯维奇的小说里并没有太多关于丈夫的描写，我就找来了一些描写医生的小说，借助其他材料使这个形象更加丰满有力。安杰伊·史柴克里克教授向我推荐了一篇选自马洛伊·山多尔[4] 的小说集《魔术》中的故事《突然传召》。显然，这个故事是我非常明智的选择。马洛伊是一位同时代的作家，他故事中的对话正说出了伊万施凯维奇没有写出来的话。

将我在 2012 年 2 月 21 日写的内容放在这里恰是时候，虽然时间上提前了三年：

> 去年年底在克拉科夫，我又一次去看病时，安杰伊·史柴克里克[5] 和我聊了聊他那时刚写完的新书。看着我的朋友，我总会想，为什么会是他，这个善良的、著名的医生竟不满足于自己的医学事业，为什么他对这么多事情感兴趣，探寻着这么多问题的答案呢？
>
> 作为一名医生，他竟然比艺术家们的灵感更加丰富，有着许多令人惊异的想象和出乎意料的发现。因为医学——正如他

---

1　美国波兰裔演员，父母为波兰移民。在《甜蜜的冲动》中扮演博古斯。

2　波兰电影演员。

3　波兰戏剧、电影演员。

4　美籍匈牙利记者、作家。

5　波兰医学家，作家。2012 年 2 月死于肺炎并发心肌梗塞。《永生——普罗米修斯的医学梦》是他最后一部作品，2012 年出版发行。

写的那样——是一门艺术。也许这里隐藏着他独特性格的秘密。尽管我是来就诊的，看病时间也超时了——但我们的谈话并没有急匆匆的结束。我看得出来，这一次他对自己所写的文字寄予很高的期待，但有一个问题始终令他困扰——书名《永生》让他不安又焦虑。"这不会太夸张了吗？"——他问了十几遍。

也许这个联想并不恰当，但我自己——当我多年前第一次在千古流芳的法兰西学院里坐上费里尼的座椅时——我并不能肯定，接受这个头衔不是个错误的举动。我反复琢磨，也许安杰伊思考良久的"永生"并不是一个文学词汇，而是一个医学的概念。

在他迄今为止的所有书中，我从没有读到过如此丰富的描述医学进步的细节，这本书里还有诸多关于医学有效性和发展机遇的论据。他寻找着人类寿命在过去几年里明显延长的证明。到底是什么呢？永生，一如往常，会消失在我们的眼前，今天也不存在。

我的朋友，也是我的医生，在自己的最后一部作品里引入了三种"好死"的形式。当"永生"要消失的时候，我们需要的不再是医生，而是一只更有劲、可靠的手，它能帮我们缓缓推开"永生"的大门——永生不只是说，我们的成就千古流芳；还指衰弱又错漏百出的人类记忆让"永生"愈来愈模糊；还有那些与我们无法分割开的真相。

也许正因为这本书，在安杰伊如此出乎意料的离世后，读起来更让我们唏嘘不已。


现在我们再回到电影《甜蜜的冲动》上来。我知道，我必须将这个小说故事与第二段在居民小区里发生的故事巧妙地连起来。鉴于此，我应该也要拍摄下我们正在一起拍电影的场景。于是我们同时拍摄。但最后居民小区的故事线并没有出现在电影里。替换这个故事的是一个看起来过于戏剧性的真实事件。

我们确实应该早点儿拍摄这部电影；就从故事开始那一刻，也就是当克里斯蒂娜·杨达从睡梦中惊醒时，也许这会是最棒的电影开头。因为没人知道，她梦到的是《甜蜜的冲动》还是现实的生活。她醒过来说，我们该拍电影了。而现实中的她知道，她的丈夫，我的朋友，和我一起拍摄过《大理石人》《来自维尔克庄园的女人们》《铁人》和早期大部分的《福地》的爱德华·科沃辛斯基，正在重病之中，而她不能陪在他身边。考虑到这种情况，她不想去太远的地方拍摄，让她不能随时回到华沙。我当然非常理解，所以在筹备时我们就考虑到要在尽可能近的地方拍摄。但不久后克里斯蒂娜对我说，她根本无法拍摄这部电影，因为她必须守在爱德华身边。对我来说这就意味着，电影要搁置起来一段时间了。谁也无法预计到，爱德华的病情竟会这么严重。

一年后，在爱德华过世后，克里斯蒂娜新的生活状态并不意味着这部电影应该较一年前的计划完全变个样，电影还是那个电影。伊万施凯维奇的故事部分我们此前已经全部拍完了。她给我送来了几张纸条，我读后深受震动，她竟怀着巨大的悲痛记录下了爱德华最后时分的点点滴滴。我的第一反应就是，她把我当成朋友在向我剖白；但当我问道，她能不能在镜头前说出这些内容时，我听到她说，可以。我没有再继续问下去，只是从她的文字中选出来——我认为的——最动人和最富有戏剧性的内容。

那时我眼前看到的"她们"，仿佛就是爱德华·霍普[1]的画中那些令人印象深刻的孤寂女人。在等待着什么，又将继续等待下去。她们为什么来纽约？为什么她们的箱子没打开？为什么穿着睡衣坐在那里？读的那本厚厚的书是什么书，为什么要读它？是谁在马路的另一侧透过窗户看着她们？——我们并不知道。我觉得，这样的状态只能出现在特定的条件下：在一间宾馆的房间里，只有她一个人。那儿，在外面，她拍着电影；这儿，她讲着自己的真实经历。

我们马上就决定不去找其他内景，只要复制出霍普画作中的一间房间就够了。玛格达·迪蓬特[2]在华沙的电影棚里搭好布景，保罗·艾德曼[3]将摄影

---

1　美国画家，以描述寂寥的美国当代生活闻名。

2　波兰电影美术指导。

3　《甜蜜的冲动》的摄影师。

机放在了爱德华·霍普画画的那个位置。

有一瞬间我突然懂了，我必须顺势而为：如果我不能在我想拍《甜蜜的冲动》的时候拍摄它，那我就必须在我能拍摄的时候做好它。流淌的命运、遭遇推动着我；生活如此，拍摄这部电影也是如此。于是我决定拍摄克里斯蒂娜·杨达的剖白。但有两个原则。第一，请她不要即兴创作，只要念出她自己写的文字就够了，因为我知道，这样的声音更感染人。第二，这组镜头我给她充分发挥的自由：她想做什么都行，我们只要放好摄影机的位置就可以了。最后，在宾馆的房间里，她可以走到窗户前，也可以走出摄影画面。如果镜头此时要追上她，找她的面孔，那会是非常轻率的。这时语言比画面更有力量。我们拍摄了四组独角戏，有三组用在了电影里。我意识到，电影必须要讲究对称艺术。

在柏林电影节上，《甜蜜的冲动》荣获了艾尔弗勒德·鲍尔奖[1]，这个奖是"为电影艺术开创了新视野的导演"而设立的。评委们的眼里看到的是什么呢？肯定是老导演在寻找着传统的故事叙述与拍摄电影的现实之间的碰撞。如今的电影也在走这条路。格斯·范·桑特[2]的《米尔克》，劳伦·冈泰[3]的《墙壁之间》，世界各地的电影人都在尝试着类似的电影手法。

---

1 艾尔弗雷德·鲍尔奖是以柏林电影节创立者为名的奖项。

2 美国导演、编剧。《米尔克》是格斯·范·桑特于2008年导演的一部人物传记电影，根据美国政治家哈维·米尔克的真实故事改编。

3 法国导演。《墙壁之间》是劳伦·冈泰2008年导演的电影，讲述法国一所普通中学里一名法语教师与一群叛逆少年之间的故事，电影获2008戛纳电影节金棕榈奖。

# "演员们来了"
## ——告别戏剧舞台

　　波隆尼尔[1]:——王子,我给你带来一个消息。演员们来了!
世界上最好的演员——他们善演悲剧、喜剧、田园剧、田园喜
剧、田园史剧、悲史剧、悲喜田园史剧;他们不仅闪耀在经典
的话剧里,还在舞台史中光彩夺目。对他们来说表演塞内卡[2]
并不算难,表演普劳图斯[3]也不会简单。不管是遵循古老规则
的戏剧,还是没有任何规则的新玩意——他们举世无双。

　　　　　　　　　　　　　　——威廉·莎士比亚,《哈姆雷特》[4]

　　二十多年前耶日·利蒙[5]教授告诉我一个美好的期望——在格但斯克市
重开莎士比亚剧舞台,它可是自 1610 年左右起就已经在这座城市里存在了。
舞台起名为"击剑学校",是当时的城市全景画中不容或缺的一景。接下来
的十年里,每年都有英国演员在这里演出。于是,教授决定在原址重建一座
新的莎士比亚剧院,这样就能吸引更多的英语演员来到这里,演出原汁原味
的莎士比亚戏剧。

　　在第一时间我就认识到,这与我的想法不谋而合;我们要尽一切努力与

---

1　《哈姆雷特》中的人物。

2　古罗马时代著名的哲学家、政治家和戏剧家。

3　古罗马剧作家,他的喜剧是现在仍保存完好的拉丁语文学最早的作品。

4　原文是波兰诗人、文学评论家和翻译家斯塔尼斯瓦夫·巴兰查克的波兰语译文。

5　波兰英文专家、作家和翻译。

世界联结在一起。我们的大海离内陆很远,但并不是说全无意义,没有人不去关注它。当站在索波特或者格丁尼亚的沙滩上时,海上风光令人浮想联翩。你会感到,这片海也许能够孕育出一切。这才是自由。建造、维修巨型轮船的人们,更贴近世界,眼界更加宽广。

于是我毫不犹豫地在耶日·利蒙那令人赞叹的计划书上签下了自己的名字。他是一个学院派的英文专家,他获得了英国下一任王位继承人的支持,也获得了期待格但斯克重塑辉煌的市长保罗·阿达姆维茨的支持,他组织了莎士比亚国际露天艺术节。最后,我还成为新剧院建筑设计比赛的评委之一。2009年,当剧院的奠基典礼举行之际,标志着这个计划进入了实际操作阶段。我心潮澎湃,并对里蒙教授建议说,在等待英国演员的同时,不如暂时将波兰演员拉入到这个规划里。因为剧场还没建好,所以可以让波兰演员在空旷的地带表演莎士比亚的大戏。莎士比亚剧院里只留部分的观众——有钱的、受过良好教育的——他们可以坐在画廊里,严肃地审视内容。大多数的观众站着,试着与演员们建立起直接的联系。我希望,借由此种相似的意愿,我们能够安排一场戏剧盛会。

于是我开始考虑演员问题,谁从来没有演过莎翁的戏,我与谁有幸在剧院、影院和电视里见过。在寄给上百名演员的信中,我写道:

> 我想,亲爱的朋友们,不用借助任何电子设备,你们能用莎士比亚的台词与观众们区分开来。也就是说,每一个舞台的周围都会聚拢着观众,他们能从一个舞台漫步到另一个舞台。考虑到一小时的表演中会有重复的内容,我将每出戏限制为两至三个或者四个表演者,只能表演莎士比亚的戏。所有的准备都需要在你们的所在地完成。我不准备在庆典开始前进行任何彩排,因为这是演员们对格但斯克建造莎士比亚剧院的献礼,而不是什么剧场演出。

这封信的收件人们对参加格但斯克庆典的热情远远超出了我的预期。这让我太高兴了。当如此复杂地组织起来的演出准备开演之时,大家都在等待着胜利的小号曲。这首曲子还是沃依切赫·奇拉尔多年前在我荣获奥斯卡之际创作的。2009 年 9 月 14 日星期天正午，在奠基石前，沿着长市场大街从市政厅到绿门之间，依次排开了二十个舞台，或在房前的便道上，或在特别搭起来的展台上，上百名演员同时开始表演莎士比亚的戏剧。第一个舞台，离市政厅最近，安娜·罗曼托夫斯卡[1]、玛乌果热塔·扎央奇考夫斯卡[2] 和兹比格涅夫·扎马霍夫斯基[3] 在演出《麦克白》，紧挨着的舞台上——玛格达莱娜·切莱茨卡[4]、彼得·茨尔乌斯[5]、彼得·纲索夫斯基[6] 和采扎礼·考辛斯基[7] 在表演《哈姆雷特》，接着安杰伊·赛文雷恩在表演独角戏《理查三世》，等等，不胜枚举。我那时的身份并不是电影导演，因此也没有在每一个舞台前放上摄影机。感谢宣传还有那时无法来到现场的人，人们才能看到这场独一无二的演出。独一无二，因为剧院里的演员原则上要与观众们用脚灯分隔开来，但这里，他们面对面站着，在灿烂的阳光下看着彼此。一小时后，市政厅的钟楼传来了一点钟的钟声，所有表演结束，就像一场梦。

我不想在观众中间穿来穿去，因为这会给别人造成一种印象，我在为某些演员站台。我坐在一家宾馆的最后一层的过道里，从上面俯瞰整个活动。我当然无法看到全部，有一些是后来别人告诉我的。演员们都对我很信任，他们把我当成活动的发起人。现场来了一万多人，把街道挤得满满当当。他们期望见到自己最熟悉的电影或电视演员，于是他们在每一个舞台驻足停留，如果烦了——就接着走，一直走到最后，因为我们有意识地把耶日·斯图赫尔的舞台安排在绿门旁边。

在市政厅旁的二十个舞台上，有一个《仲夏夜之梦》的表演，安杰伊·亥拉扮演狄米特律斯，玛乌果热塔·哈耶夫斯卡扮演海伦娜。亥拉凭借着电影

---

1　波兰电影、戏剧演员。

2　波兰戏剧、电影演员。

3　波兰电影、戏剧演员。

4　波兰女演员。

5　波兰电影、戏剧演员。

6　波兰演员。

7　波兰电影、戏剧演员。

的影响，如今是炙手可热的明星之一，所以《仲夏夜之梦》的这个表演前聚集的观众特别多，他们都希望能得到他的亲笔签名。以前可没有那么多看戏的规矩，什么谢幕、致意、鼓掌、喝彩，然后演员在幕布后退场，这都是后来才总结出来的。但最重要的还是两个部分：演员和观众。于是观众们认为，他有权根据观众们的需要做出恰当的反应：因为他是坐在普通的矮凳上（我们觉得，为每个舞台摆上两把矮凳或者靠背椅作为装饰就足够了），所以他们可以和他聊天。很多观众走近舞台是为了得到亥拉的签名。再说了，他——坐着——位置更低，所以人们就塞给他各式各样的笔记本和日记本，他在上面签着字，嘴里不忘说着台词。他怎么就不能签字呢？他可是很少来格但斯克，而观众们又渴望得到他的签名。

之前谁也无法想象会出现这样的情况。当我看到，观众们是如何喜欢他们的演员，是多么地想成为戏剧的一部分时，我认为莎士比亚也许有可能重生，还有可能会重新成为"当代的莎士比亚"。正如杨·考特[1]曾经想的那样，要做的只是给他一个与观众聊天的机会，而不是用布景、戏服、创意，或者不知道什么的玩意扼杀他。他有话要对观众讲，观众想听也能听明白，但他的话需要通过演员去表达。所以就让演员们与观众聊天吧！

事实上我也曾做过这样的尝试，那是1989年在克拉科夫由泰莱莎·布吉斯－科热莎诺夫斯卡[2]主演的第四版《哈姆雷特》[3]，这次尝试——我认为——是成功的。她在后台表演哈姆雷特，因为这个地方一般人进不去——能进后台的几乎都是和演员最亲近、最要好的人。在后台的角落里摆放着一台小电视机，因此她能看见舞台上正在发生的故事，然后她会对着到后台来看她的观众们念出所有的独白。这样的哈姆雷特更加真实，而且——虽然她是女扮男装——她有时也会跳到舞台上，去表演另一些剧情。我之所以能想出这个主意，是因为我有好几次在舞台台口观看《哈姆雷特》的经历，

---

1 波兰戏剧评论家、戏剧理论家。他出过三十多本书，最著名的要属他对莎士比亚戏剧的解读作品，1965年的《当代莎士比亚》多次再版，并被翻译成多种语言。

2 波兰戏剧、电影演员。

3 安杰伊·瓦伊达先后导演过四次《哈姆雷特》，1989年由泰莱莎·布吉斯－科热莎诺夫斯卡主演的是第四版。这个版本引入了两个表演空间，即舞台和后台。

而且我总觉得这是个好位置。不是坐在观众中间，而是只有在这儿，我才能看到他真实的一面。

更不用说在后台，一切都可能发生。塔戴乌什·沃姆尼茨基[1]，波兰戏剧舞台上的常青树，在1945年刚解放时得到过一个在斯沃瓦茨基剧院演出的机会。那时候20世纪那些伟大的演员们，包括路德维克·索尔斯基[2]在内，都还健在。沃姆尼茨基说，如果索尔斯基——他那时候已经九十多岁了——上台有困难，可不是因为他忘词，而是因为身上的脓包弄得他太疼了。于是他得以站在斯沃瓦茨基剧院的舞台上，对着那三个著名的包厢[3]表演——对着我们演，因为我那时也去参加面试了，我在生活中见过他两次——不知为什么他转了个身，走下台口，然后又回到舞台上，继续说他的台词。我就是想从这一侧，观察演员们的一举一动。

与此同时，在我们这儿发生了一件从来没人想到过的事情：剧院缺作家了。如果没有作家，导演就必须把剧院的责任扛起来。这就意味着，今天没有作家为我们写剧本了，但我们知道，观众们一直在等待着新的作品。我们还算是幸运的，因为——不管有多少困难，有多少限制，有政治审查还是其他什么障碍——我们很快推出了贡布洛维奇和维特卡茨[4]的剧作，他们在战前并不是出名的剧作家。莫洛热克[5]带着他对波兰知识分子的见解来了，鲁热维奇[6]也带来了他的自然主义和对身边事的严谨剖析——这样常演剧目里就有了四位剧作家的作品。导演是作家的奴隶。比如演出莫洛热克的作品时，我们努力做到表演的笑点，就在他想到的那个该笑的地方。而演出莫热维奇时——在他想让人作呕的地方，要做到令人作呕。

大家看莫洛热克时都笑了，尽管笑是不礼貌的或者不应该的，因为他拿

---

1 波兰戏剧、电影演员，共表演过八十二个戏剧角色和五十一个电影角色。
2 波兰演员、导演和剧院总监。
3 指在斯沃瓦茨基剧院，紧挨着舞台侧面的三个较大的包厢。
4 指斯坦尼斯瓦夫·维特凯维奇，笔名"维特卡茨"，波兰作家、画家和剧作家。
5 指斯坦尼斯瓦夫·莫洛热克，波兰剧作家。
6 指塔戴乌什·鲁热维奇，波兰诗人、作家和剧作家。

某个神圣之物开涮。但莫洛热克嘲弄神圣之物的方式，让审查制度都拿他没辙。我和克里斯蒂娜亲眼看到1983年在老剧院演出《安提戈涅》时，审查员们坐在最后一排，打着手电检查台词——可台词压根没有改动过！但在舞台上，一组身着现代军服、佩戴先进武器的士兵，唱着和平主题的开场曲。而演出结尾，"安提戈涅"死去后，头戴安全帽、身穿格但斯克船厂工作服的合唱团登上了舞台，告诉"克瑞翁"他做错了。观众们心里明白，而审查制度拿这些也没辙。这场演出让我们的剧院更加团结。

当缺少作家的时候，导演会试着以自己的方式与观众交流。但是，这是不一样的，因为导演用的是折中的办法——比如耍心眼、搞噱头、讲笑话……这些都是他恶搞出来的。恶搞已经成了一种合乎情理的流行趋势。我们也将与喜欢恶搞的观众们交流。剧作家——这个职业按照如今的理解——谁都可以做，因为它不需要认证你有没有文学素养，只需要你有一只天天收集笑料的耳朵。与此同时，如今的剧作家加工出来的作品，只有根据现实情况的需要才会被写下来。如今的剧作家代替了曾经的作家——也就没什么可以导演的了。

于是，坐在剧院里我常常会想：什么玩意，扯淡，竟然没有中场休息？在作了自我介绍后，我问存衣处的女服务员（因为存衣处服务员的观点是剧院里最可信的）："您可知道，为什么没有中场休息吗？"她却回答："现在就这样，瓦伊达先生，没有间歇，如果有的话，那一半的观众就会离场走了。"确实还有部分观众，根本不满意，但却一直坐到终场。对这些观众，建议准备好完全充斥着低俗和搞笑的闹剧，所以拙劣的模仿还是需要的。我总的感觉是，什么都能逗笑的观众，其实什么都不懂。那些在剧院里和我们一起保守秘密的观众们消失了，曾经我们要说的话讲到一半他们就懂了。而现在的剧院，噱头就是伪艺术，这根本是对"能说能演所有事"的肤浅认识。

如今大部分的舞台剧都改编自我以前看过的或者是我拍过的电影，因此我还有什么必要去剧院呢？因为没有新的素材，所以曾经大获成功的电影都成了合适的素材。这个做法的根源在于，如今的观众首先是电影和电视的观众。我们可以引用历史，因为我们的观众了解过去，他们和我们一样自信地畅游于文化领域。但中学的课程已经完全变了样，学校宁愿教学生编程也不愿教学生理解过去。在这种情况下，导演就必须使用新一代观众们掌握的知识，也就是他们从电影或者"油管"[1]上看来的东西。这也就是为什么，在新版的普热贝舍夫斯基[2]的《丹顿事件》中，在本该出现断头台的舞台上，公众救助委员会的成员们拿着电锯看向观众，暗示大家，他们能切下每个人的脑袋。而观众们竟然懂了，因为他们在自己的那些恶趣味电影里看到过电锯是怎么回事，但断头台他们从来没见过。和这样的观众我可没办法交流。

有一点是真的，我后来又看过三四场其他国家的演出——有俄罗斯改编的格罗斯曼[3]的《生活与命运》，还有几部德国话剧——我看见，不是所有地方都和我们这里一样。当你对他人冷嘲热讽的时候，总以为所有人都是傻瓜，只有你是聪明人，这种想法可未必是对的。这些演出让我的内心再次充满了希望，缺少作者只是暂时现象，我与之告别的那个戏剧舞台，还会回来的。

格但斯克莎士比亚剧院怎么样了？现在，剧院已经封顶，是时候去思考如何实现我的下一个想法了。我非常希望，我们能租一艘帆船，皇家莎士比亚剧团的演员们可以乘着它来到格但斯克，并沿途在向他们发出邀请的港口城市演出。然后在格但斯克这家崭新的、国际化的剧院开幕式上演出一场《哈姆雷特》。

摘自 2009 年 9 月 14 日耶日·利蒙教授的演讲：

> 如果时间允许，感谢的话我还有很多很多。但时间，正如莎士比亚所说，像一个不屈的战士，勇往直前从不后退。只有在舞台上，时间才会是另外一番模样，它能慢下来，停下来，甚至倒回去。在剧院里，我们知道，奇迹正在发生。

---

1 指视频网站 YouTube。

2 指斯坦尼斯瓦夫·普热贝舍夫斯基，波兰作家、诗人和剧作家。他的作品《丹顿事件》被多次搬上话剧舞台。1975 年瓦伊达也曾导演该剧，并在华沙大众剧院上演。1983 年瓦伊达将该话剧改编为电影《丹顿事件》。

3 指瓦西里·格罗斯曼，苏联作家和记者。

# 素描一生

　　许多年前，我在巴黎给自己买了一支红蓝两色铅笔。但即使我绞尽了脑汁，也涂不出什么像样的颜色，直到我从正在剪辑我下一部片子的女编辑那里拿到一支黄色的免削铅笔。从这时起，我才发现，确实存在三原色：黄色、红色和蓝色；其他颜色无甚必要。这不是什么重大发现，但如果我在美术学院学习的第一年就发现并理解了这些平凡的道理——也许今天我就不会是个电影导演了。

——摘自画集序言

　　在安东尼·罗多维茨[1]的帮助下，2011年我发行了我的素描集，书的副标题用的就是本章节的题目。事实上，书中囊括的作品都是从我毕生的画作中精选出来的。素描集的书名"素描吧、素描吧，你怎么都成不了马泰伊科"，我是借用了艾乌格纽什·姆哈的一句话，这句原话我用作了本书第4章的标题……只要将"画吧、画吧"改成"素描吧、素描吧"就行了。和其他画集一样，这本书主要由图片组成。我还为它们补充了一些文字内容：如素描下方的签名；全书的序言；还有每七幅素描配上一篇评论。它们带给我的回忆让我深信，没有它们，本书中所指的"剩下的世界"将一无是处。

---

1　波兰电影编剧。

1946年我进入克拉科夫美术学院学习的时候，学校还冠着光荣的杨·马泰伊科的名字。对那时的我们来说，他只是一位本地画家、绘画波兰历史的插画师。我怎么会知道——在罗兹电影学院学了三年后——我成了波兰电影界的马泰伊科，并把我们国家的历史搬上了大银幕。《灰烬》中唱着"波兰不会亡……"的东布罗夫斯基大军是我电影生涯的起点，终点落在瓦文萨同名影片的片尾，在美国参议院前演讲的莱赫·瓦文萨身上。

电影导演画素描是一种老派的做法，其实电影人使用照相机才更加合适。如果我没有遭遇接连不断的厄运，让我丧失了拥有这件神奇设备的机会的话，用照相机几乎是可以肯定的。我十三岁时，战争令我胆战心惊，德国占领军禁止人们拍照，抓捕每一个试图用照片记录他们行为的波兰人。1945年，这个局面并未发生什么大的改变。我在美术学院学习，是一个穷学生，买不起这种设备。而且我又能拍什么呢？1950年，我是罗兹电影学院的一名学生，竟被当成偷拍纺织厂的间谍抓了起来，而同一个纺织厂，在20世纪70年代的《福地》中被我完美地呈现在银幕上……

因此照相机并没有成为我生活中的随身之物，反而是笔记本和铅笔常伴我左右。大部分时间我都在拍电影，通过镜头观察世界。那我干吗还要每天带着照相机呢？

1987年12月，在克拉科夫美术学院举行了以"熟悉的脸"为主题的我的素描展。在笔记本上，在标注着开幕式日期的那一页，我写下了这些话：

> 17时，我把教了我两年绘画的汉娜·鲁兹卡－茨比索娃教授领进美术学院的画廊。教授她走进来，环顾四周，走近第一组素描，观察着，然后说：
> "我前面非常害怕，不想到这里来，因为我毕竟不知道，你要是画得太花哨了我该怎么办？但没有，你画得不花哨，太好了……太好了！"
> 后来才知道，上午的时候茨比索娃教授的一个助手就来看过画展，并向她介绍了自己对画展的感觉。有了这个铺垫，教

授才决定来现场。

　　如果我不满意该怎么办呢？我可不会说连我自己都不相信的好听话。


"熟悉的脸"都是我从多年来随身携带的各种笔记本里撕下来的卡纸。世界是神奇的，但我们的记性很差，而且索然无味。能留在记忆里的，真只有那些用铅笔记在笔记本里的东西。记录本身并不难，造成困扰的往往是没有笔和纸。


　　我曾在几年前遇到过法国著名的摄影家亨利·卡蒂尔－布列松[1]。他坐在放映室里看着我的电影，但手里却紧紧抓着徕卡相机的皮带子，随时准备按下快门。在我的素描里没有卡蒂尔－布列松的脸，但我十分肯定，他一定在哪里保留着我的照片。时刻准备用素描感受世界——这是我的第一个发现。

　　人们总是从画家的身后看过去，想检查一下画家有没有造假，有没有随意地扭曲现实。遗憾的是，我经常会遇到这些粗鲁无礼的家伙，但我又觉得，和他们较劲对我来说很危险。于是我决定展出这些绘画本。以前曾出现过一本《20世纪40年代的波兰人民共和国克拉科夫美术学院学生和毕业生手册》。我相当惊恐地在第三百五十五页读到了这样的记录："安杰伊·瓦伊达，1926年3月6日生于苏瓦乌基。绘画系1946—1947年一年级，1947—1948年二年级，1948—1949年三年级——长假。"我吓坏了，如果我不开画展的话，他们就会把我从这所学院的名单里划掉，而这所学院是世界上唯一一所我真的想当学生的地方。


　　拍一部好电影很难。需要在开拍前把所有的事情都想好，然后还要应对一些令人啼笑皆非的临时状况，就比如我们遇到过的演员形象、场景地点或者是团队里某个人拐着弯抛出来的一个主意等等。到那时候才能说电影准备

---

1　法国著名摄影家，被誉为20世纪最伟大的摄影家之一和现代新闻摄影的创立人。

妥了。我把电影的草图先画好，但原则上不会给联合创作方看，这有什么可奇怪的吗？这么做其实就是要将我的绘图与那些泛滥的，特别是大的电影公司的分镜头区分开来。分镜头接下来谁都能看到，所有人都会竭尽全力将它搬到银幕上。分镜头还可以让制作人更方便地预估电影的成本。

如果令观众们印象最深刻场景，比如《灰烬与钻石》里燃烧的玻璃杯，或者马奇卡在垃圾箱里死去的画面，都是拍摄过程中有计划的即兴发挥的结果，那是怎么把没开拍的电影画在纸上的呢？

是这样的，我先画拟出场人物的轮廓和脸。还有我想看到电影场景，主要是露天场景，有时——比如在拍摄《爱情纪事》[1]时——我甚至画出了整张拟拍摄地点的地图。事先准备这么多水彩画、素描画还有爱情故事发生地的地图，是因为要应付审查制度。塔戴乌什·科维茨基的自传体小说发生在维尔纽斯和科隆维尔纽斯[2]。同时，如果要拍摄根据这部小说改编的电影，前提条件是要拿到批文，要命的是，作者被认定为一个危险的反对派分子。

要想拿到批文，最好的办法就是提供详细列明剧情发生地点和具体地址的地图。但要与之吻合却成了最难的任务之一。如果没有多年来在芭芭拉·派茨－西莱西茨卡领导下的完美团队，我永远也拍不出这部电影。片中，男演员从华沙周边老米沃什纳区[3]的一幢房子里走出来，穿过普热梅希尔[4]的大街，站在德罗希琴[5]的河边凝望。


素描集第一次将我在戏剧和电影方面的幕后工作公之于众。其中包含了大量的笔记和备注，还有我在导演方面的设计和执行方案，绝大部分内容是我曾经的秘密。

它们可不是服装设计或是舞台装潢图。它们是一幅幅充满想象力的作品，指引我认清自己内心，让我认识到我希望给观众们看的到底是什么。也

---

1　安杰伊·瓦伊达导演作品，塔戴乌什·科维茨基编剧，1986 年上映。

2　科隆维尔纽斯是隶属于立陶宛首都维尔纽斯的一个小镇。

3　老米沃什纳区位于华沙周边，即波兰中部。

4　波兰东南部的一座城市。

5　波兰东部波德拉谢省的一座城市。

许因此，直到我开始与舞台演员或者电影演员们沟通前，这些素描画只会萦绕在我自己的脑海里。通常我会在开展导演工作前，提前很长一段时间就开始画画，而当舞台或者银幕呈现出与画中类似的效果时，我就会扔掉它们，但我很少按照早前的素描图去一板一眼地布置。

于是它更像是我在执行我的导演意图之前自己想象出来的图画，而不是用来解决镜头取景问题的参考素材。此外，折磨着我的就只剩下不可避免的妥协了。导戏时，我不得不在这些画里描绘出的美好希望，和我们在舞台上看到的诸多因素引发的结果之间来回权衡。我只在早期的几部戏剧作品中用过舞台布景师，服装都是我自己设计的。在那些年我幸运地和几位舞台布景师合作过，其中克里斯蒂娜·扎赫瓦托维奇无疑扮演着最重要的角色，她创作了一系列最为重要的戏剧作品。


直到 19 世纪末，克拉科夫的城管在夜间巡街时还在大喊着："我看见你了！我看见你了！"我的笔记本和速写本中，至今还未实现的场景就是这声呼喊："我看见你了，看见你了……"，我会沿着这个方向构思我未来的新戏。

这声阴郁的呼喊下伴随着他们看到的一切，尽管故事可能会和我对新戏的设想有所不同。有时候我只观察真相，在博物馆里抽丝剥茧。比如这个正在学走路的孩子，支撑他走路的是类似于吊裤带之类的，但实际上那是一条巨大的法国荣誉军团勋章[1]的绶带。这确实是出自《非神曲》中的一幕——小奥尔秋应该就是这样迈出了他的第一步。又比如我在柏林的某个博物馆里发现，是德国步兵凶残的训练让可怜的沃依采克[2]吓坏了脑子。可要到什么时候这些画才会被人们记住呢？我为它们寻找着放入布景里的可能，我甚至反复地考虑，可不可以在毕希纳这部戏的结尾，通过读报揭示沃依采克的死讯，而且还因此逗笑了钟情于摇摆木马的小男孩？

---

1　法国荣誉军团勋章是法国政府为表彰为法国做出特殊贡献的军人和其他各界人士所颁授的最高荣誉勋章。

2　沃依采克是格奥尔格·毕希纳同名戏剧作品的主角。毕希纳，德国剧作家。《沃依采克》是他的最后一部戏剧作品，也是一部未完成的作品，讲述了社会底层的小人物沃依采克的悲剧故事。

我心情抑郁地看着这些"满怀希望"的画，我知道，我再也不会看到它们被呈现在舞台上了。因为在我们今天的观众们的意识里，对所有这些历史的反思几乎是不存在的。戏剧怎么才能把现在的内容放在过去的画面上，还能从中找出与观众之间的共鸣呢？对于这个问题，我们曾在政审制度实行期间积极寻找过答案，因为审查可以划掉剧本的台词，却拿舞台呈现出来的画面感没有办法。今天我也许应该去寻找其他的沟通方法了，对那些我漏掉的伎俩，我已经喊不出："我看见你了，我看见你了……"

我到过世界的很多地方，阅历还算丰富。在我的素描中，这些地方的画都差不多可以开展览了。特别在国外，我可不会闲逛，仍然坚持记笔记。我有种感觉，也许——当时出国还是很困难的一件事——我再也不会回到那里了。

我的梦想之都当然是巴黎。战后，现代艺术发源于此，后来现代艺术才迁到纽约。到我们这儿只传来了现代艺术的回声，但在20世纪50年代被压制了。在巴黎我先看遍了所有的博物馆。特别是罗丹美术馆，因为那里将他的雕塑作品与生活工作的地方连在了一起。

我和克里斯蒂娜一同前往圣地，在特拉维夫的哈比马剧院演出安－斯基的《附鬼》的经历同样令人难忘。以色列景致让我们着迷，戈兰高地的周边给予素描爱好者无限的遐想。克里斯蒂娜还是一位艺术史学家，在这个一公里长的博物馆场地、历史时间的纪念地和必到的风景点，她并不是总陪在我的左右；她也是我们艺术发现之旅的灵魂人物，这确是我的幸运，因为我就是用双眼观察扑面而来的世界的。

没有宠物的生活是很难过的。真的，宠物比我们的寿命短，我们不得不和它们离别，在它们走后将剩下空虚的痛苦，然后再接着养下一个宠物。但这恰恰也会让我们联想起自己的命运，因为命运不可避免地将会把我们从这个世界带走。尤瑟夫·查普斯基说得很有道理："我不想要永生，如果那里，在另一边，我们的动物不在。"

最后一章节我取名为"我们的日本"，尽管这个标题可能会引发这样的疑问：为什么是"我们"，什么时候开始的"我们"呢？"我们"是从我和克里斯蒂娜在那里交了朋友，又认识了很多地方开始的，而这些地方是每一个有眼光的人谈及日本时都会说到的。因此"我们"，欣赏着美景时，可没有忘记带上笔和本还有照相机。因为只有保存下来的，才能刻在记忆里，才是自己的。素描画将我们带到古代的日本世界，庙宇、庆典、帝王花园还有戏台。我那时寻找着很多细节，尤其是那些与我们割裂的、不同的东西。树木的形状和支撑它们的方法。挂在盛开的樱花树枝上的祈祷卡片。和尚还有能剧[1]和歌舞伎的演员。京都的建筑和壮观的"白鹭城"[2]城堡。所有这些画都是在参观的时候匆匆而就，自然就要赶紧抓住眼前那转瞬即逝的美。这里没有表演，但我愿意拿出来，它们是我亲眼看到的，我相信，这些记录将会永远留在绘画者的记忆里，只要愿意就能浮现出来。作为老美术学院的学生，克里斯蒂娜和我睁大了双眼，尽情饱览和沉浸在这个美丽的世界，而古代日本让每个欣赏她的人都如痴如醉。

我们和日本的缘分，包括后来在克拉科夫兴建"芒加"日本艺术与科技博物馆，起始于多年前在日本放映的电影《地下水道》和《灰烬与钻石》。借这些拙作我也要向我们众多的日本朋友们表达谢意，是他们让我们靠近了这个神秘的国度，并能够将她称之为"我们的日本"。

---

1 能剧，是日本独有的一种舞台艺术，为佩戴面具演出的一种古典歌舞剧，与歌舞伎一同在国际上享有较高的知名度。

2 指姬路城，是一座位于日本兵库县姬路市的城堡，也是日本保留最为完整的城堡。因为外墙为白色，也被称为"白鹭城"。

# 我再也拍不了的一部电影

你们还要记住——除了国家戏剧院之外，还有很多独立艺术家们率领的剧院，他们同样值得敬重。这些艺术家中最重要的一位要属塔戴乌什·康托尔。一位天才导演，维斯皮安斯基再世。戏剧精神，生生不息，他就是证明。

——摘自 1999 年 10 月，克拉科夫国家戏剧高等学校的首堂公开课

就是这么发生了，在二十二年的独立工作后，我做了一天塔戴乌什·康托尔的助手。这事发生得很突然，就在克拉科夫，在拍摄《大理石人》期间。我看了康托尔的话剧《死亡班级》[1]后，立刻就想到要把这令人叹为观止的画面记录在电影胶片上。康托尔同意了。我想，如果有两三场戏能搬到露天拍摄就更好了。我认为，这样会给电影带进一些新鲜的空气，但首先，我要看一看，塔戴乌什·坎托尔是怎么给电影布景的！他没有让我失望。三场露天戏要在一天内拍完，分别是：上午充足的日光下、黄昏还有深夜。傍晚到夜间的两场戏，我早选好了在当时荒凉的卡齐米日犹太人街区广场拍摄。

我上午就问过我的导演，晚上的戏他需要如何布置。塔戴乌什·康托尔

---

1 《死亡班级》是康托尔的代表作，从 1975 年起在世界各地已经上演了 1500 多场，是一部先锋话剧。最为重要的影像资料为 1976 年安杰伊·瓦伊达拍摄的《死亡班级》电影。

回答说，其实什么也不要，但他想散布足够多的废纸，做成一个巨大的垃圾堆。他还说，早上，就在出门的时候，他看见了一辆卡车，上面装着瓦楞纸板——可能要带到造纸厂去粉碎——纸板用在这里正合适；在开拍前，我从导演那里就得到了这么唯一的一条讯息。

我果断地叫来了我的伙伴们，威逼加上利诱（也不知道，哪一种能起作用），命令他们跑遍全市也要找出这辆卡车。然后一整天我都在拍摄话剧《死亡班级》，根本无暇顾及我的命令执行得怎么样了。到了晚上，当我们和康托尔一起来到空旷的广场上时，那辆装着废纸的卡车已经停在了那儿。我问导演："是这辆吗？"果不出意外，他说，是的。他话音刚落，我就让人卸车。

可惜的是，卸下来的纸板被铺在地上后显得太平整了，很难做成垃圾堆的样子。这时康托尔低声嘟囔着，最好能用水泡一泡。我二话没说就发出了指示，一辆市政洒水车从旁边那条街开了出来，倒着车靠近我们，一会儿工夫，所有东西就都浸在了水里。事情已经再好不过了，我们甚至开始把废纸板拖散到广场的各个角落。但塔戴乌什·康托尔还在犹豫，我也在等待他下一步的安排。

"应该放一把火。"我的导演说。那时的我，二话没说，向助手们发出了命令。一会儿，他们就带着一个汽油罐跑了过来。只是堆在上面的纸板已经湿了，但剩下的很容易就点着了。可康托尔对这些已经不再感兴趣了。因为他知道，这堆废纸已经弄不出任何有意义的画面了……

但我想到的是，助理这个角色太可悲了；他可能是个天才，因为助理必须有一根魔杖，比画一个手势就能变出怪物导演想出来的所有东西，但他却永远也得不到表扬。

我把这件旧事按照上面的写法收入进我为新导演们写的教科书里，书名是《加倍目光》[1]，用以劝阻那些只想成为助理，但却报考了导演专业的学生。同样的回忆，有时候我想起来却会呈现出另外一种意义：我也常常遇到，试着拍一部电影，也做了所有该做的事情，但却依然没有结果的情况。

我看过塔戴乌什·康托尔的很多戏，我有幸将《死亡班级》搬上了银幕，

---

1 《加倍目光》1998出版，安杰伊·瓦伊达著。

但我也非常肯定，这并不是全部。康托尔的戏里还有很多应该被拍成电影的东西。显而易见的——他本人就是题材。他可以一边导演，一边在自己的戏里演出。

舞台上的他在演员中间导演着，帮助演员们合理地抓取道具，并用脚为对白打出节奏——在我们眼中他完全凭感觉创作话剧——塔戴乌什·康托尔绝对是世界戏剧界最具原创精神的创作人。

我在遥远的日本也曾看到过类似的戏剧，但没有这样的表现力，也没有如此的个性鲜明。他们用小的鼓敲击出对白的节奏，或急促或舒缓——这个兴起于几个世纪前并一直沿用至今的方法让表演内容更加丰富多彩。但这和康托尔展现给观众们的并不是一回事——如果要对他的舞台进行点评的话，他的肢体才是关键。

有一天我忽然醒悟过来，我必须要拍一部电影，镜头只对准康托尔，其余的只会因为他与镜头外的演员们互动、与对白发生关联才会出现在屏幕上。天才康托尔要告诉我们的是，戏中看不见的表演永远都不会终结——所以我还有时间，能够认真去筹划这部电影。

遗憾的是，死神的敲门声总比想的来得早。


往往如此，死亡总会来捣乱。我以前从没有拍过定制电影，但看起来，很快我就要拍了。马莱克·艾德曼[1]将"订单"放在我家里，但直到他死后我才知道这件事。这位深受大家爱戴的非凡之人、优秀的医生，向宝拉·萨维茨卡[2]口述了他的最后一本书《隔离区里也有爱》。口述的同时他同意，由与他合作制作纪录片《马莱克·艾德曼的华沙隔离区起义编年史》的尤兰塔·迪莱芙斯卡[3]拍摄下他的整个独白，以此作为这本书的底稿。这段拍摄也成了新电影的素材，迪莱芙斯卡——纪录片部分的摄影和导演——扛起

---

1 波兰犹太裔政治家、社会活动家和心脏病专家，华沙隔离区起义领导人之一。《隔离区里也有爱》是由他与宝拉·萨维茨卡合著，2009 年出版。
2 波兰心理学家、社会活动家。
3 波兰电影摄影师、导演和纪录片编剧。1993 年编、导和摄制了《马莱克·艾德曼的华沙隔离区起义编年史》纪录片电影。

了本片的制作大旗。

后来我又知道了一件事：马莱克走的时候，推荐我来导演标题中的爱的故事。这场戏，阿格涅什卡·霍兰已经给我写好了。没有背离马莱克·艾德曼的原意。只要结束了《瓦文萨》的最后一稿——我就会马上履行这个我无法逃避的义务[1]。

---

1 《隔离区里也有爱》，由尤兰塔·迪莱芙斯卡和安杰伊·瓦伊达导演，尤兰塔·迪莱芙斯卡和阿格涅什卡·霍兰编剧，2012 年上映。

**图书在版编目（CIP）数据**

剩下的世界：瓦伊达电影自传 /［波兰］安杰伊·瓦伊达著；
乌兰，李佳译 . —上海：上海三联书店，2019.6
ISBN 978-7-5426-6650-5

Ⅰ. ①剩… Ⅱ. ①安… ②乌… ③李… Ⅲ. ①瓦伊达
（Wajda, Andrzej 1926—2016）—自传 Ⅳ. ① K851.357.8

中国版本图书馆 CIP 数据核字（2019）第 054333 号

## 剩下的世界：瓦伊达电影自传

著　　者 /［波兰］安杰伊·瓦伊达
译　　者 / 乌　兰　李　佳

**责任编辑** / 职　烨
**策划机构** / 雅众文化
**策 划 人** / 方雨辰
**特约编辑** / 曹雪峰
**装帧设计** / 孙晓曦（pay2play.design）
**监　　制** / 姚　军
**责任校对** / 成逸洁

**出版发行** / 上海三联书店
　　　　　　（200030）中国上海市漕溪北路 331 号 A 楼 6 层
**邮购电话** / 021-22895540
**印　　刷** / 山东临沂新华印刷物流集团有限责任公司

**版　　次** / 2019 年 6 月第 1 版
**印　　次** / 2019 年 6 月第 1 次印刷
**开　　本** / 889×1194　1/32
**字　　数** / 276 千字
**印　　张** / 9
**书　　号** / ISBN 978-7-5426-6650-5/ K·524
**定　　价** / 59.80 元

敬启读者，如发现本书有印装质量问题，请与印刷厂联系　0539-2925659